新型高职高专教育教材

市场营销理论与实操

（修订本）

主　编　秦胜容　周　伟
副主编　李雪娇　李建英
翁群芬　龙　娟
唐颜峰　吴诗勇
卢　勇

北京交通大学出版社
·北京·

内 容 简 介

本书共 4 个模块，涉及市场营销理论与实操的基本理论，具体分项任务：认识营销、学会市场调查、分析了解市场营销环境、消费者市场分析、目标市场营销、产品策略、价格策略、渠道策略、促销策略。

本书紧密结合当前营销领域的实践，从培养学生的操作技能角度出发，较好地体现了市场营销理论与实操的最新实用知识与操作技术。本书可作为高职院校学生的教学用书，也可作为自学用书。

图书在版编目（CIP）数据

市场营销理论与实操 / 秦胜容，周伟主编. — 北京：北京交通大学出版社，2019.4
（2024.1 重印）

（新型高职高专教育教材）

ISBN 978-7-5121-3886-5

Ⅰ. ① 市… Ⅱ. ① 秦… ② 周… Ⅲ. ① 市场营销学-高等职业教育-教材
Ⅳ. ① F713.50

中国版本图书馆 CIP 数据核字（2019）第 065660 号

市场营销理论与实操

SHICHANG YINGXIAO LILUN YU SHICAO

责任编辑：刘海丽

出版发行：北京交通大学出版社　　电话：010-51686414

北京市海淀区高梁桥斜街 44 号　　邮编：100044

印 刷 者：北京时代华都印刷有限公司

经　　销：全国新华书店

开　　本：185 mm×260 mm　　印张：12　　字数：300 千字

版　　次：2023 年 1 月第 1 版第 1 次修订　　2024 年 1 月第 3 次印刷

书　　号：ISBN 978-7-5121-3886-5/F·1859

印　　数：4 001～5 000 册　　定价：42.00 元

本书如有质量问题，请向北京交通大学出版社质监组反映。对您的意见和批评，我们表示欢迎和感谢。

投诉电话：010-51686043，51686008；传真：010-62225406；E-mail：press@bjtu.edu.cn。

前　言

在市场经济逐步完善的今天，对于作为独立经济实体的企业、公司，如果没有专业的市场营销人才，以科学、现代化的营销手段来运营，肯定无法在竞争激烈的市场中生存。市场营销人员是各个企业、特别是大型企业不可缺少的人才，但由于培养数量一直跟不上，所以毕业生供不应求。

在经济市场化的今天，各行各业运行的终极目标都是把自己的“商品”投放市场，被市场接纳、吸收，从而取得市场效益。这就要求每个人在工作时都必须有一种产品的营销意识，尤其是企事业单位的管理人，更要具备强烈的产品营销意识。世界上很多著名企业的创始人和高级管理层就是从市场营销起家的。所以优秀的市场营销专业人才更容易进入各行各业的高级管理层。因此，市场营销是每一个有志之士规划自己辉煌职业生涯的必修课程。

本课程是一门建立在经济学、管理学、社会学、心理学、行为科学等学科基础之上，研究以满足顾客消费需求为中心的企业市场营销活动及其规律性的交叉性应用科学，它概括了现代企业市场营销的理论和实践，总结了一系列指导企业市场营销活动的战略、战术和方法，具有极强的实际应用价值，因此受到企业界和其他社会各界的广泛重视。它既是市场营销专业课程体系中的专业基础课程，又是工商管理类、经济学类各专业通开的核心课程，还是其他专业的学生扩展知识领域、构建完整知识体系的重要选修课程。

本书在理论课讲授的同时，辅以大量的实践案例和技能操作，通过为学生提供较多的技能训练，加强了对学生实战能力的锻炼，培养了学生的市场意识和良好的职业素养；在课程实施过程中，以职业能力培养为重点，通过组织学生参与模拟企业营销活动的策划实施等内容，进行基于工作过程的课程开发与设计，为学生今后走向企业打下坚实的基础。

本书的主要特点有如下几个方面。

（1）教材体系符合高技能人才培养目标和专业相关技术领域职业岗位（群）的任职要求；本课程对学生职业能力培养和职业素养养成起主要支撑或明显促进作用，且与前、后续课程衔接得当。

（2）以职业能力培养为重点，与行业企业合作进行基于工作过程的课程开发与设计，充分体现职业性、实践性和开放性的要求。

（3）根据行业企业发展需要和完成职业岗位实际工作任务所需要的知识、能力、素质要求，选取教学内容，并为学生可持续发展奠定良好的基础。

（4）遵循学生职业能力培养的基本规律，以真实工作任务及其工作过程为依据整合、优化教学内容，科学设计学习性工作任务，教、学、做结合，理论与实践一体化，实训、实习等教学环节设计合理。

（5）重视学生在校学习与实际工作的一致性，有针对性地采取工学交替、任务驱动、项目导向等行动导向的教学模式。

（6）根据课程内容和学生特点，灵活运用案例分析、分组讨论、角色扮演、启发引导等教学方法，引导学生积极思考、乐于实践，提高教、学效果。

（7）编写本书的人员有“双师”素质教师和有企业经历的专兼职教师。

本书基本框架按照企业市场营销管理过程的步骤设定。全书共分3个模块。从介绍市场观念入手，探讨了企业市场营销环境、购买者行为规律、市场细分和目标市场及企业战略和战略性营销规划，介绍了营销研究和需求测量、预测等方法，重点讨论了企业的产品策略、价格策略、营销渠道策略、销售促进策略的制定和实施，每章后都附有精心设计的技能训练、习题练习（闯关考验）以及案例分析。

本书撰写分工如下：李建英和企业人员唐颜峰（就职于夏门银鹭食品有限公司）编写模块一（总论）任务一（认识营销）和任务三（分析了解市场营销环境）；周伟编写模块一（总论）任务二（学会市场调查）和任务四（消费者市场分析）；李雪娇编写模块一（总论）部分内容和模块三（营销战术——4P组合）任务三（渠道策略）；秦胜容和企业人员吴诗勇（就职于重庆中冈电器有限公司）编写模块二（营销战略分析）任务（目标市场营销）和模块三（营销战术——4P组合）任务一（产品策略）；翁群芬编写模块三（营销战术——4P组合）任务二（价格策略）；龙娟和企业人员卢勇（就职于中国平安保险有限公司）编写模块三（营销战术——4P组合）任务四（促销策略）。

本课程在教学设计过程中，既重视通过岗位能力课程培养学生基本的职业技能，同时又不放松通过行业基本素质课程培养学生的职业素养。所以本课程在我院开课近10年的过程中，一直成为学生重要的理论实践课之一，是经济管理类专业学生的必学课程。为配合学习，我们建立了现代营销实务与创新精品课程网站（http：//jpkc. cqie. cn/site/marketing/），读者可以登录浏览。

在本书编写的过程中，我们得到了众多专家的指导和企业界人士的支持协助，在此一并表示感谢。

书中的不妥、错误、疏漏之处，恳请广大读者指正。

编　者

2023年1月

目　　录

模块一　总　　论

模块二　营销战略分析

模块三　营销战术——4P 组合

模块一

总论

模块结构

任务一　认识营销

任务二　学会市场调查

任务三　分析了解市场营销环境

任务四　消费者市场分析

任务一 认识营销

目标规划

（一）学习目标

基本了解：（1）市场营销学的产生和发展；

（2）市场营销管理的任务；

（3）市场营销管理哲学的演变进程。

重点掌握：（1）从企业角度定义的市场概念；

（2）与市场营销相关的一系列基本概念；

（3）现代营销观念的精髓。

（二）技能目标

（1）提高学生对该课程的认识；

（2）增加学生进入市场营销领域的自信心。

本任务穿针引线

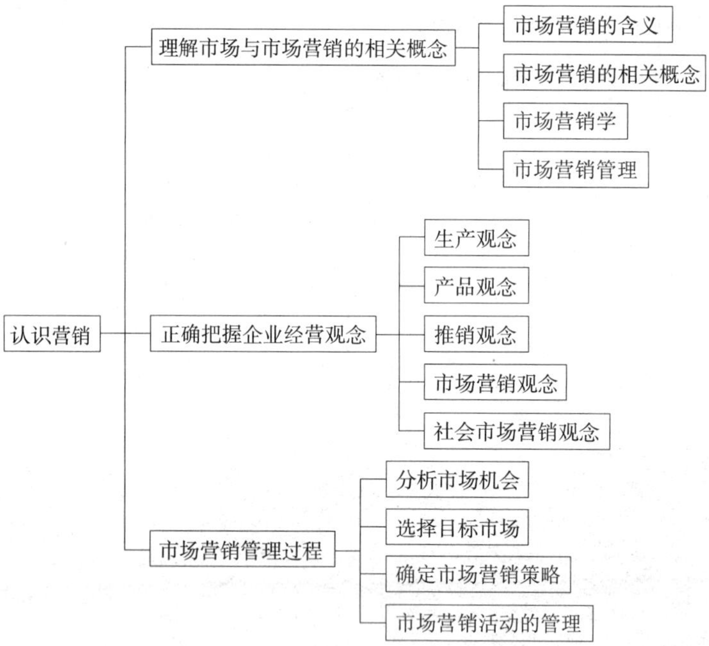

案例引入

先有鸡还是先有蛋

有一家饭店生意非常好，老板年纪大了，想要退休，需要从饭店的三位副经理中选择一位接班人，可这三位副经理平时对各自的工作都很负责，对饭店的贡献也不相上下，选谁做接班人呢？老板一直拿不定主意。

一天，老板将三个人叫来，问到这样的问题：先有鸡还是先有蛋？

第一位副经理想了想，答道：“先有鸡。”

第二位副经理胸有成竹地答道“先有蛋。”

第三位副经理镇定地看着老板说：“客人先点鸡，就先有鸡；客人先点蛋，就先有蛋。”

老板笑了，于是就将第三位副经理提升为总经理。

思考：第三位副经理提升为总经理的原因。

第一节　理解市场与市场营销的相关概念

市场营销（marketing）又称为市场学、市场行销或行销学，简称“营销”，是指个人或集体通过交易创造的产品或价值，以获得所需之物，实现双赢或多赢的过程。它包含两种含义：一种是动词理解，指企业的具体活动或行为，这时称之为市场营销或市场经营；另一种是名词理解，指研究企业的市场营销活动或行为的学科，称之为市场营销学、营销学或市场学等。

一、市场营销的含义

美国市场营销协会下的定义是：营销是创造、沟通与传送价值给客户，以及经营客户关系以便让组织与其利益关系人（stakeholder）受益的一种组织功能与程序。

菲利普·科特勒下的定义则强调了营销的价值导向：市场营销是个人和集体通过创造产品和价值，并同别人进行交换，以获得其所需所欲之物的一种社会和管理过程。

格隆罗斯下的定义强调了营销的目的：营销是在一种利益之上下，通过相互交换和承诺，建立、维持、巩固与消费者及其他参与者的关系，实现各方的目的。

菲利普·科特勒（Philip Kotler）生于1931年，是现代营销集大成者，被誉为“现代营销学之父”“营销界的爱因斯坦”。菲利普·科特勒是美国西北大学凯洛格商学院 S. C. Johnson & Son 国际营销杰出教授，美国芝加哥大学经济学硕士、麻省理工大学经济学博士、哈佛大学数学专业和芝加哥大学行为科学专业博士后。

二、市场营销的相关概念

（一）市场的定义

狭义上的市场是买卖双方进行商品交换的场所。广义上的市场是指为了买和卖某些商品而与其他厂商和个人相联系的一群厂商和个人。市场的规模即市场的大小，是购买者的人数。

市场包含三个主要因素，即有某种需要的人、为满足这种需要的购买能力和购买欲望。

市场＝人口＋购买能力＋购买欲望

小思考

请分析重庆市的人口环境，并发现市场机会。

可从以下几个方面思考。

（1）人口规模。

（2）常住人口的年龄结构。

（3）人口扩散情况。

（4）人口文化素质和身体素质的变化。

（5）居民住房条件，家庭住户规模。

（6）境内外来渝居住人口情况。

今日的市场是商品经济运行的载体或现实表现。商品经济越发达，市场的范围和容量就越扩大。市场具有以下相互联系的4层含义。

（1）商品交换的场所和领域。

（2）商品生产者和商品消费者之间各种经济关系的汇合和总和。

（3）有购买力的需求。

（4）现实顾客和潜在顾客。

市场是社会分工和商品经济发展的必然产物。

市场是商品交换顺利进行的条件，是商品流通领域一切商品交换活动的总和。市场体系是由各类专业市场，如商品服务市场、金融市场、劳务市场、技术市场、信息市场、房地产市场、文化市场、旅游市场等组成的完整体系。同时，在市场体系中的各专业市场均有其特殊功能，它们互相依存、相互制约，共同作用于社会经济的发展。

随着市场经济的发展，各类市场都在发展完善。那么，哪一类市场同人们的生活联系最紧密呢？从现实生活中，可以直接感受到，商品服务市场与人们的关系最为密切。商品服务市场遍及人们生活的每一个角落，常见的大、小商场，各种各样的理发店、家具店、农贸市场、宾馆饭店等，这些都属于商品服务市场的范畴。

随着社会交往的网络虚拟化，市场不一定是真实的场所或地点，当今许多买卖都是通过计算机网络来实现的，中国最大的电子商务网站淘宝网就是提供交换的虚拟市场。淘宝网，亚洲第一大网络零售商圈，致力于创造全球首选网络零售商圈，由阿里巴巴集团于2003年5月10日投资创办。淘宝网目前业务跨越C2C（消费者间）、B2C（商家对个人）两大部分。截至2013年，淘宝网拥有近5亿的注册用户数，每天有超过6 000万的固定访客，同时每天的在线商品数已经超过了8亿件，平均每分钟售出4.8万件商品。2011年交易额为610.8亿元，占中国网购市场80%的份额，比2010年增长66%。

（二）需要、欲望和需求

需要是指人们缺乏某东西而产生的一种“想得到”的心理状态，它是天生的，是不可创造的。如人们需要食物、空气、水等，因此，我们的市场及营销者无法创造需要。同时，马斯洛需要层次论也清楚地谈到了五个层次的需要，它告诉我们人的需要在不断变化，但不管如何变，我们的市场仍无法去满足这些需要。

欲望是一种愿望，针对同一需要，可以采取不同的方式来满足，人们需要食物和想要面包，但我们从欲望也可看到，需要是有限的，但欲望却是无限的，市场营销者虽然无法创造需要，但可以影响欲望。

需求体现了购买商品或劳务的愿望和能力。

从市场的角度来讲，我们应该清楚地认识到，用户的需要已经不仅仅局限于人最基本的需要——生理需要，他们已经走向了自我实现需要的阶梯。同时，随着物质生活的不断提升，用户的欲望已经在不断地扩充，它是不同时期体现用户心灵满足程度的表现。因为欲望的不断被满足、突破，所以用户的需求将会不断提升，选择的空间将扩大，用户选择产品时，不仅仅考虑价格因素，他们还会考虑品牌、服务、造型、品质等因素。

所以市场营销最基本的核心是企业如何利用客户的需要，洞察客户的欲望，创造出客户的需求。

三、市场营销学

市场营销学于20世纪初期产生于美国。随着社会经济及市场经济的发展，市场营销学发生了根本性的变化，从传统市场营销学演变为现代市场营销学，其应用从营利组织扩展到非营利组织，从国内扩展到国外。当今，市场营销学已成为同企业管理相结合，并同经济学、行为科学、人类学、数学等学科相结合的应用边缘管理学科。西方市场营销学的产生与发展同商品经济的发展、企业经营哲学的演变是密切相关的。美国市场营销学自20世纪初诞生以来，其发展经历了以下6个时间。

1. 萌芽时期（1900—1920年）

这一时期，各主要资本主义国家经过工业革命的洗礼，生产力迅速提高，城市经济迅猛发展，商品需求量也迅速增多，出现了需过于供的卖方市场，企业产品价值实现不成问题。与此相适应，市场营销学开始创立。早在1902年，美国密执安大学、加州大学和伊利诺伊大学的经济系开设了市场学课程。以后相继在宾夕法尼亚大学、匹兹堡大学、威斯康星大学开设此课。在这一时期，出现了一些市场营销研究的先驱者，其中最著名的有阿切·肖（Arch W. Shaw）、巴特勒（Ralph S. Butler）、约翰·斯威尼（John B. Swirniy）及赫杰特齐（J. E. Hagerty）。哈佛大学教授赫杰特齐走访了许多大企业，详细了解了他们如何进行市场营销活动，并于1912年出版了第一本销售学教科书，它是市场营销学作为一门独立学科出现的里程碑。

阿切·肖于1915年出版了《关于分销的若干问题》一书，率先把商业活动从生产活动中分离出来，并从整体上考察分销的职能。但当时他尚未能使用“市场营销”一词，而是把分销与市场营销视为一回事。

韦尔达、巴特勒和威尼斯在美国最早使用“市场营销”术语。韦尔达提出：“经济学家通常把经济活动划分为三大类：生产、分配、消费……生产被认为是效用的创造。市场营销应当定义为生产的一个组成部分。”“生产是创造形态效用，营销则是创造时间、场所和占有效用”，并认为“市场营销开始于制造过程结束之时”。

管理界的一代宗师彼得·杜拉克在其1954年写成的《管理实践》中认为：“关于企业的目的只有一个有效定义：创造消费者。”他指出：“市场是由商人创造的，而消费者的需求只是理论上的。”杜拉克的管理思想进一步促使了市场营销理论与实践者，从以企业为核心向以消费者为核心的转变。

这一阶段的市场营销理论同企业经营哲学相适应，即同生产观念相适应。其依据是传统的经济学，是以供给为中心的。

2. 功能研究时期（1921—1945 年）

这一时期以营销功能研究为其特点。此时期最著名的代表者有：克拉克（F. E. Clerk），韦尔达（L. D. H. Weld），亚历山大（Alexander），瑟菲斯（Sarfare），埃尔德（Ilder）及奥尔德逊（Alderson）。1932 年，克拉克和韦尔达出版了《美国农产品营销》一书，对美国农产品营销进行了全面的论述，指出市场营销的目的是“使产品从种植者那儿顺利地转到使用者手中。这一过程包括 3 个重要又相互有关的内容：集中（购买剩余农产品）、平衡（调节供需）、分散（把农产品化整为零）”。这一过程包括 7 种市场营销功能：集中、储藏、财务、承担风险、标准化、推销和运输。1942 年，克拉克出版的《市场营销学原理》一书，在功能研究上有所创新，把功能归结为交换功能、实体分配功能、辅助功能等，并提出了推销是创造需求的观点，实际上是市场营销的雏形。

3. 形成和巩固时期（1946—1955 年）

这一时期的代表人物有范利（Vaile），格雷特（Grether），考克斯（Cox），梅纳德（Maynard）及贝克曼（Beckman）。1952 年，范利、格雷特和考克斯合作出版了《美国经济中的市场营销》一书，全面地阐述了市场营销如何分配资源，指导资源的使用，尤其是指导稀缺资源的使用；市场营销如何影响个人分配，而个人收入又如何制约营销；市场营销还包括为市场提供适销对路的产品。同年，梅纳德和贝克曼在出版的《市场营销学原理》一书中，提出了市场营销的定义，认为它是“影响商品交换或商品所有权转移，以及为商品实体分配服务的一切必要的企业活动”。梅纳德归纳了研究市场营销学的 5 种方法，即商品研究法、机构研究法、历史研究法、成本研究法及功能研究法。

由此可见，这一时期已形成市场营销的原理及研究方法，传统市场营销学已形成。

4. 市场营销管理导向时期（1956—1965 年）

这一时期的代表人物主要有：罗·奥尔德逊（Wraoe Alderson），约翰·霍华德（John A. Howard）及麦卡锡（E. J. McCarthy）。

奥尔德逊在 1957 年出版的《市场营销活动和经济行动》一书中，提出了“功能主义”。霍华德在出版的《市场营销管理：分析和决策》一书中，率先提出从营销管理角度论述市场营销理论和应用，从企业环境与营销策略二者关系来研究营销管理问题，强调企业必须适应外部环境。麦卡锡在 1960 年出版的《基础市场营销学》一书中，对市场营销管理提出了新的见解，他把消费者视为一个特定的群体，即目标市场，企业制定市场营销组合策略，适应外部环境，满足目标顾客的需求，实现企业经营目标。

5. 协同和发展时期（1966—1980 年）

这一时期，市场营销学逐渐从经济学中独立出来，同管理科学、行为科学、心理学、社会心理学等理论相结合，使市场营销学理论更加成熟。

在此时期，乔治·道宁（George S. Downing）于 1971 年出版的《基础市场营销：系统研究法》一书中，提出了系统研究法，认为公司就是一个市场营销系统，“企业活动的总体系统，通过定价、促销、分配活动，并通过各种渠道把产品和服务供给现实的和潜在的顾客”。他还指出，企业作为一个系统，同时又存在于一个由市场、资源和各种社会组织等组成的大系统之中，它将受到大系统的影响，同时又反作用于大系统。

1967 年，美国著名市场营销学教授菲利普·科特勒（Philip Kotler）出版了《市场营销管理：分析、计划与控制》一书，该著作更全面、更系统地发展了现代市场营销理论。他精粹地对营销管理下了定义：营销管理就是通过创造、建立和保持与目标市场之间的有益交换和联系，以达到组织的各种目标而进行的分析、计划、执行和控制过程，并提出，市场营销管理过程包括分析市场营销机会，进行营销调研，选择目标市场，制定营销战略和战术，制订、执行及调控市场营销计划。

菲利普·科特勒突破了传统市场营销学认为营销管理的任务只是刺激消费者需求的观点，进一步提出了营销管理任务还影响需求的水平、时机和构成，因而提出营销管理的实质是需求管理，还提出了市场营销是与市场有关的人类活动，既适用于营利组织，也适用于非营利组织，扩大了市场营销学的范围。

1984 年，菲利普·科特勒根据国际市场及国内市场贸易保护主义出台，出现封闭市场的状况，提出了大市场营销理论，即 6P 战略：原来的 4P（产品、价格、分销及促销）加上两个 P ——政治权力及公共关系。他提出了企业不应该只被动地适应外部环境，而且也应该影响企业的外部环境的战略思想。

6. 分化和扩展时期（1981 年至今）

在此期间，市场营销领域又出现了大量丰富的新概念，使得市场营销这门学科出现了变形和分化的趋势，其应用范围也在不断地扩展。

1981 年，莱维·辛格和菲利普·科特勒对“市场营销战”这一概念及军事理论在市场营销战中的应用进行了研究，几年后，列斯和特罗出版了《市场营销战》一书。1981 年，瑞典经济学院的克里斯琴·格罗路斯发表了论述“内部市场营销”的论文，科特勒也提出要在企业内部创造一种市场营销文化，即使企业市场营销化的观点。1983 年，西奥多·莱维特对“全球市场营销”问题进行了研究，提出过于强调对各个当地市场的适应性，将导致生产、分销和广告方面规模经济的损失，从而使成本增加。因此，他呼吁多国公司向全世界提供一种统一的产品，并采用统一的沟通手段。1985 年，巴巴拉·本德·杰克逊提出了“关系营销”“协商推销”等新观点。1986 年，科特勒提出了“大市场营销”这一概念，提出了企业如何打进被保护市场的问题。在此期间，“直接市场营销”也是一个引人注目的新问题，其实质是以数据资料为基础的市场营销，由于事先获得大量信息和电视通信技术的发展才使直接市场营销成为可能。

进入 20 世纪 90 年代以来，关于市场营销、市场营销网络、政治市场营销、市场营销决策支持系统、市场营销专家系统等新的理论与实践问题开始引起学术界和企业界的关注。进入 21 世纪，互联网的发展和应用，推动着网上虚拟发展，以及基于互联网的网络营销得到迅猛发展。

四、市场营销管理

市场营销管理是指为创造达到个人和机构目标的交换，而规划和实施理念、产品和服务的构思、定价、分销和促销的过程。市场营销管理是一个过程，包括分析、规划、执行和控制。其管理的对象包含理念、产品和服务。市场营销管理的基础是交换，目的是满足各方需要。

市场营销管理的主要任务是刺激消费者对产品的需求，但不能局限于此。它还帮助公司在实现其营销目标的过程中，影响需求水平、需求时间和需求构成。因此，市场营销管理的任务是刺激、创造、适应及影响消费者的需求。从此意义上说，市场营销管理的本质是需求管理。

任何市场均可能存在不同的需求状况，市场营销管理的任务是通过不同的市场营销策略来解决不同的需求状况。

1. 负需求

负需求（negative demand）是指市场上众多顾客不喜欢某种产品或服务，如近年来许多老年人为预防各种老年疾病不敢吃甜食和肥肉，又如有些顾客害怕冒险而不敢乘飞机，或害怕化纤纺织品含有有毒物质损害身体而不敢购买化纤服装。市场营销管理的任务是分析人们为什么不喜欢这些产品，并针对目标顾客的需求重新设计产品、定价，做更积极的促销，或改变顾客对某些产品或服务的信念，诸如宣传老年人适当吃甜食可促进脑血液循环，乘坐飞机出事的概率比较小等。把负需求变为正需求，称为改变市场营销。

2. 无需求

无需求（no demand）是指目标市场顾客对某种产品毫无兴趣或漠不关心，如许多非洲国家居民从不穿鞋子，对鞋子无需求。通常情况下，市场对下列产品无需求：人们一般认为无价值的废旧物资；人们一般认为有价值，但在特定环境下无价值的东西；新产品或消费者平时不熟悉的物品等。市场营销者的任务是刺激市场营销，即创造需求，通过有效的促销手段，把产品利益同人们的自然需求及兴趣结合起来。

小案例　两家小店

有两家卖粥的小店。

左边这个和右边那个每天的顾客相差不多，都是川流不息，人进人出的。然而晚上结算的时候，左边这个总是比右边那个多出了百十元来，天天如此。

于是，我走进了右边那个粥店。服务小姐微笑着把我迎进去，给我盛好一碗粥。问我："加不加鸡蛋?"我说加。于是她给我加了一个鸡蛋。

每进来一个顾客，服务员都要问一句："加不加鸡蛋?"也有说加的，也有说不加的，大概各占一半。

我又走进左边那个小店。服务小姐同样微笑着把我迎进去，给我盛好一碗粥。问我："加一个鸡蛋，还是加两个鸡蛋?"我笑了，说："加一个。"再进来一个顾客，服务员又问一句："加一个鸡蛋还是加两个鸡蛋?"爱吃鸡蛋的就要求加两个，不爱吃的就要求加一个。也有要求不加的，但是很少。一天下来，左边这个小店就要比右边那个多卖出很多个鸡蛋。

3. 潜在需求

潜在需求（latent demand）是指现有的产品或服务不能满足许多消费者的强烈需求。例如，老年人需要高植物蛋白、低胆固醇的保健食品，美观大方的服饰，安全、舒适、服务周到的交通工具等，但许多企业尚未重视老年市场的需求。企业市场营销的任务是准确地衡量潜在市场需求，开发有效的产品和服务，即开发市场营销。

4. 下降需求

下降需求（falling demand）是指目标市场顾客对某些产品或服务的需求出现了下降趋势，如近年来城市居民对电风扇的需求已饱和，需求相对减少。市场营销者要了解顾客需求下降的原因，或通过改变产品的特色，采用更有效的沟通方法再刺激需求，即创造性的再营销，或通过寻求新的目标市场，以扭转需求下降的格局。

5. 不规则需求

不规则需求（Irregular demand）是指许多企业常面临因季节、月份、周、日、时对产品或服务需求的变化，而造成生产能力和商品的闲置或过度使用，如在公共交通工具方面，在运输高峰时不够用，在非高峰时则闲置不用，又如在旅游旺季时，旅馆紧张和短缺，在旅游淡季时，旅馆空闲，再如节假日或周末时，商店拥挤，在平时，商店顾客稀少。市场营销的任务是通过灵活的定价、促销及其他激励因素来改变需求时间模式，这称为同步营销。

6. 充分需求

充分需求（full demand）是指某种产品或服务目前的需求水平和时间等于期望的需求，但消费者需求会不断变化，竞争日益加剧。因此，企业营销的任务是改进产品质量及不断估计消费者的满足程度，维持现时需求，这称为“维持营销”。

7. 过度需求

过度需求（verfull demand）是指市场上顾客对某些产品的需求超过了企业供应能力，产品供不应求。例如，由于人口过多或物资短缺，引起交通、能源及住房等产品供不应求。企业营销管理的任务是减缓营销，可以通过提高价格、减少促销和服务等方式使需求减少。企业最好选择那些利润较少、要求提供服务不多的目标顾客作为减缓营销的对象。减缓营销的目的不是破坏需求，而只是暂缓需求水平。

8. 有害需求

有害需求（unwholesome demand）是指对消费者身心健康有害的产品或服务，诸如烟、酒、毒品、黄色书刊等。企业营销管理的任务是通过提价、传播恐怖及减少可购买的机会或通过立法禁止销售，称之为反市场营销。反市场营销的目的是采取相应措施来消灭某些有害的需求。市场不同的需求状况如表 1-1 所示。

表 1-1 不同的需求状况

序号	不同需求状态	市场营销管理的任务
1	负需求	改变市场营销
2	无需求	刺激市场营销
3	潜在需求	开发市场营销
4	下降需求	扭转需求
5	不规则需求	同步营销
6	充分需求	维持营销
7	过度需求	减缓营销
8	有害需求	反市场营销

第二节 正确把握企业经营观念

市场营销管理哲学，就是企业在开展市场营销管理过程中，在处理企业、顾客、社会及其他利益相关者所持有的态度、思想和观念。有 5 种互相竞争的哲学对企业的营销活动产生强烈影响，这些哲学通常被称为生产观念、产品观念、推销观念、市场营销观念及社会市场营销观念。

一、生产观念

1. 产生时间

生产观念（production concept）产生于19世纪末至20世纪20年代。

2. 内容

消费者总是喜欢那些可以随处买得到而且价格低廉的产品，企业应致力于提高生产效率和扩大分销范围，扩大生产，降低成本以扩展市场。

例如，美国皮尔斯堡面粉公司从1869年至20世纪20年代，一直运用生产观念指导企业的经营，当时这家公司提出的口号是“本公司旨在制造面粉”。

3. 产生的原因

（1）在资本主义工业化初期及第二次世界大战末期和第二次世界大战后一段时期内，由于物资短缺，市场产品供不应求，生产观念在企业经营管理中颇为流行。我国在计划经济旧体制下，由于市场产品短缺，企业不愁其产品没有销路，工商企业在其经营管理中也奉行生产观念，具体表现为：工业企业集中力量发展生产，轻视市场营销，实行以产定销；商业企业集中力量抓货源，工业生产什么就收购什么，工业生产多少就收购多少，也不重视市场营销。

（2）除了物资短缺、产品供不应求的情况之外，有些企业在产品成本高的条件下，必须加大规模来降低成本。例如，亨利·福特在21世纪初期曾倾全力于汽车的大规模生产，努力降低成本，使消费者购买得起，借以提高福特汽车的市场占有率。

4. 局限

生产观念重生产，轻市场，往往只重视生产规模，降低价格，而忽视产品质量，忽视消费者的感受。

美国汽车大王福特曾傲慢地宣称：“不管顾客需要什么颜色的汽车，我只有一种黑色的。”

二、产品观念

1. 产生时间

产品观念（product concept）产生于19世纪末至20世纪20年代。

2. 内容

消费者最喜欢高质量、多功能和具有某种特色的产品，企业应致力于生产高值产品，并不断加以改进。

3. 局限

迷恋自己的产品，看不到市场需求的变化，忽视广大的消费者。

例如，美国著名的爱尔琴国民钟表公司自1864年创立以来，至1958年以前在美国享有盛名，销售量一直上升，支配了美国的钟表市场。但1958年以后，消费者对手表的需求已发生变化，对手表计时非常准确、名牌及耐用的观念已改变，只需要一个能告诉时间，外表吸引人及价格低的手表，分销渠道由珠宝商店向大众化商店拓展。当竞争者适应市场需求变化而投入相应产品时，该公司仍陶醉于自己的高质量手表，从而导致了其经营的失败。

三、推销观念

1. 产生时间

推销观念（selling concept）产生于 20 世纪三四十年代。

2. 内容

消费者通常表现出一种购买惰性，如果不采取措施的话，消费者一般不会足量购买某一企业的产品，因此，企业必须积极推销和大力促销，以刺激消费者大量购买本企业产品。

3. 产生的原因

社会生产力有了巨大发展，市场趋势由卖方市场向买方市场过渡，尤其 1929—1933 年资本主义经济危机，大量商品积压，迫使企业重视采用广告和推销术去推销商品。

例如，美国皮尔斯堡面粉公司在此经营观念导向下，当时提出“本公司旨在推销面粉”。

4. 局限

推销观念坚信，产品是“卖出去的”，而不是“被买出去的”。它仍然属于以企业为中心的观念，另外，对于顾客不愿购买的产品，往往采用强行的推销手段，进行信息轰炸。

小案例　　中国彩电价格大战

20 世纪八九十年代，我国彩电生产能力急剧扩张，加上外商转移到大陆的生产能力，到 90 年代末总生产能力突破 4 000 万台/年，但内需加上出口总计不足 3 000 万台/年。此外，一些核心技术仍控制在外商手中，并存在着国产彩电严重趋同化等问题。自 1989 年长虹首次发动价格战以来，彩电市场频频爆发价格大战。

四、市场营销观念

1. 产生时间

市场营销观念（marketing concept）产生于 20 世纪 50 年代。

2. 内容

企业的一切计划和策略都以消费者为中心，正确确定目标市场的需要和欲望，比竞争者更有效地提供目标市场所要求的满足。

市场营销观念是以满足顾客需求为出发点的，即“顾客需要什么，就生产什么”。

例如，日本本田汽车公司要在美国推出一种雅阁牌新车。在设计新车前，他们派出工程技术人员专程到洛杉矶地区考察高速公路的情况，实地丈量路长、路宽，采集高速公路的柏油，拍摄进出口道路的设计。回到日本后，他们专门修了一条 9 千米长的高速公路，就连路标和告示牌都与美国公路上的一模一样。在设计行李箱时，设计人员意见有分歧，他们就到停车场看了一个下午，看人们如何放取行李。这样一来，意见马上统一起来。结果本田公司的雅阁牌汽车一到美国就备受欢迎，被称为是全世界都能接受的好车。

再如，美国的迪士尼乐园，欢乐如同空气一般无所不在。它使得每一位来自世界各地的儿童美梦得以实现，使各种肤色的成年人产生忘年之爱。因为迪士尼乐园成立之时便明确了它的目标：它的产品不是米老鼠、唐老鸭，而是快乐。人们来到这里是享受欢乐的。公园提供的全是欢乐。公司的每一个人都要成为欢乐的灵魂。游人无论向谁提出问题，谁都必须用

“迪士尼礼节”回答，决不能说“不知道”。因此游人们一次又一次地重返这里，享受欢乐，并愿意付出代价。

3. 产生的原因

社会生产力迅速发展，市场趋势表现为供过于求的买方市场，同时广大居民个人收入迅速提高，有可能对产品进行选择，面对产品的竞争加剧，许多企业开始认识到，必须转变经营观念，才能求得生存和发展。

4. 局限

消费者具有个性特征，只重视消费者，往往容易忽视企业对其他问题的考虑（如环境、资源等），这对于社会的整体发展存在着制约。

小案例 **希尔顿的微笑服务**

美国“旅馆大王”希尔顿于1919年把父亲留给他的12 000美元连同自己挣来的几千元投资出去。开始了他雄心勃勃的经营旅馆生涯。当他的资产从1 500美元奇迹般地增值到几千万美元的时候，他欣喜而自豪地把这一成就告诉母亲，想不到，母亲却淡然地说：“依我看，你跟以前根本没有什么两样……事实上你必须把握比5 100万美元更值钱的东西：除了对顾客诚实之外，还要想办法使来希尔顿旅馆的人住过了还想再来住，你要想出这样一种简单、容易、不花本钱而行之久远的办法去吸引顾客，这样你的旅馆才有前途。”母亲的忠告使希尔顿陷入迷惘：究竟什么办法才具备母亲指出的“简单、容易、不花本钱而行之久远”这四大条件呢？他冥思苦想，不得其解。于是他逛商店、串旅店，以自己作为一名顾客的亲身感受，得出了准确的答案：“微笑服务”。只有它才实实在在地同时具备母亲提出的四大条件。从此，希尔顿实行了微笑服务这一独创的经营策略。每天他对服务员的第一句话是“你对顾客微笑了没有？”他要求每位员工不论如何辛苦，都要对顾客投以微笑，即使在旅店业务受到经济萧条严重影响的时候，他也经常提醒职工记住：“万万不可把我们心里的愁云摆在脸上，无论旅馆本身遭受的困难如何，希尔顿旅馆服务员脸上的微笑永远是属于旅客的阳光。”

为了满足顾客的要求，希尔顿旅馆除了到处都充满着“微笑”外，在组织结构上，希尔顿尽力创造一个尽可能完整的系统，以便成为一个综合性的服务机构。因此，希尔顿旅馆除了提供完善的食宿外，还设有咖啡厅、会议室、宴会厅、游泳池、购物中心、银行、邮电局、花店、服装店、航空公司代理处、旅行社、出租汽车站等一套完整的服务机构和设施，使得到希尔顿旅馆投宿的旅客，真正有一种“宾至如归”的感觉。当他再一次寻问他的员工们：“你认为还需要添置什么？”员工们回答不出来，他笑了：“还是一流的微笑！如果是我，单有一流设备，没有一流服务，我宁愿弃之而去，住进虽然地毯陈旧，却处处可见到微笑的旅馆。”

五、社会市场营销观念

1. 产生时间

社会市场营销观念（social marketing concept）产生于20世纪70年代。

2. 内容

企业的任务是确定目标市场需求、欲望和利益，并且在保持和增进消费者和社会福利的情况下，比竞争者更有效率地使目标顾客满意。这不仅要求企业满足目标顾客的需求与欲

望，而且要考虑消费者及社会的长远利益，即将企业利益、消费者利益与社会利益有机地结合起来。

3. 产生的原因

由于市场营销的发展，一方面给社会及广大消费者带来巨大的利益，另一方面造成了环境污染，破坏了社会生态平衡，出现了假冒伪劣产品及欺骗性广告等，从而引起了广大消费者的不满，并掀起了保护消费者权益运动及保护生态平衡运动，迫使企业营销活动必须考虑消费者及社会长远利益。

小案例

1. 汉堡包快餐行业提供了美味可口的食品，但却受到了批评。原因是他的食品虽然可口却没有营养。汉堡包脂肪含量太高，消费者都反映餐馆出售的油煎食品和肉馅饼都包含过多的淀粉和脂肪。出售时采用方便包装，因而导致了过多的包装废弃物。在满足消费者需求方面，这些餐馆可能损害了消费者的健康，同时污染了环境。忽略了消费者和社会的长远利益。

2. 王老吉捐款案例

2008 年 5 月 12 日 14:28，四川省汶川发生里氏 8 级特大地震，人民生命和财产受到巨大损失，国际国内的企业、机构、团体和个人纷纷踊跃为灾区捐款捐物。国内一家生产“王老吉”凉茶的企业——广东加多宝集团第一时间为灾区捐款人民币 1 亿元。一时间“王老吉”随电视和网络红透全中国。随后，一则关于“封杀”王老吉的帖子在网络上迅速热传，几乎各大网站和社区都能看见《让王老吉从中国的货架上消失！封杀他!》等帖子。帖子号召大家“为了‘整治’这个嚣张的企业，买光超市的王老吉！上一罐买一罐!”。很多网友刚看到标题后本来是要进去愤怒驳斥，但看到具体内容后却都是会心一笑并热情回帖。

第三节 市场营销管理过程

市场营销管理过程就是企业为完成其任务和目标而发现、分析、选择和利用市场机会的管理过程。市场营销管理过程包含下列 4 个相互紧密联系的步骤。

一、分析市场机会

在竞争激烈的买方市场，有利可图的营销机会并不多。企业必须对市场结构、消费者、竞争者行为进行调查研究，识别、评价和选择市场机会。

企业应该善于通过发现消费者现实的和潜在的需求，寻找各种“环境机会”，即市场机会。而且应当通过对各种“环境机会”的评估，确定本企业最适当的“企业机会”的能力。

对企业市场机会的分析、评估，首先是通过有关营销部门对市场结构的分析、消费者行为的认识和对市场营销环境的研究。还需要对企业自身能力、市场竞争地位、企业优势与弱点等进行全面、客观的评价。还要检查市场机会与企业的宗旨、目标与任务的一致性。

二、选择目标市场

对市场机会进行评估后，对企业要进入哪个市场或者某个市场的哪个部分，要研究和选择企业目标市场。目标市场的选择是企业营销战略性的策略，是市场营销研究的重要内容。企业首先应该对进入的市场进行细分，分析每个细分市场的特点、需求趋势和竞争状况，并根据本公司优势，选择自己的目标市场。

三、确定市场营销策略

企业营销管理过程中，制定企业营销策略是关键环节。企业营销策略的制定体现在市场营销组合的设计上。为了满足目标市场的需要，企业对自身可以控制的各种营销要素如质量、包装、价格、广告、销售渠道等进行优化组合。

（一）市场营销组合的构成

20 世纪 60 年代，是市场营销学的兴旺发达时期，突出标志是市场态势和企业经营观念的变化，即市场态势完成了卖方市场向买方市场的转变，企业经营观念实现了由传统经营观念向新型经营观念的转变。与此相适应，营销手段也多种多样，且十分复杂。1960 年，美国市场营销专家麦卡锡（E. J. McCarthy）教授在人们营销实践的基础上，提出了著名的 4P 营销策略组合理论，即产品（product）、价格（price）、渠道（place）和促销（promotion），由于这 4 个名词的英文字母都是“P”，所以市场营销组合又称为 4P 营销组合。“4P”是营销策略组合通俗经典的简称，奠定了营销策略组合在市场营销理论中的重要地位，它为企业实现营销目标提供了最优手段，即最佳综合性营销活动，也称整体市场营销。

1. 产品策略

产品策略包括产品发展、产品计划、产品设计、交货期等决策的内容。其影响因素包括产品的特性、质量、外观、附件、品牌、商标、包装、担保、服务等。

2. 价格策略

价格策略包括确定定价目标、制定产品价格原则与技巧等内容。其影响因素包括付款方式、信用条件、基本价格、折扣、批发价、零售价等。

3. 促销策略

促销策略是指主要研究如何促进顾客购买商品以实现扩大销售的策略。其影响因素包括广告、人员推销、宣传、营业推广、公共关系等。

4. 渠道策略

分销策略是指主要研究使商品顺利到达消费者手中的途径和方式等方面的策略。其影响因素包括分销渠道、区域分布、中间商类型、运输方式、存储条件等。

上述 4 个方面的策略组合起来总称为市场营销组合策略。市场营销组合策略的基本思想在于：从制定产品策略入手，同时制定价格、促销及渠道策略，组合成策略总体，以便达到以合适的商品、合适的价格、合适的促销方式，把产品送到合适地点的目的。企业经营的成败，在很大程度上取决于这些组合策略的选择和它们的综合运用效果。

（二）6P 营销策略组合

20 世纪 80 年代以来，世界经济走向滞缓发展，市场竞争日益激烈，政治和社会因素对市场营销的影响和制约越来越大。这就是说，一般营销策略组合的 4P 不仅要受到企业本身资源及目标的影响，而且更受企业外部不可控因素的影响和制约。一般市场营销理论只看到外部环境对市场营销活动的影响和制约，而忽视了企业经营活动也可以影响外部环境，另外，克服一般营销观念的局限，大市场营销策略应运而生。1986 年美国著名市场营销学家菲利普·科特勒教授提出了大市场营销策略，在原4P组合的基础上增加两个P，即权力（power）和公共关系（public relations），简称6P。

科特勒给大市场营销下的定义为：为了成功地进入特定市场，在策略上必须协调地施以经济心理、政治和公共关系等手段，以取得外国或地方有关方面的合作和支持。此处所指特定的市场，主要是指壁垒森严的封闭型或保护型的市场。贸易保护主义的回潮和政府干预的加强，是国际、国内贸易中大市场营销存在的客观基础。要打入这样的特定市场，除了做出较多的让步外，还必须运用大市场营销策略即6P组合。大市场营销概念的要点在于当代营销者需要借助政治力量和公共关系技巧去排除产品通往目标市场的各种障碍，取得有关方面的支持与合作，实现企业营销目标。

大市场营销理论与常规的营销理论即“4P”相比，有以下两个明显的特点。

（1）十分注重调和企业与外部各方面的关系，以排除来自人为的（主要是政治方面的）障碍，打通产品的市场通道。这就要求企业在分析满足自身顾客需要的同时，必须研究来自各方面的阻力，制定对策，这在相当程度上依赖于公共关系工作去完成。

（2）打破了传统的关于环境因素之间的分界线。也就是突破了市场营销环境是不可控因素，重新认识市场营销环境及其作用，某些环境因素可以通过企业的各种活动施加影响或运用权力疏通关系来加以改变。

小案例

美味公司（fresh taste）是美国一家制造牛奶消毒设备的企业。该公司打算将其产品引进日本市场，但遇到了许多问题。消毒牛奶是最近的一项发明，与鲜牛奶相比，它有两大优点：一是在室内温度下可储存三个月；二是打开包装后，它可比冷藏的一般牛奶多保存一倍的时间。美味公司推出优质的牛奶消毒设备，用这种设备消毒后的牛奶没有一般消毒牛奶的副作用——指一种煮过的牛奶往往有烧焦的味道，有的喝下后口腔内不保留一层奶渍等副作用。为了给这种设备寻找新市场，该公司把日本视为一个很好的销售目标。日本人口众多，牛奶的人均消费虽低但正在增长，而且鲜牛奶的来源不多。当美味公司开始向日本大牛奶场出售这种设备时，遇到了下述障碍。

（1）公司必须开展一场广告宣传运动，改变日本人的牛奶消费习惯，使日本消费者相信购买和喝消毒牛奶是有好处的。

（2）日本消费者联盟反对这种产品，因为他们所关心的是消毒牛奶的安全问题。

（3）靠近大城市的牛奶场主反对消毒牛奶的分销。他们害怕来自远方牛奶场的竞争，因为消毒牛奶有较长的储存寿命，并经得起长途运输。

（4）几家大零售商表示不愿意经营消毒牛奶，因为利益集团已施加了压力。那些靠国内送货而兴旺起来的牛奶专业商店也反对消毒牛奶的引进。

（5）日本厚生省和农林省表示，他们将首先等待并观察消费者是否能够接受消毒牛奶，然后再决定赞成还是反对消毒牛奶的广泛销售。

因此美味公司必须针对每一种障碍分别制定出对策。公司必须要求卫生部的合作，争取得到一部分奶场、批发商和零售商的支持，还要对日本消费者进行消费指导。公司所面临的是难以解决的大市场营销问题，解决这种问题不仅需要一般的商业技能，而且需要机敏的政治手段和公共关系技巧。

（三）11P 营销策略组合

1986 年 6 月，美国著名市场营销学家菲利普·科特勒教授又提出了 11P 营销理念，即在大营销 6P 之外加上探查、分割、优先、定位和员工，并将产品、价格、促销、分销称为“战术 4P”，将探查、分割、优先、定位称为“战略 4P”。该理论认为，企业在“战术 4P”和“战略 4P”的支撑下，运用“权力”和“公共关系”这 2P，可以排除通往目标市场的各种障碍。

11P 的具体内容分别如下。

（1）产品（product）。质量、功能、款式、品牌、包装。

（2）价格（price）。合适的定价，在产品不同的生命周期内制定相应的价格。

（3）促销（promotion）。尤其是好的广告。

（4）分销（place）。建立合适的销售渠道。

（5）权力（power）。依靠两个国家政府之间的谈判，打开另外一个国家市场的大门，依靠政府人脉，打通各方面的关系，在中国所谓的官商即是暗含此理。

（6）公共关系（public relations）。利用新闻宣传媒体的力量，树立对企业有利的形象报道，消除或减缓对企业不利的形象报道。

（7）探查（probe）。即探索，就是市场调研，通过调研了解市场对某种产品的需求状况如何，有什么更具体的要求。

（8）分割（partition）。即市场细分的过程，按影响消费者需求的因素进行分割。

（9）优先（priorition）。即选出我的目标市场。

（10）定位（position）。即为自己生产的产品赋予一定的特色，在消费者心目中形成一定的印象，或者说就是确立产品竞争优势的过程。

（11）员工（people）。“只有发现需求，才能满足需求”，这个过程要靠员工实现。因此，企业就想方设法调动员工的积极性。这里的 people 不单单指员工，也指顾客。顾客也是企业营销过程的一部分，如网上银行，客户参与性就很强。

“11P”包括大市场营销组合即 6P 组合（产品、价格、促销、分销、权力、公共关系），这 6P 组合称为市场营销的策略，其确定的是否恰当，取决于市场营销的战略“4P”［依次为市场调研（探查）、市场细分（分割）、目标市场选择（优先）、市场定位（定位）］，最后一个“P”（员工），贯穿于企业营销活动的全过程，也是实施前面 10 个“P”的成功保证。

市场营销策略组合作为现代市场营销理论中的一个重要概念，在其发展过程中，营销组合因素即 P 的数目有增加的趋势，但应当看到，传统的 4P 理论仍然是基础。

（四）4C 营销策略组合

20 世纪 90 年代初，世界进入了一个全新的电子商务时代，消费个性化和感性化更加突出，企业为了了解消费者的需求和欲望，迫切需要与消费者进行双向信息沟通。1990 年美国市场学家罗伯特·劳特伯恩教授提出了 4C 理论，即顾客（customer）、成本（cost）、便利（convenience）和沟通（communication）。该理论针对产品策略，提出应更关注顾客的需求与欲望；针对价格策略，提出应重点考虑顾客为得到某项商品或服务所愿意付出的代价；并强调促销过程应用是一个与顾客保持双向沟通的过程。4C 理论的思想基础是以消费者为中心，强调企业的营销活动应围绕消费者的所求、所欲、所能来进行，这与以企业为中心的

4P 理论有着实质上的不同。

卖方立场：产品（product）、价格（price）、促销（promotion）、分销（place）。

买方立场：顾客需求与欲望（customer needs and wants）、购买成本（cost）、便利（convenience）、沟通（communication）。

这种过渡的背后其实隐藏着这样一个事实：企业的市场营销行为将更多地从站在卖方角度的“4P”向站在买方角度的“4C”转化。新的市场营销组合策略认为，先把产品搁到一边，赶紧研究消费者的欲望和需求，不要再卖公司所能生产的产品，而要卖客户想要购买的产品；暂时放弃主观的定价策略，公司应了解消费者为满足其需求所需付出的成本；公司还应放弃已成定式的地点策略，而应优先考虑如何向消费者提供便利以购得商品；最后，用沟通来代替促销，这是 20 世纪 90 年代市场营销新的发展。可以这样预言，未来市场上的赢家将是那些能够站在客户的角度，为客户提供更多满意或是超越客户满意的企业。这也是市场营销组合新理论的真谛所在。

四、市场营销活动的管理

企业营销管理的最后一个程序是对市场营销活动的管理，营销管理离不开营销管理系统的支持。需要以下三个管理系统支持。

（1）市场营销计划。既要制定较长期战略规划，决定企业的发展方向和目标，又要有具体的市场营销计划，具体实施战略计划目标。

（2）市场营销组织。营销计划需要有一个强有力的营销组织来执行。根据计划目标，需要组建一个高效的营销组织结构，需要对组织人员实施筛选、培训、激励和评估等一系列管理活动。

（3）市场营销控制。在营销计划实施过程中，需要控制系统来保证市场营销目标的实施。营销控制主要有企业年度计划控制、企业盈利控制、营销战略控制等。

营销管理的三个系统是相互联系、相互制约的。市场营销计划是营销组织活动的指导，营销组织负责实施营销计划，计划实施需要控制，保证计划得以实现。

技能训练

营销从推销自我开始——一分钟自我介绍

一、实训内容：自我介绍（姓名、家乡、个人爱好与特长、家庭情况、对学校的印象及未来职业期望等）。

二、实训准备：学生事先拟写自我介绍词并进行自我演练。

三、实训流程：教师确定演练顺序—跑步上台—问候大家—自我介绍—致谢—返回座位。

闯关考验

一、单项选择题

1. 市场营销学作为一门独立学科出现在（　　）。

A. 20 世纪 50 年代　　B. 20 世纪初
C. 20 世纪 70 年代　　D. 18 世纪中叶

2. 一种观点认为，只要企业能提高产品的质量、增加产品的功能，便会顾客盈门。这种观念就是（　　）。
A. 生产观念　B. 产品观念　C. 推销观念　D. 市场营销观念

3. 市场营销的核心是（　　）。
A. 生产　B. 分配　C. 交换　D. 促销

4. 以“顾客需要什么，我们就生产供应什么”作为座右铭的企业是（　　）企业。
A. 生产导向型　　B. 销售导向型
C. 市场营销导向型　　D. 社会营销导向型

5. 指导销售者行为的最古老的观念之一是（　　）
A. 社会营销观念　B. 推销观念　C. 产品观念　D. 生产观念

6. “酒香不怕巷子深”属于（　　）管理哲学。
A. 生产　B. 产品　C. 推销　D. 社会营销

7. 许多冰箱生产厂家近年来高举“环保”“健康”的旗帜，纷纷推出无氟冰箱，他们所奉行的市场营销管理哲学是（　　）。
A. 推销观念　B. 生产观念　C. 市场营销观念　D. 社会市场营销观念

8. 对于交换的双方，如果一方比另一方更主动、更积极地寻求交换，则前者称为（　　），后者称为潜在顾客。
A. 卖方　B. 买方　C. 市场营销者　D. 顾客

9. 市场的大小，取决于那些有某种需要，并拥有使别人感兴趣的资源，同时愿意以这种资源来换取其需要的东西的（　　）。
A. 多少　B. 大小　C. 价值　D. 人数

10. 市场营销管理的实质是（　　）。
A. 需求管理　B. 目标管理　C. 价格管理　D. 顾客管理

二、多项选择题

1. 市场三要素包括（　　）。
A. 有某种需要的人　　B. 为满足这种需要的购买能力
C. 购买欲望　　D. 积极主动
E. 广告

2. 市场营销管理哲学的核心是正确处理（　　）之间的利益关系。
A. 企业　B. 供应商　C. 顾客
D. 中间商　E. 社会

3. 大市场营销就是在 4P 的基础上再增加了“2P”（　　）。
A. 产品　B. 政府　C. 权力
D. 公共关系　E. 需求

4. 以下属于买方市场条件的有（　　）。
A. 推销观念　B. 生产观念　C. 市场营销观念
D. 社会市场营销观念　　E. 产品观念

5. 社会市场营销观念考虑了（　　）的利益。
A. 顾客　　B. 供应商　　C. 整个社会的长远利益
D. 企业自身　　E. 中间商

三、判断正误

1. 市场营销学是20世纪初在英国产生的。(　　)
2. 市场营销学是一门建立在经济学、行为科学和现代管理学等基础上的应用科学。(　　)
3. 市场营销观念是以消费者需求为中心的企业经营指导思想。(　　)
4. 针对过量需求，企业营销管理的任务是“反市场营销”。(　　)
5. 市场营销就是推销和广告。(　　)
6. 从营销理论角度看，市场就是买卖商品的场所。(　　)

四、简答题

1. 理解市场、市场营销的概念。
2. 如何区分推销观念与市场营销观念?
3. 从社会营销观念角度分析，您如何看待正在我国蓬勃兴起的家用汽车工业？您怎样思考汽车业未来的发展?

五、案例分析

案例一　三全：让老百姓的餐桌更丰富

1. 从消费需求出发，立足速冻行业

三全公司董事长陈泽民是四川人，他的老家人人都喜欢做汤圆吃。到郑州工作后，陈泽民经常在家里自己加工汤圆，并送给同事品尝。大家都说，四川的汤圆很好吃，如果能够在市场上规模化生产，就可以让更多的人随时品尝这些美味的汤圆。受此启发，陈泽民创办了三全公司。

因为满足了消费者的需求，三全速冻汤圆自上市后，就一直供不应求。此后，为了满足北方消费者爱吃饺子的习惯，三全开发了速冻水饺；针对南方人爱吃粥的习惯，三全又开发了适合常温保存的皮蛋瘦肉粥、柴鱼花生粥、米酒椰果粥等粥系列；四川人爱吃火锅，三全推出了火锅料系列；端午节中国人都喜欢吃粽子，三全又推出了速冻粽子。可以说，公司的每一次进步，都和消费者的需求息息相关。

2. 进军常温食品领域，提供更多选择

为了让老百姓的餐桌更加丰富，三全没少动脑筋。一直以来，三全开发的都是速冻、冷藏食品，但对于旅行中的消费者，还有广大的城乡居民及家里没有冰箱的老百姓而言，食用速冻和冷藏食品就不太方便。因此，三全开始考虑研发适应性更广的常温方便食品。

3. 多重优势，打造优质的常温米饭，并获得中科委和欧盟的双重认可

在产品开发方面，三全是有优势的。公司设有行业内唯一的一家国家级企业技术中心，拥有行业唯一的一家博士后科研工作站。同时，三全还是中国速冻食品行业生产标准的制定者和速冻食品行业物流标准的主要参与者。

从2005年开始，三全利用技术、人员、设备等各种优势资源，不断进行自主研发，成功开发出常温米饭、米饭套餐、出口白米饭和军需大浅盘米饭套餐四大系列、近50个品种的常温食品。

2008年9月，三全经历了两件大事：一是他们开发的常温米饭系列产品通过了有关科研部门组织的成果鉴定；二是中共中央总书记、国家主席、中央军委主席胡锦涛视察了三全，并对三全的研发技术和产品品质给予了高度评价。

2008年9月9日，中国食品科学技术学会组织专家委员会，在北京对三全的常温方便米饭系列产品进行了鉴定。中国食品科学技术学会名誉副会长尹宗伦、中国食品学会冷冻与冷藏分会理事长陆翔华等11名专家参加了鉴定。与会专家一致认为：该产品有效解决了常温方便米饭的工业化生产质量技术难题，在行业内居领先地位。产品不仅保持了米饭应有的风味、口感和良好的组织形态，还能在常温条件下根据需要保存6～18个月，可满足不同人群的需求。其生产工艺和生产设备均有创新，对我国方便米饭的产业发展和竞争力的提升及国内外市场的拓展，有很大的促进作用，有显著的社会效益与经济效益。

与此同时，三全常温米饭产品还通过了英国零售商协会（British Retail Consortium，BRC）的认证，并批量出口到英国，成为国内同行业中唯一一家获得欧盟质量认可的常温方便米饭生产企业。如今，亚洲、欧洲、北美和澳洲等地区的很多国家都成了三全的目标市场。

4. 为消费者出行提供新的选择

目前，三全常温米饭已经在北京、上海、济南、郑州、苏州、杭州等重点城市全面上市，并在郑州—北京、郑州—上海等动车组铁路线上面向广大消费者供应。在没有进行促销活动的情况下，三全常温米饭迅速赢得了众多的消费者，销量相当不错。不少消费者评价说，现在出门在外，选择的空间更大了。尤其是很多不爱吃面的南方消费者，都表示以后再也不用老吃方便面了。

陈泽民表示，三全未来的目标，就是研发更多的、老百姓喜爱的方便食品，让老百姓的餐桌更加丰富多彩。

案例思考

1. 三全公司的发展历程体现了哪一种营销管理哲学或观念？
2. 三全是如何贯彻这一哲学或观念的？
3. 三全公司的营销工作是围绕什么而展开的？为什么？

案例二 让奥运金牌托起孩子的希望

在奥运会期间，海尔正式启动了“一枚金牌，一所希望小学”计划，即在2008年北京奥运会上，中国运动员每获得一枚金牌，海尔就将为贫困地区的孩子捐建一所希望小学。

为期17天的北京奥运会已经圆满闭幕，通过健儿们的奋力拼搏，中国体育代表团交出了一份堪称优异的答卷，在邹市明和张小平为中国夺得两枚奥运拳击金牌之后，中国以51枚金牌的成绩傲居金牌榜第一，并在女子体操、射箭、击剑、赛艇、蹦床、拳击等多个项目上取得历史性的突破。

相应地，海尔“一枚金牌，一所希望小学”计划也遍地开花——共捐建希望小学51所，遍布全国25个省，其中就包括四川北川地震灾区的15所，3万多名贫困地区的孩子也因此收获了“希望”，有了新的学校。

让金牌托起希望——海尔的这项计划不但完美地诠释了奥运精神，更使金牌“增值”、承载了更为深刻的社会意义。海尔集团新闻发言人张铁燕表示，海尔一直积极支持希望工程，将反哺社会、致力公益作为企业的使命，而北京奥运是全人类的盛会，是中国的盛事，所以海尔“一枚金牌，一所希望小学”计划就是为了让更多贫困地区的孩子也能感受到奥运的喜庆气氛，分享奥运带来的“希望”。

案例思考

1. 海尔的“奥运金牌希望计划”体现了哪一种营销管理哲学或观念？
2. 在这项计划中，海尔是如何处理有关各方的利益的？
3. 海尔的“奥运金牌希望计划”的社会意义是什么？

案例三 将木梳卖给和尚

在一家大公司所搞的一次招聘市场营销人员的实践考试中，公司要求应聘者在规定的时间内完成向和尚推销木梳的任务，否则将被淘汰出局。对于这次考试有人望而却步，落荒而逃；有人虽历尽艰辛，不厌其烦上门游说和尚“试用”木梳，却在受到责骂后败下阵来。

一位钱姓应聘者，一次性便推销了1 000把木梳，并呈现出供不应求的势头：原来他没有径直找和尚做工作，而是不动声色地来到一家香火极旺的深山宝刹，对其住持说，“凡来进香朝拜者，多有一颗虔诚之心，宝刹应有所馈赠以示纪念，保佑其平安吉祥，鼓励其多做善事。我正好有一批木梳，加上您超群的书法艺术，不妨刻上‘积善梳’三字，这样的赠品一定大受善男信女的垂青！”住持闻之大喜，立即决定买下1 000把木梳制成“积善梳”广施“善缘”。

果然，“积善梳”一炮打响，从此朝圣者更多，香火更旺。钱姓应聘者不仅成为公司雇员，后来还成为这家公司的副总裁。

讨论题

为什么“积善梳”会使佛门成了木梳市场营销的新增长点？

参考答案：

一、单项选择题

1. B　2. B　3. C　4. C　5. D　6. B　7. D　8. C　9. D　10. A

二、多项选择题

1. ABC　2. ACD　3. CD　4. CD　5. ACD

三、判断题

1. 错　2. 对　3. 对　4. 错　5. 错　6. 错

任务二　学会市场调查

目标规划

（一）学习目标

基本了解：（1）市场调查的概念；

（2）市场调查的基本方法；

（3）问卷的主要类型。

重点掌握：（1）问卷的主要内容；

（2）问卷设计的原则；

（3）撰写调查报告的方法。

（二）技能目标

（1）学会进行市场调查；

（2）学会撰写调查报告。

本任务穿针引线

- 学会市场调查
  - 市场调查概述
    - 市场调查含义、功能和分类
    - 常用的市场调查方法
  - 问卷的编制
    - 问卷的标题
    - 指导语
    - 问卷的类型
    - 问卷的内容
    - 问卷设计的原则
  - 调查报告的撰写
    - 什么是调查报告
    - 调查报告的特点
    - 调查报告的内容

案例引入

速溶咖啡产生于20世纪40年代，为了适应人们生活的快节奏，雀巢公司率先研制出了速溶咖啡并投入市场。这种速溶咖啡免去磨咖啡豆、煮咖啡等烦琐的制作工序，只要用开水一冲就可享受一杯香浓美味的咖啡，而且保持了普通咖啡的优点。

但是不久，雀巢公司就发现，人们仍然是购买普通咖啡而不购买速溶咖啡，速溶咖啡的消费量仅占整个咖啡消费的极小部分。

有的顾客说：不喜欢速溶咖啡的口味。

又问：速溶咖啡的口味与传统制法的咖啡口味有什么不同呢？

结果：无人能说出它们两者口味的差别。

厂商为了弄清真正的原因，他们求助于美国加州大学心理学教授海尔。海尔教授认为，顾客并没有真正说出不买速溶咖啡的理由，“味道”仅仅是一个借口，是顾客潜在的心理意识在起抵制的作用。

海尔教授决定采用间接角色扮演法进行调查。他首先设计两张看起来似乎是家庭主妇们常用的购货单，具体如下：

A	B
2 磅碎牛肉 3 块面包 1 串胡萝卜 1 听发酵粉 1 磅速溶咖啡 2 听桃子罐头	2 磅碎牛肉 3 块面包 1 串胡萝卜 1 听发酵粉 1 磅鲜咖啡豆 2 听桃子罐头

海尔教授请来了 100 位家庭主妇，把她们分成 A、B 两组，每组 50 名家庭主妇。他把 A、B 两种购物单分别发给两组家庭主妇，要求她们描述按购物单购买商品的家庭主妇的个性。

调查结果显示，家庭主妇们认为按 A 组购物单购物的家庭主妇是懒惰的、无计划的、没有家庭观念的邋遢的人。而按 B 组购物单购买商品的家庭主妇是生活有经验的、勤俭的、会安排家庭生活的、有家庭观念的人。

而 A、B 两组购物单的所购商品除了咖啡这种商品不同，其他商品都是一样的。从这个答案可知，家庭主妇们都认为购买速溶咖啡的家庭主妇有许多缺点。这说明顾客不买速溶咖啡的真正原因是心理观念偏见。顾客（家庭主妇）生怕给别人一种不好的印象所以不买速溶咖啡，并非速溶咖啡本身存在什么缺陷。

于是厂商立即改变宣传策略，不再宣传速溶咖啡省时方便，而着重宣传它的美味可口，突出宣传其“百分之百的纯咖啡”新鲜芳香。速溶咖啡的销路很快便被打开，市场销量蒸蒸日上。现在速溶咖啡已成为全球畅销的商品。

第一节　市场调查概述

一、市场调查含义、功能和分类

（一）市场调查的含义

关于市场调查的定义说法比较多，比较具有代表性的有以下几种。

美国市场营销协会认为：市场调查是一种通过信息将消费者、顾客和公众与营销者连接起来的职能。

中央财经大学柴庆春教授认为：市场调查是指对与营销决策有关的市场信息和数据进行系统的计划、设计、收集和分析，并把分析结果向管理者沟通和报告的过程。

湖南商学院龚曙明教授认为：市场调查是指对企业市场营销活动涉及的各种信息进行系统的收集、整理和分析的工作过程。也即依据管理的信息需求，从企业内外收集、整理和分析，提供与利用市场信息的过程。

虽然上述定义表述形式各不相同，但基本上都强调了对市场信息进行系统性的收集和分析，也强调了市场信息对经营管理和市场营销决策的意义。综合上述定义，本书认为：市场调查就是指运用科学的方法，有目的地、系统地搜集、记录、整理有关市场营销信息和资料，分析市场情况，了解市场的现状及其发展趋势，为市场预测和营销决策提供客观的、正确的资料。

（二）市场调查的作用

1. 有助于更好地吸收国内外先进经验和最新技术，改进企业的生产技术，提高管理水平

当今世界，科技发展迅速，新发明、新创造、新技术和新产品层出不穷，日新月异。

这种技术的进步自然会在商品市场上以产品的形式反映出来。通过市场调查，可以得到有助于我们及时地了解市场经济动态和科技信息的资料信息，为企业提供最新的市场情报和技术生产情报，以便更好地学习和吸取同行业的先进经验和最新技术，改进企业的生产技术，提高人员的技术水平，提高企业的管理水平，从而提高产品的质量，加速产品的更新换代，增强产品和企业的竞争力，保障企业的生存和发展。

小案例

中国青岛海尔集团要在世界中心美国打开洗衣机市场，而美国的洗衣机市场在许多人眼中早就处于饱和状态，海尔要挤进这个市场被人认为是“鸡蛋碰石头”。但海尔对自身实力也进行准确的评估，对美国的洗衣机市场也进行详细的调研研究和市场细分，了解到美国的洗衣机小容量型存在着缝隙，于是海尔集团以自己优良的质量、大方的外观和准确的决策，在“最无人情的竞争地”美国占有一席之地。

分析提示：

市场细分是市场竞争的一种手段，但是要决策准确无误必须建立在详细的市场调研基础之上。

2. 为企业管理部门和有关负责人提供决策依据

任何一个企业都只有在对市场情况有了实际了解的情况下，才能有针对性地制定市场营销策略和企业经营发展策略。在企业管理部门和有关人员要针对某些问题进行决策时，如进行产品策略、价格策略、分销策略、广告和促销策略的制定，通常要了解的情况和考虑的问题是多方面的，主要有：本企业产品在什么市场上销售较好，有发展潜力；在哪个具体的市场上预期可销售数量是多少；如何才能扩大企业产品的销售量；如何掌握产品的销售价格；如何制定产品价格，才能保证在销售和利润两方面都能上去；怎样组织产品推销，销售费用又将是多少，等等。这些问题都只有通过具体的市场调查，才可以得到具体的答复，而且只有通过市场调查得来的具体答案才能作为企业决策的依据。否则，就会形成盲目的和脱离实际的决策，而盲目则往往意味着失败和损失。

3. 增强企业的竞争力和生存能力

商品市场的竞争由于现代化社会大生产的发展和技术水平的进步，而变得日益激烈化。市场情况在不断地发生变化，而促使市场发生变化的原因，不外乎产品、价格、分销、广告、推销等市场因素和有关政治、经济、文化、地理条件等市场环境因素。这两种因素往往又是相互联系和相互影响的，而且不断地发生变化。因此，企业为适应这种变化，就只有通过广泛的市场调查，及时了解各种市场因素和市场环境因素的变化，从而有针对性地采取措施，通过对市场因素，如价格、产品结构、广告等的调整，去应付市场竞争。对于企业来说，能否及时了解市场变化情况，并适时适当地采取应变措施，是企业能否取胜的关键。

（三）市场调查的分类

市场调查可分为应用性市场调查与基础性市场调查两大类。

（1）应用性市场调查是为了更好地了解市场，搞清楚战略失败的原因或减少决策中的不确定性而进行的调查。实际上很多企业的市场调查都属于应用性市场调查，因为对于企业来说，市场调查必须以成本划算为导向并对决策人员有明显的价值。

（2）基础性市场调查则是为了拓展新的知识领域，它并不以某个具体的实际问题为目标，其目的是为现有的理论提供进一步的证明或者对某一概念或现象获得更多的了解。例如，基础性市场调查可能是用于检验一个关于高度复杂的决策问题的假设或者检验一个关于消费者信息处理问题的假设。通常，基础性市场调查的结果在短期内不能直接应用于实践。

二、常用的市场调查方法

（一）观察法

1. 观察法的含义

观察法是指研究者根据一定的研究目的、研究提纲或观察表，用自己的感官和辅助工具去直接观察被研究对象，从而获得资料的一种方法。科学的观察具有目的性和计划性、系统性和可重复性。常见的观察方法有：核对清单法；级别量表法；记叙性描述。观察一般利用眼睛、耳朵等感觉器官去感知观察对象。由于人的感觉器官具有一定的局限性，观察者往往要借助各种现代化的仪器和手段，如照相机、录音机、显微录像机等来辅助观察。

2. 观察法的分类

（1）自然观察和设计观察。在心理学中，自然观察法是指研究者在自然条件下对个体的言谈、举止行动和表情等进行有目的、有计划的观察，以了解其心理活动的方法。而在市场调查中，自然观察法是指调查员在一个自然环境中（包括超市、展示地点、服务中心等）观察被调查对象的行为和举止的一种方法。设计观察法是指调查机构事先设计模拟一种场景，调查员在一个已经设计好的并接近自然的环境中观察被调查对象的行为和举止。所设置的场景越接近自然，被观察者的行为就越接近真实。

（2）参与观察与非参与观察。参与观察法是观察者直接参与被观察者的活动，作为其中一员，并进行观察，从而系统地收集资料的方法。非参与观察法是观察者不直接参与被观察者的活动，以旁观者的身份对观察对象进行观察的方法。非参与观察法的优点是能够不受被观察者的影响，进行比较客观的观察。但是这种观察方法不容易深入了解到被观察者的内部情况。

3. 观察法的要求

（1）养成观察习惯，形成观察的灵敏性；集中精力勤奋、全面、多角度进行；观察与思考相结合。

（2）制定好观察提纲。观察提纲因只供观察者使用，应力求简便，只需列出观察内容、起止时间，观察地点和观察对象即可。为使用方便还可以制成观察表或卡片。

（3）按计划（提纲）实行观察，作好详细记录，最后整理、分析、概括观察结果，作出结论。

4. 观察法在市场调查中的应用

（1）对实际行动和迹象的观察。例如，调查人员通过对顾客购物行为的观察，预测某种商品购销情况。

（2）对语言行为的观察。例如观察顾客与售货员的谈话。

（3）对表现行为的观察。例如观察顾客谈话时的面部表情等身体语言的表现。

（4）对空间关系和地点的观察。例如利用交通计数器对来往车流量的记录。

（5）对时间的观察。例如观察顾客进出商店及在商店逗留的时间。

（6）对文字记录的观察。例如观察人们对广告文字内容的反应。

（二）实验法

1. 实验法的含义

实验法是指市场调查者有目的、有意识地通过改变或控制一个或几个市场影响因素的实践活动，来观察其他因素在这些因素影响下的变动情况，从而认识市场现象的本质和发展变化规律的一种方法。

实验法的目的是为了证明一种变量发生变化，能否引起另一种变量也随之变化。例如，一种新广告投放到某试销市场，该市场的销售量就得到了显著提高，但是其他没有投放新广告的市场销售量并没有增长，那么实验人员就可以认为，是新的广告导致了销售量的增长。

2. 实验法的分类

实验法按照实验的场所不同，可分为实验室实验法和现场实验法。

实验室实验法是指在实验室内利用一定的设施，控制一定的条件，并借助专门的实验仪器探索自变量和因变量之间的关系从而进行研究的一种方法。它的特点是易操作、时间短、费用低。

现场实验法是指在日常生活等自然条件下，有目的、有计划地创设和控制一定的条件来进行研究的一种方法。

（三）访问法

1. 访问法的含义

访问法是指市场调查者采用访谈询问的方式向被调查者了解市场情况的一种方法，它是市场调查中最常见和使用最广泛的一种方法。访问法可在备有正式问卷的情况下，也可在没有问卷的情况下进行。有正式问卷的访问，调查者通常要设计一种结构严谨的问卷，在访问过程中严格遵循问卷预备的问题顺序提问，这样可以方便今后对资料的处理。没有问卷的访问，在访问过程中没有标准的访问问题的格式，调查者仅仅按照一些预定的调查目标，自己发挥提出问题进行访问，被调查者回答这些问题，同样也有充分的自由。

2. 访问法的分类

访问法可以分为结构式访问、无结构式访问和集体访问三大类。

（1）结构式访问。是事先设计好的、有一定结构的访问问卷的访问。这种访问指把问题标准化，然后由受访人回答或选择回答，所有受访人都回答同一结构的问题。结构式访问法有两种方式：第一种是有限度的控制访问法，即访员控制问题大纲，对每个受访人问同样的问题，这种访问要点是要控制“话题”，即它的中心点与所定的访问范围，这种方法人类学用得较多；第二种是高度控制的访问，即把问题和尽可能的答案写出来，由受访人选择，这种方法社会学和社会心理学用得较多。

（2）无结构式访问。又称非标准型访问法。这种方法是指事先不预定表格，也不按固定的问题顺序去问，自由地交谈，适合于探索性研究。分为以下三种。

① 引导式访问。访问者事先确定好访问的方向和要点引导被访问者回答。

② 谈话式访问。即访问者事先拟好腹稿与被访问者进行自由交谈。

③ 非引导式访问。事先完全没有拟定调查标题，可以进行深度访问。这种方法要求访问者具备一定的访问技术。

（3）集体访问。即开调查会，就是调查者邀请若干被调查者，通过集体座谈的方式了解社会情况或研究社会问题的调查方法。它是类似于公众座谈会的一种集中收集信息的方法。一般由组织者中的一名或几名调查员与公众进行座谈，以了解他们的意见和看法。集体访问法是一种了解情况快、工作效率高、经费投入少的调查方法，但对调查员组织会议能力的要求很高。另外，它也不适应调查某些涉及保密、隐私、敏感性的问题。

（四）问卷法

1. 问卷法的含义

问卷又称调查表，是指调查者事先根据调查的目的和要求所设计的，由一系列问题、说明及备选答案组成的调查项目表格。问卷调查是调查者依据心理学原理，将精心设计的各种问题全部以询问的形式在问卷中列出来，许多问题还给出了多种可能的答案，提供给被调查者进行选择。这种方式有助于被调查者能够及时准确地获取调查的内容，领会调查意图，从而能提高调查的系统性和准确性。

2. 问卷法的分类

问卷法的类型很多，根据被调查者回答问题形式的不同，主要分为以下 6 种类型。

（1）自由叙述式。不给被调查者提供任何答案让其按自己的思想用文字自由地回答。

（2）多重选择式。让被调查者从提供的互不矛盾的答案中选择出一个或几个答案来。

（3）是否式。让被调查者以“是”或“否”二择一的方法回答提供的答案。

（4）评定量表法。让被调查者按规定的一个标准尺度对提供的答案进行评价。

（5）确定顺序式。让被调查者对提供的几种答案按一定的标准（好恶或赞同与否等）作出顺序排列。

（6）对偶比较式。把调查项目组成两个一组让被调查者按一定的标准进行比较。

第二节 问卷的编制

问卷调查是通过设计调查问卷，让被调查者填写调查表的方式获得所调查对象的信息。问卷调查是收集一手资料最常用的工具，无论采用哪一种方法收集资料，都需要设计一份适当的问卷，把需要收集的资料标准化。一般来说，调查结果的质量与问卷设计、样本选择、调查员素质、统计手段等因素有关。本节内容将围绕调查问卷设计展开分析和论述，阐述设计一份合格问卷所必须掌握的基本原则和技巧。

一、问卷的标题

每份问卷都有一个研究主题，拟定问卷的标题应该遵循一个原则："有针对性和易于理解。"研究者应开宗明义定个题目，反映这个研究主题，使人一目了然，增强填答者的兴趣和责任感。例如，"厂级干部推荐表"，这个问卷的标题，把该厂人事部门的调查内容和范围反映出来了。又例如，"中国互联网发展状况及趋势调查"这个标题，把调查对象和调查中心内容和盘托出，十分鲜明。

二、指导语

指导语的设计应该包含以下三个方面的原则。

（一）消除被调查者的顾忌心理

很多被调查者在调查过程中担心自己的个人信息被泄露，所以在设计问卷指导语的时候要告知被调查者：本次调查将采取不记名的方式，我们向你保证，你的个人信息不会得到任何泄露。从而消除被调查者的顾忌心理。

（二）鼓励被调查者积极参与调查

在设计问卷的指导语时应该说明问卷调查的目的、意义和价值，这样可以鼓励被调查者积极参与调查。

（三）指导被调查者如何填写问卷

在设计问卷指导语时还应注意说明答题的方法和步骤，特别是一些比较专业的问卷，在答题过程中可能有些特殊要求，所以在问卷的指导语中一定要解释清楚。

指导语范例如下。

中学生朋友：

你好，欢迎参加此次有关个人学习方面的调查活动，请你将自己实际的想法、做法与题目所陈述的情况相对照，然后选择一个与自己的实际最接近的答案。认真回答将会使你更了解自己的学习状况，有利于你今后的学习，如果不按自己的实际情况回答，那么这项调查对你是没有意义的。你的回答不会记入任何档案，我们会为你保密，谢谢你的合作。

下面是答题方法。

（1）请在答题纸上相应的空格处，填上你所在学校、年级，你的性别、年龄及上学期期考成绩。

（2）本问卷每一个问题都有 5 个可供选择的答案（A. 完全不符合；B. 比较不符合；C. 有点儿符合；D. 比较符合；E. 完全符合），答题纸上相应地附有 A、B、C、D、E 5 个可供选择的英文字母，请把你所选答案在答案纸上相应的英文字母上画一个"○"。

（3）答题没有时间限制，但不要与同学商量，也不要看同学的答案。

（4）这本题目册要反复使用，请不要在上面做任何记号。

三、问卷的类型

（一）封闭式问卷

封闭式问卷是指被调查者只能在问卷提供的选项中作出选择，即使被调查者想要的答案在选项中不能找到也只能在问卷提供的选项中作出选择。封闭式问卷又称有结构的问答题。封闭式问题与开放式问题相反，它规定了一组可供选择的答案和固定的回答格式。

例如，在选择填报高校志愿的时候，您会最优先考虑哪一个因素？

1. □排名　　2. □设备　　3. □师资　　4. □奖学金

您平常喜欢观看哪一类电视节目？

1. □新闻类　　2. □娱乐类　　3. □知识类　　4. □运动类

封闭式问卷优缺点如表 1-1 所示。

表 1-1　封闭式问卷优缺点

优　　点	缺　　点
答案标准化，可以作比较	受访者不知道答案或无意见时，可能猜测适当的答案或随机回答
答案容易记录与分析	受访者可能因为所列答案均不适合或欠周全，无法澄清答案而感到挫折
受访者较清楚问项意义，减少不知道的答案，因此可提高完成率	答案项可能过多无法全部列出
答案比较完整，得到不相干答案的机会较少	对问项的理解可能有异，但是并不易确定
受访者不愿回答确切数字时，仍可能愿意提供类似性的答案	由于强迫选择答案，受访者之间的微幅差异无法显现
开放型问项要凭空想出答案较困难，封闭型问项则无此困扰	不慎笔误造成的错误会比较多
	会将许多不同，但并没有交集的观念予以组合

（二）开放式问卷

开放式问卷又称无结构的问答题。在采用开放式问卷时，问卷中没有提供任何选项，应答者可以用自己的语言自由地发表意见，在问卷上没有已拟定的答案。

例如，在选择填报高校志愿的时候，您会最优先考虑哪一个因素？

您平常喜欢观看哪一类电视节目？

开放式问卷优缺点如表 1-2 所示。

表 1-2　开放式问卷优缺点

优　　点	缺　　点
调查者对问题所知道的答案了解得并不完全	访问者记录受访者所言时会因个人喜好而产生记录偏差
在正式性的大型调查之前，可深入了解，使之更具有周延性	访问者难以控制受访者的个别差异
研究者可更深入了解受访者的可能动机	调查者较难区分数据
研究者能得到广泛性的答案及有相当差异性的答案	受访者自写时，花费时间较多，易使受访者厌烦

（三）混合式问卷

混合式问卷是指在封闭式问卷提供选项后加上一个“其他”的选项，让受查者在找不到贴切的答案时能自由填写答案。

例如，在选择填报高校志愿的时候，您会最优先考虑哪一个因素？

1. □排名　　2. □设备　　3. □师资　　4. □其他

您平常喜欢观看哪一类电视节目？

1. □新闻类　　2. □娱乐类　　3. □知识类　　4. □其他

混合式问卷因融合开放式问卷和封闭式问卷的优点，所以普遍使用在各式问卷中。但常因被调查者对选项定义不了解，误以为没有适合的选项而选取“其他”项，造成分析者事后检查选择“其他”选项受查者是否应归入某一选项而苦恼。此外，混合式问卷若事先拟定的答案不够周全，导致许多被调查者选择“其他”项，分析者将无法真正探知问题的答案，此种题目是没有意义的。

四、问卷的内容

（一）事实性问题

事实性问题主要是要求应答者回答一些有关事实的问题。

例如，你通常什么时候看电视？

事实性问题的主要目的在于求取事实资料，因此问题中的字眼定义必须清楚，让应答者了解后能正确回答。

市场调查中，许多问题均属“事实性问题”，如应答者个人的资料：职业、收入、家庭状况、居住环境、教育程度等。这些问题又称为“分类性问题”，因为可根据所获得的资料而将应答者分类。在问卷之中，通常将事实性问题放在后边，以免应答者在回答有关个人的问题时有所顾忌，因而影响以后的答案。如果抽样方法是采用配额抽样，则分类性问题应置于问卷之首，否则不知道应答者是否符合样本所规定的条件。

（二）态度性问题

在问卷中，往往会询问应答者一些有关意见或态度的问题。

例如，你是否喜欢××电视节目？

态度性问题事实上即态度调查问题。应答者是否愿意表达他真正的态度，固然要考虑，而态度强度也有不同，如何从答案中衡量其强弱，显然也是一个需要克服的问题。通常而言，应答者会受到问题所用字眼和问题次序的影响，即不同反应，因而答案也有所不同。对于事实性问题，可将答案与已知资料加以比较。但在态度性问题方面则较难做比较工作，因为应答者对同样问题所作的反应各不相同。因此，态度性问题的设计远较事实性问题困难。这种问题通常有两种处理方法：一种方法是对态度性问题的答案只用百分比表示，如有的应答者同意某一看法，等等；另一种方法则旨在衡量应答者的态度，故可将答案化成分数。

五、问卷设计的原则

（一）问题中应避免使用引导性或倾向性的语句

问卷设计者本人对问卷中所问问题的态度应该保持客观、中立的立场，所设计的问卷问题不能表明自身的立场，也不能试图引导被调查者作出某种回答，以免对被调查者回答问题造成影响。

例如，难道你不认为教育改革势在必行吗？这样的问题就具有典型的倾向性，意思是说我认为教育改革势在必行，你不认为吗？

再如，大多数医生认为抽烟对人体有害，你同意吗？这样的问题就具有典型的引导性，意思是说连大多数医生都认为抽烟对人体有害，你不认为吗？

（二）一个问题只能包含一个观念

问卷设计者在所设计的问题中应该注意，一个问题只能了解被调查者对某一事物一个方面的态度或意见，不能出现一个问题中由于包含两种观念让被调查者难以回答的现象。

例如，您认为解放路美食街的消费价格和服务态度如何？

A. □非常满意　B. □比较满意　C. □不确定　D. □不满意

这样的问题可能让被调查者无从回答，因为被调查者可能对解放路美食街的消费价格非常满意，但是认为服务态度有待提高，或者是对服务态度非常满意，却认为价格太贵。

（三）避免使用文言文、方言、俗语或缩写等词句

因为被调查对象的年龄、职业、文化程度、籍贯等不尽相同，不是所有被调查者都能理解问卷中所提文言文、方言、俗语、缩写等的含义，所以在问卷中应尽量避免使用文言文、方言、俗语或缩写等词句。

（四）不要使用普遍性的语句，以避免几乎所有人接受或拒绝的问题

如果明知道所有人都会对某一问题做出一个统一的回答还设计这样的问题，那么这个问题对于调查将毫无价值。

例如，你偶尔会对工作感到厌烦吗？

你认为目前大学生找工作难吗？

（五）避免双重否定的问题

如果在问卷中出现双重否定的问题，被调查者将花费一定的时间和精力去理解问题本身的含义，这样很容易让被调查者感觉问卷做起来比较累从而产生厌烦心理。所以，在问卷设计的过程中应尽量避免使用双重否定的问题。

例如，我从未否定我自己？

如果用“我肯定我自己”这种问法，那么被调查者更容易理解。

（六）问题应浅显易懂，字数不宜太多

如果问卷中的问题字数太多，被调查者将花费大量时间去理解问题的含义，这样容易让被调查者产生厌烦心理，因此在问卷设计过程中，所设计的问题应浅显易懂，字数不宜太多。

例如，你做这个测试时，没有保存却突然断电了，通过简单的计算机知识你意识到你之前的打字都是白费，你会怎么样？

（七）避免多选题

如果问卷中使用多选题，调查者在统计过程中可能出现所有被调查者选择的答案非常不同，而且答案非常分散的情况，这样将会给调查者的统计分析和得出结论带来很大的难度。所以在问卷设计过程中应尽量避免使用多选题。

例如，您平常喜欢观看哪一类电视节目？（可多选）

1. □新闻类　2. □娱乐类　3. □知识类　4. □运动类　5. □其他

如果用这样的问题去做调查，被调查者可能会给出 25 种不同的答案，如果这 25 种答案分布比较分散，将会给调查者的统计工作带来很大的难度。

（八）避免不受欢迎或涉及隐私问题

如果在问卷调查中出现涉及被调查者隐私或者不受欢迎的问题，被调查者可能拒绝回答从而终止调查，这样会给调查工作带来很多阻碍，所以在问卷设计过程中应避免不受欢迎或涉及隐私问题。

例如，你的月收入是多少？

你曾作弊吗？

你对你的女朋友或男朋友满意吗？

（九）一份问卷的题目形式要一致；选项、数目也要一致

如果问卷中各个问题提问的方式和语气有很大差异，如一会儿问："你认为某某超市的商品质量怎么样？"一会儿问："某某超市的产品质量很不错，你同意吗？"一会儿问："难道你不觉得某某超市的产品质量不错吗？"这样被调查者在理解问题的时候会感觉非常吃力，从而增强其厌烦心理。如果问卷中选项的数目有很大变化，如一会儿两个选项、一会儿三个选项、一会儿四个选项，被调查者在回答问题的时候也会感觉非常吃力，从而增强其厌烦心理。所以在问卷设计过程中，设计者应注意：一份问卷的题目形式要一致；选项、数目也要一致。

（十）问题的选项应包含所有可能的情形，选项问题应具有互斥性

在问卷调查过程中，如果被调查者想要的答案在选项中无法找到，这样会影响调查的准确性和效果，所以在问卷设计过程中，设计者应注意：问题的选项应包含所有可能的情形，选项问题应具有互斥性。

例如，你会支持哪一位某某公司经理候选人？

1. □A 候选人　2. □B 候选人　3. □C 候选人　4. □都支持　5. □都不支持

6. □没意见　7. □不知道　8. □拒答

第三节　调查报告的撰写

一、什么是调查报告

调查报告又称调查研究报告，应该说后者是它更准确的名称。调查报告主要功能是搜集情况，并通过对调查所得情况的深入研究，提出一定的见解。因此调查报告是指根据某一特定目的，运用辩证唯物论的观点，对某项工作、某个事件、某个问题，经过深入细致的调查后，将调查中收集到的材料加以系统整理，分析研究，以书面形式向组织和领导汇报调查情况的一种文体。它是调查研究成果的传递工具，是其转化为社会效益，发挥社会作用的桥梁，为决策和调整决策提供基本依据。

二、调查报告的特点

（一）真实性

真实性是调查报告首要的、最大的特点。所谓真实性，就是尊重客观事实，靠事实说话。这一特点要求调研人员必须树立严谨的科学态度，认真求实的精神，彻底抛弃“假大空”的虚伪作风，不仅报喜，还要报忧，不仅要充分肯定工作成绩，还要准确反映工作中存在的问题。只有严谨的科学态度，才能写出真实可靠，对工作具有指导意义的调查报告。

（二）针对性

针对性是调查报告所具有的第二个显著特点，这是由具有很强的工作针对性所决定的。一般来说，一项调查研究工作，特别是大型调查研究，要花费较多的时间、人力和物力，不是随意组织进行的，而是针对一些较为迫切的实际情况，解决某些实际问题而进行的。因此调查研究就具有很强的针对性，在调查报告的写作上，必须中心突出，明确提出所针对的问题，明确交代这一问题所获得的事实材料，分析出问题的症结所在，提出具体可行的建议和对策。

（三）典型性

典型性是指在调查报告的写作过程中所采用的事实材料要具有代表性，以及所揭示的问题带有普遍性。这种典型特点在总结经验和反映典型事件的典型调查中表现得尤为突出。

（四）系统性

调查报告的系统性或完整性是指由调查材料所得出的结论，必须具有说服力，把被调查的情况完整地、系统地交代清楚。不能只摆出结论，而疏漏交代事实过程和必需的环节。因为这样的疏忽势必造成不严密、根据不足及不足以令人信服的印象。这里所说的系统性和完整性，并不是要求在调查报告的写作过程中，事无巨细，面面俱到，而是抓住事物的本质和主要方面，写出结论的推理过程。

三、调查报告的内容

（一）标题

1. 单标题

（1）公式化写法。就是按照“调查对象+调查课题+文体名称”的公式拟制标题，如《一个富裕居委会的财务调查》就是这样的标题，其中“一个富裕居委会”是调查对象，“财务”是调查课题，“调查”显示文体是调查报告。这样写的好处是要素清楚，读者一看就知道写的是什么单位，涉及的是哪些问题，文种也很明确。这样写的不足之处是太模式化，不够新鲜活泼。

（2）常规文章标题写法。具体方式灵活多样，可以用问题作标题，如《儿童究竟需要什么读物?》；可以显示作者自己的观点，如《莘莘打工者，维权何其难》；可以直接叙述事实，如《三个孩子去蛇岛》；可以用形象画面暗示文章内容，如《“航空母舰”逐浪经济海洋》。还有种种写法，不再一一列举。

2. 双标题

双标题由正副标题组成，其中正标题一般采用常规文章标题写法，具体手段如上所述。副标题则采用公式化写法，由调查对象、调查课题、文体名称组成，如《明晰产权起风波——对太原市一集体企业被强行接管的调查》。

（二）前言

调查报告的前言一般要根据主体部分组织材料的结构顺序来安排，常用的有以下几种类型。

1. 提要式

提要式就是把调查对象最主要的情况进行概括后写在开头，使读者一入篇就对它的基本情况有一个大致的了解。例如，《靠名牌赢得市场——关于深圳市飞亚达（集团）股份有限公司的调查》的开头：

飞亚达（集团）股份有限公司（以下简称“飞亚达”）是一家以生产钟表为主的大型企业，1987 年成立于深圳。在经济特区这块改革开放的沃土上，该公司坚持不懈地实施名牌战略，终于在竞争激烈的钟表行业后来居上。历经 12 年的艰苦创业，飞亚达由一个钟表小厂发展为总资产逾八亿元，年创利润八千万元的上市公司，成为国内同行的翘楚。

这个开头把飞亚达公司发展情况和主要成绩作了概括的介绍，提纲挈领，统率全文。

2. 交代式

交代式就是在开头简单地交代调查的目的、方法、时间、范围、背景等，使读者在入篇时就对调查的过程和基本情况有所了解。《关于北京市家用缝纫机销售情况的调查》一文的开头就是这样的：

为了增强计划性，加强对家用缝纫机的经营，更好地掌握市场销售动态，我们采取了走访经营单位与分析历史资料的办法，对北京市家用缝纫机历年销售情况及当前社会保有量和市场需求变化进行了调查。经过分析，认为北京市场除上海缝纫机供不应求以外，其他牌号缝纫机销售在北京市场已趋于饱和。

这个开头包括目的、方法、范围和结论等几个方面，总的来说属于交代式的开头。

3. 问题式

问题式就是在开头提出问题来，引起读者对调查课题的关注，促使读者思考。这样的开头可以采用提问的方式引出问题，也可以直接将问题摆出来。例如，《农村发展社会主义市场经济的成功之路——贸工农一体化、产加销一条龙经营的调查》的开头：

近些年，随着农村改革的深化和商品经济的发展，贸工农一体化、产加销一条龙的经营方式，正在我国农村迅速崛起。它一出现，就显示出旺盛的生命力和巨大的优越性，为农村经济的发展注入新的活力。这种经营方式对我国农业向商品化、现代化转化有哪些作用？应采取什么方针政策扶持其发展？我们就这些问题进行了调查，并同 10 个县（市）的有关同志进行了座谈，达成了一些共识。

前一段入笔先提问，后一段是采用叙述的方式直接暴露问题，都属于问题式写法。

（三）主体

前言之后、结语之前的文字，都属于主体。这部分的材料丰富、内容复杂，在写作中最主要的问题是结构的安排。其主要结构形态有以下三种。

1. 用观点串联材料

由几个从不同方面表现基本观点的层次组成主体，以基本观点为中心线索将它们贯穿在一起。例如，1999 年 12 月 9 日《人民日报》刊登的调查报告《按照市场经济规律指导农民增收——山东省微山县调查》的主体就是这样的形态。它由 4 个部分构成：“抓住了规律就抓住了根本”“把握市场需求，发挥自身优势”“围绕市场竞争，加强联合与协作”“遵循价值规律，推进农业‘四化’”这 4 个部分是由标题所显示的基本观点贯穿起来的。

2. 以材料的性质归类分层

课题比较单一，材料比较分散的调查报告，可采用这种结构形式。作者经分析、归纳之后，根据材料的不同性质，将它们梳理成几种类型，每一个类型的材料集中在一起进行表达，形成一个层次。每个层次的前面可以加小标题或序号，也可以不加。例如，1999 年 12 月 23 日《人民日报》刊登的调查报告《不信民心唤不回——从宁乡县五个乡镇的变化看做好农村思想政治工作的重要性》，分别从原因、措施、启示三个方面着眼，写了三个大的层次。其中原因又概括为五条，启示也概括为三条，又形成大层次下的若干小层次。

3. 以调查过程的不同阶段自然形成层次

事件单一、过程性强的调查报告，可采用这种结构形式。它实际上是以时间为线索来谋篇布局的，类似于记叙文的时间顺序写法。例如，1999 年 12 月 16 日《人民日报》“记者调查”栏目发表的《暗访北京站前发票非法交易》一文，分别写了这样几层内容：12 月 6 日 15 时 35 分，记者在北京站东侧出站口遇到第一个卖发票的人；过马路前，又遇到四五个卖发票的小伙子；过马路后，被一个穿棕色皮衣的卖发票者拦住纠缠难以脱身；在站前丁字路口东北侧又遇到几个卖发票的男女。这种有清晰过程的写法，可以提高读者的阅读兴趣。

（四）结尾

调查报告常在结尾部分显示作者的观点，对主体部分的内容进行概括、升华，因此，它的结尾往往是比较重要的一个部分。常见的写法有下述三种。

1. 概括全文，明确主旨

在结束的时候将全文归结到一个思想的立足点上，如《关于邯郸钢铁总厂管理经验的调查报告》的结尾：

邯钢的实践证明，国有企业适应建立社会主义市场经济体制要求，必须在转换经营机制的基础上转换经营方式，切实转变经济增长方式，这样才能充分挖掘企业的内部潜力，提高企业的整体素质和市场竞争力。邯钢的做法为国有企业实行从传统的计划经济体制向社会主义市场经济体制，从粗放经营向集约经营两个具有全局意义的根本性转变提供了可借鉴的经验。

这样的结尾，提供了清醒的理性认识。

2. 指出问题，启发思考

如果一些存在的问题还没有引起人们的注意，如果限于各种因素的制约作者也不可能提出解决问题的办法，那么，只要把问题指出来，引起有关方面的注意，或者启发人们对这一问题的思考，也是很有价值的。例如，《暗访北京站前发票非法交易》一文的结尾：

记者随后又转了几个地方，16 时 10 分从北京站前离开。在这 40 分钟里，碰见了大约 20 名卖发票的不法人员。听口音他们大都是外地人。从言谈举止可以感觉到他们知道自己的行为是违法的。在广场、路口维持秩序的公安、保安人员不少，也许是司空见惯了吧，记者没有看到他们出面制止这种不法行为。

对发票非法交易的现象，到底该由谁来管，怎么管？作者指出这一问题，相信能引起有关部门的重视。

3. 针对问题，提出建议

在揭示有关问题之后，对解决问题提供一些可行的建议。例如，1999 年 11 月 23 日《人民日报》刊登的专题调查《人情消费，让人如何承受你!》就写了一个建议性的结尾：

在人情消费已成为一种风气的情况下，制止大操大办单靠哪一个人、哪一个单位很难从根本上奏效，如喝喜酒，往往是通知范围大了人们反感，范围小了没接到通知的人也有意见。遏制人情消费，建立新型的人际关系，倡导社会新风，是一项社会系统工程，需要各级各部门共同努力。首先要加强宣传和教育。提倡新事新办，勤俭持家，厉行节约，建立新型的社会主义人际关系。节日期间，报纸、电台、电视台可举办专题栏目、节目进行宣传，文化部门应挑选一批优秀的影片（主要是婚丧嫁娶新事新办方面的）在各乡镇、村巡回播放。通过广泛深入的宣传教育，使人们树立正确的人情消费观。其次要制定社会规范。在政府机关和企事业单位建立红白理事会，推行节俭办红白喜事。建立约束机制，对人情消费进行引导、规范、管理。三是严格稽查。对大操大办甚至借机敛财的干部要严肃处理，直至在新闻媒体上曝光。

知识拓展　市场调查方案设计

1. 市场调查方案的概念

市场调查方案又叫市场调查计划书、市场调研策划书，是根据调查研究的目的和调查对象的性质，在进行实际调查之前，对调查工作的各个方面和各个阶段任务的通盘考虑和安排，它是整个调研项目的一个构架和蓝图。

从认识上讲，市场调查方案设计常常是从定性认识过渡到定量认识的开始阶段。从工作上讲，调查方案设计起着统筹兼顾、统一协调的作用。从实践要求上讲，调查方案设计能够适应现代市场调研发展的需要。从市场竞争角度上讲，调查方案是在竞标中取胜的关键。市场调查方案在实际调查活动中起了决定性的作用，任何项目的调查都要提前设计好调查方案，只有这样才能正确的指导我们的调查实施。

市场调查是一项复杂的、严肃的、技术性较强的工作，为了圆满完成调查任务，事先制订一个科学、严密、可行的调研方案是十分重要和必要的。

2. 市场调查方案的思路

调查目的与研究意义中主要回答以下四个问题。

问题 1：决策者需要解决什么决策问题？

问题 2：与该决策问题相关的现状怎样？

问题 3：目前的状况下解决该决策问题存在何种困难？

问题 4：解决此决策问题有何意义？

设计思路：

干什么？→怎么样？→怎么办？→什么用？

3. 市场调查方案的结构

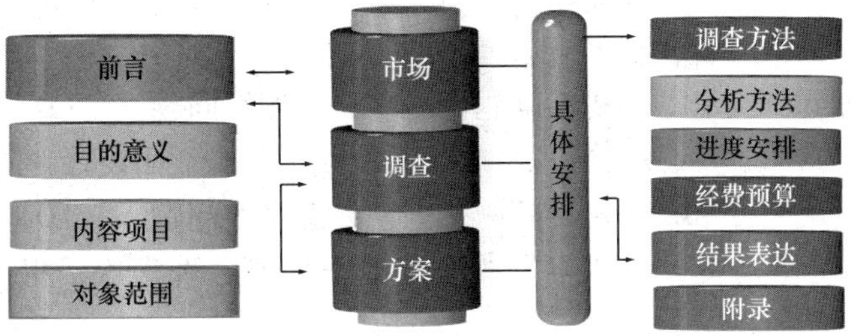

4. 市场调查方案撰写注意的问题

一份完整的调查方案，上述内容均应涉及，不能有遗漏，否则就是不完整的。只有内容全面完整的调查方案，才能为调查提供全方位的指导，才能保证按统一内容、统一方法、统一步骤来开展调查工作，以便顺利地完成调查任务。

调查方案的制订必须建立在对调查课题背景的深刻认识上。只有清楚地认识了调查课题的背景，才能为调查指明方向，才能帮助我们抓住问题的关键，正确地确定调查目的和内容。调查方案尽量做到科学性与经济性的结合，调查方案的格式方面可以灵活，不一定要采用固定格式。调查方案的书面报告是非常重要的一项工作，要求设计者撰写要具有目的性和针对性。

技能训练

设计一份关于学校某某食堂满意度的调查问卷

一、实训内容：学生设计《某某学校食堂满意度调查问卷》。

二、实训要求：

1. 结构完整，包括标题、指导语及问卷内容；
2. 格式规范；
3. 题型以封闭式问卷为主；
4. 题目数量在 15 ～ 20 题；
5. 符合问卷设计十大原则。

闯关考验

一、单项选择题

1. 调查人员要按照事先设计好的调查表或访问提纲进行访问，要以相同的提问方式和记录方式进行访问。这种访问方法属于（　　）。

   A. 结构式访问　　B. 无结构式访问

   C. 集体访问　　D. 正式访问

2. 电话访问问卷最主要的特点是（　　）。

   A. 成本较低　　B. 便于操作　　C. 简洁明了　　D. 回收率高

3. 邮寄访问问卷最大的缺陷是（　　）。

A. 成本较高　B. 操作较难　C. 设计较难　D. 回收率低

4. 现在你用何种牌子的洗衣粉？这是（　　）。

A. 事实性问题　B. 动机性问题　C. 态度性问题　D. 假设性问题

5. （　　）是为收集个人意见的理由或行为的动机等资料而设计的问题。

A. 事实性问题　B. 动机性问题　C. 态度性问题　D. 假设性问题

6. “××”啤酒制作精良，泡沫丰富，味道醇正，您是否喜欢？犯了（　　）方面的错误。

A. 不易回答　B. 容易引起误解

C. 使用了不恰当的假设　D. 诱导性问题

7. 问卷设计必须遵循一个符合逻辑的顺序，经过长期的实践总结，人们总结出基本的步骤，其中问卷设计的第一步是（　　）。

A. 明确调查对象的类型和特点　B. 明确调研主题与所需的资料

C. 明确数据收集的方法　D. 设计问卷

8. 调研问句可分为不同的类型，当问句是“你为什么购买这部手机?”时，属于(　　)

A. 事实性问题　B. 动机性问题　C. 态度性问题　D. 假设性问题

9. 收集的问句属于“是什么”的问句，一般属于（　　）

A. 事实性问题　B. 动机性问题　C. 态度性问题　D. 假设性问题

10. “例如，你认为华联超市的经营特色在哪里?”这样的问句属于（　　）

A. 事实性问题　B. 动机性问题　C. 态度性问题　D. 假设性问题

11. “你购买衣服通常在哪里?” a. 百货商店；b. 超市；c. 街边小店；d. 大卖场。这样的问句属于（　　）

A. 事实性问题　B. 动机性问题

C. 态度性问题　D. 假设性问题

二、多项选择题

1. 常用的市场调查方法包括（　　）。

A. 观察法　B. 实验法　C. 访问法　D. 问卷法

2. 开放式问卷的主要缺点有（　　）。

A. 过于松散，不利于统计分析　B. 容易产生调查误差

C. 被调查者的回答可能缺乏代表性　D. 被调查者不方便回答

3. 指导语通常应该包括（　　）。

A. 消除被调查者的顾忌心理　B. 鼓励被调查者积极参与调查

C. 指导被调查者如何填写问卷　D. 调查的方法

4. 封闭式问句的答案都是事先拟定的，它的缺点是（　　）。

A. 不便于统计分析　B. 限制了被调查者的自由发挥

C. 浪费调查时间　D. 问卷准确性可能被影响

5. 设计问卷的内容主要包括（　　）。

A. 事实问题　B. 态度问题　C. 兴趣问题　D. 价值观问题

三、简答题

1. 简述设计问卷指导语时的注意事项。
2. 简述问卷设计必须遵循的原则。
3. 简述调查报告的主体及主要内容。

四、问卷修改

大学生消费心理调查问卷

以下是一份关于大学生消费心理的调查问卷，为不耽搁你更多宝贵的时间，我们全部采用选择题形式，请将你所选择的答案代号填写在卷后的答题卡中，愿你如实填写，谢谢合作！

性别：男□　女□

户口：城镇□　农村□

年级：大一□　大二□　大三□　大四□

1. 你购买商品时注重的是？
   A. 质量与功能　B. 品牌　C. 美观别致　D. 价格
2. 平均一个月生活费是？
   A. 500 元以下　B. 500 ～ 800 元　C. 800 元以上
3. 你心中合理的消费状态是？
   A. 够花就行　B. 能订出消费计划
   C. 让每个月都有盈余供自己支配
4. 如果你有一大笔钱，你想如何使用它？
   A. 购买自己喜欢的东西　B. 周游世界或请人吃饭
   C. 捐给慈善机构或留给父母　D. 存进银行
   E. 其他
5. 常去购物地点？
   A. 专卖店　B. 各种特色店　C. 百货商场　D. 一般小店
6. 物品选择标准？
   A. 舒适　B. 与众不同　C. 品牌　D. 无所谓
7. 每月消费主要项目？
   A. 基本生活所需　B. 书籍　C. 购物
   D. 娱乐　E. 其他
8. 心情不好时是否会购买没用的东西以发泄？
   A. 会　B. 不会
9. 购物时是否会觉得有快感？
   A. 会　B. 不会
10. 当你身无分文时，朋友邀你一同出去玩，你会？
    A. 婉言谢绝　B. 借钱消费
11. 买到假冒伪劣商品时，怎么做？
    A. 找商（厂）家交涉或投诉，要求赔偿　B. 自认倒霉　C. 其他
12. 买完东西后你会留下小票吗？
    A. 会　B. 不会

要求：修改问卷的标题、指导语、问题题干、选项。

参考答案：

一、单项选择题

1. A　2. C　3. D　4. A　5. C　6. D　7. B　8. C　9. A　10. C　11. A

二、多项选择题

1. ABCD　2. ABC　3. ABC　4. BD　5. AB

任务三　分析了解市场营销环境

目标规划

（一）学习目标

基本了解：（1）了解市场营销环境对市场营销活动的重要影响和作用；

（2）掌握微观环境和宏观环境的主要构成；

（3）分析、评价市场机会与环境威胁的基本方法，科学地分析环境给企业带来的机会与威胁。

重点掌握：（1）掌握微观环境和宏观环境的主要构成；

（2）分析、评价市场机会与环境威胁的基本方法，科学地分析环境给企业带来的机会与威胁。

（二）技能目标

能够运用环境分析的基本方法，分析、评价企业的市场营销环境及其应对策略。

本任务穿针引线

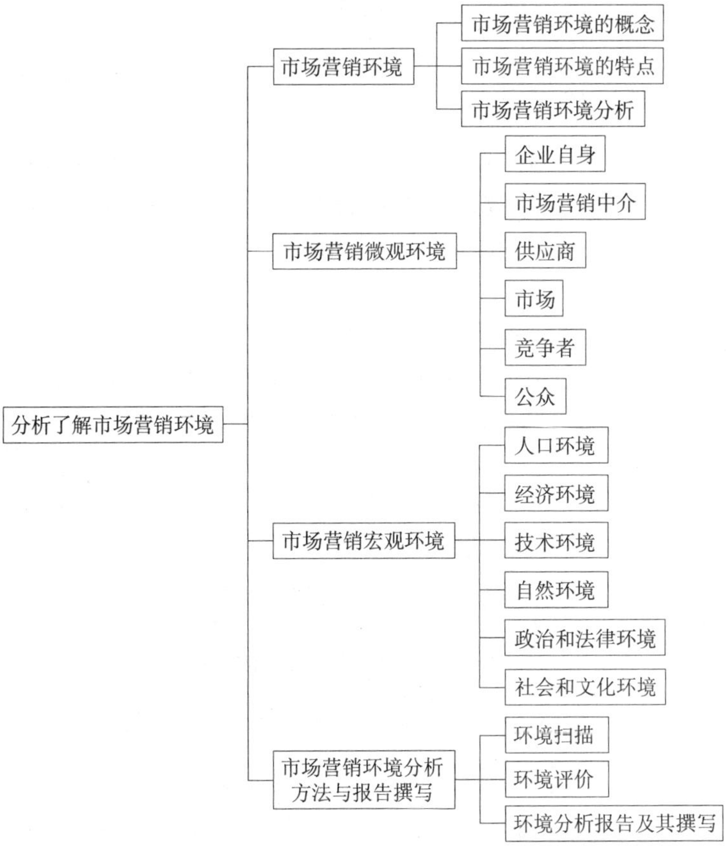

案例引入

脱销的胰岛素

胰岛素是一种治疗糖尿病的特效药，20 世纪 80 年代末期，由于宏观管理失控，大批进口胰岛素，使国内生产受阻，积压大量库存，1989 年一季度几乎全面停产。根据这一情况，国家下文规定 1990 年不准进口胰岛素。政策颁布之后，杭州肉联厂生化制药分厂对胰岛素市场进行了全面的分析，认为本厂与其他生产厂商一样面临着严峻的威胁，但同时也潜伏着良好的市场机会，其依据是：胰岛素的有效期为两年，1987 年、1988 年进口的产品最迟用到 1990 年 4 月份，过期失效；据了解，国内各厂家 1989 年起均不打算生产胰岛素；胰岛素的生产需要一定的周期。根据以上分析，该厂预测 1990 年 4 月份起市场上将出现胰岛素的脱销。据此，该厂在 1989 年 10 月毅然决定投料生产，12 月开始出成品。果然，1989 年年底在武汉召开的全国医药订货会上，胰岛素价格回升。1990 年 2 月在广州召开的医药订货会上，胰岛素出现了紧缺形势，与会者纷纷向该厂订货，仅此一项产品在这几个月中就为该厂创净利 20 万元以上。

第一节　市场营销环境

一、市场营销环境的概念

市场营销环境是指影响企业与目标顾客建立并保持互利关系等营销管理能力的各种角色和力量，它可分为宏观市场营销环境和微观市场营销环境。市场营销环境指存在于企业营销系统外部的不可控制或难以控制的因素和力量，这些因素和力量是影响企业营销活动及其目标实现的外部条件。

（1）微观营销环境。又称直接营销环境（作业环境），指与企业紧密相连，直接影响企业营销能力的各种参与者，包括企业本身、市场营销渠道企业、顾客、竞争者及社会公众。

（2）宏观营销环境。又称间接营销环境，指影响企业营销活动的一系列巨大的社会力量和因素，主要是人口、经济、政治法律、科学技术、社会文化及自然生态等因素。

宏观营销环境与微观营销环境两者之间的关系如图 1-1 所示。

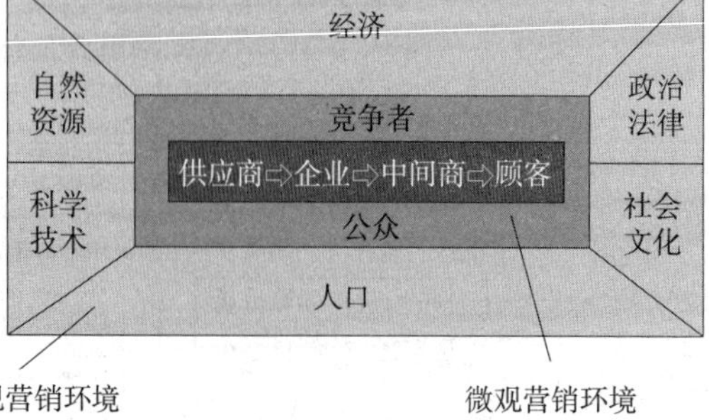

图 1-1　宏观营销环境与微观营销环境

市场营销环境通过对企业构成威胁或提供机会影响营销活动。环境威胁是指环境中不利于企业营销的因素及其发展趋势，对企业形成挑战，对企业的市场地位构成威胁。市场机会是指由环境变化造成的对企业营销活动富有吸引力和利益空间的领域。

二、市场营销环境的特点

1. 客观性

市场营销环境作为一种客观存在，是不以企业的意志为转移的，有着自己的运行规律和发展趋势，对营销环境变化的主观臆断必然会导致营销决策的盲目与失误。营销管理者的任务在于适当安排营销组合，使之与客观存在的外部环境相适应。

2. 关联性

构成营销环境的各种因素和力量是相互联系、相互依赖的，如经济因素不能脱离政治因素而单独存在；同样，政治因素也要通过经济因素来体现。

3. 层次性

从空间上看，营销环境因素是一个多层次的集合。第一层次是企业所在的地区环境，如当地的市场条件和地理位置。第二层次是整个国家的政策法规、社会经济因素，包括国情特点、全国性市场条件等。第三层次是国际环境因素。这几个层次的外界环境因素与企业发生联系的紧密程度是不相同的。

4. 差异性

营销环境主要因为企业所处的地理环境、生产经营的性质、政府管理制度等方面存在差异，不仅表现在不同企业受不同环境的影响，而且同样一种环境对不同企业的影响也不尽相同。

5. 动态性

外界环境随着时间的推移经常处于变化之中。例如，外界环境利益主体的行为变化和人均收入的提高均会引起购买行为的变化，影响企业营销活动的内容；外部环境各种因素结合方式的不同也会影响和制约企业营销活动的内容和形式。

6. 不可控性

影响市场营销环境的因素是多方面的，也是复杂的，并表现出企业不可控性。例如，一个国家的政治法律制度、人口增长及一些社会文化习俗等，企业不可能随意改变。

三、市场营销环境分析

（一）环境威胁与市场机会

环境发展趋势基本上分为两大类：一类是环境威胁；另一类是市场营销机会。所谓环境威胁，是指环境中一种不利的发展趋势所形成的挑战，如果不采取果断的市场营销行为，这种不利趋势将伤害到企业的市场地位。企业市场营销经理应善于识别所面临的威胁，并按其严重性和出现的可能性进行分类，之后，为那些严重性大且可能性也大的威胁制订应变计划。

所谓市场营销机会，是指对企业市场营销管理富有吸引力的领域。在该领域内，企业将拥有竞争优势。这些机会可以按其吸引力及每一个机会可能获得成功的概率来加以分类。企业在每一特定机会中成功的概率，取决于其业务实力是否与该行业所需要的成功条件相符合。

假设某烟草公司通过其市场营销信息系统和市场营销研究了解到以下足以影响其业务经营的动向。

（1）有些国家政府颁布了法令，规定所有的香烟广告包装上都必须印上关于吸烟有害健康的严重警告。

（2）有些国家的某些地方政府禁止在公共场所吸烟。

（3）许多发达国家吸烟人数下降。

（4）这家烟草公司的研究实验室很快就发明用莴苣叶制造无害烟叶的方法。

（5）发展中国家的吸烟人数迅速增加。据估计，我国目前有 3 亿多人吸烟，占总人口的 1/3，青年人中吸烟者所占比例最高。

显然，上述前三个动向给这家烟草公司造成了环境威胁；后两个动向造成了公司可能享有“差别利益”的市场机会。

（二）威胁与机会的分析、评价

如上所述，任何企业都面临着若干环境威胁和市场机会。然而，并不是所有的环境威胁都一样大，也不是所有的市场机会都有同样的吸引力。企业的最高管理层可以用“环境威胁矩阵图”和“市场机会矩阵图”来加以分析、评价（图 1-2）。

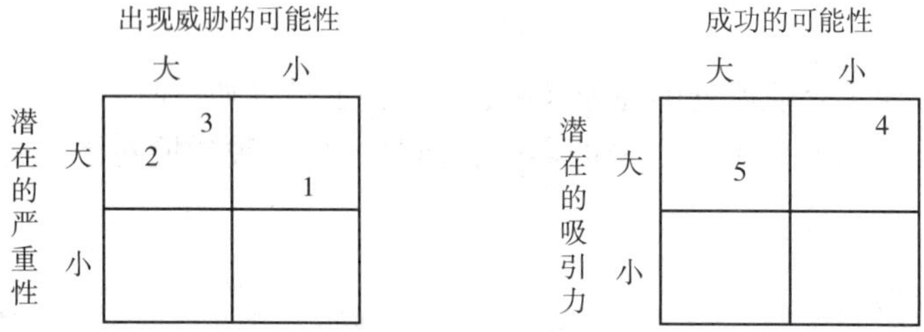

（a）环境威胁矩阵图　（b）市场机会矩阵图

图 1-2　威胁与机会的分析、评价

环境威胁矩阵图的横排代表“出现威胁的可能性”，纵列代表“潜在的严重性”，表示盈利减少程度。上述烟草公司在环境威胁矩阵图上有三个“环境威胁”即（1）、（2）、（3）条动向。其中，威胁（2）和威胁（3）潜在严重性大，出现威胁的可能性也大，所以，这两个环境威胁都是主要威胁，公司对这两个主要威胁都应十分重视；威胁（1）的潜在严重性大，但出现威胁的可能性小，所以这个威胁不是主要威胁。

市场机会矩阵图的横排代表“成功的可能性”，纵列代表“潜在的吸引力”，表示潜在的盈利能力。上述烟草公司在市场机会矩阵图上有两个“市场机会”即（4）、（5）条动向。其中最好的市场机会是（5），其潜在吸引力和成功的可能性都大；市场机会（4）的潜在吸引力虽然大，但其成功的可能性小。

用上述方法来分析和评价企业所经营的业务，可能会出现以下 4 种不同的结果（图 1-3）。

图 1-3　企业业务的分类、评价

（1）理想业务。即高机会和低威胁的业务。

（2）冒险业务。即高机会和高威胁的业务。

（3）成熟业务。即低机会和低威胁的业务。

（4）困难业务。即低机会和高威胁的业务。

上例中，烟草公司共有两个主要威胁，即（2）、（3），有一个最好的机会，即（5）。这就是说，该公司的业务属冒险业务。

（三）企业对策

对企业所面临的主要威胁和最好的机会，最高管理层应当作出什么反应或可采取何种对策呢？

最高管理层对企业所面临的市场机会，必须慎重地评价其质量。美国著名的市场营销学者西奥多·莱维特曾警告企业家们，要小心地评价市场机会。他说："这里可能是一种需要，但是没有市场；或者这里可能是一个市场，但是没有顾客；或者这里可能是一顾客，但目前实在不是一个市场。又如，这里对新技术培训是一个市场，但是没有那么多的顾客购买这种产品。那些不懂得这种道理的市场预测者对于某些领域（如闲暇产品、住房建筑等）表面上的机会曾作出惊人的错误估计。"

企业对所面临的主要威胁有以下三种可能选择的对策。

1. 反抗

反抗是指试图限制或扭转不利因素的发展。例如，西方国家的烟草公司可以疏通议员通过一个法令，允许人们在公共场所随意抽烟。再如，长期以来，日本的汽车、家用电器等工业品源源不断地流入美国市场；而美国的农产品却遭到日本贸易保护政策的威胁。美国政府为了对付这一严重的环境威胁，一方面，在舆论上提出美国的消费者愿意购买日本优质的汽车、电视、电子产品，为何不让日本的消费者购买便宜的美国产品；另一方面，美国向有关国际组织提出了起诉，要求仲裁。同时提出，如果日本政府不改变农产品贸易保护政策，美国对日本工业品的进口也要采取相应的措施。结果，扭转了不利的环境因素。

2. 减轻

减轻是指通过调整市场营销组合等来改善环境适应，以减轻环境威胁的严重性。例如，烟草公司大力宣传在公共场所设单独的吸烟区。再如，当可口可乐的年销售量达 300 亿瓶时，在美国的饮料市场上突然杀出了百事可乐。它不仅在广告费用的增长速度上紧跟可口可乐，而且在广告方式上也针锋相对："百事可乐是年轻人的恩赐，青年人无不喝百事可乐。"其潜台词很清楚，即："可口可乐是老年人的，是旧时代的东西。"可口可乐面对这种环境威胁，及时调整市场营销组合，来减轻环境威胁的严重性：一方面，聘请社会上的名人（如心理学家、精神分析家、应用社会学家、社会人类学家等），对市场购买行为新趋势进行分析，采用更加灵活的宣传方式，向百事可乐展开了宣传攻势；另一方面，花费比百事可乐多 50% 的广告费用，与之展开了一场广告战，力求将广大消费者吸引过来。经过上述努力，收到了一定的效果。

3. 转移

转移是指决定转移到其他盈利更多的行业或市场。例如，烟草公司可以适当减少香烟业务，增加食品和饮料等业务，实行多元化经营。再如，嘉陵公司原是个生产兵器产品的军事工业企业，由于国际形势发生了变化，1980 年年末，出现了数百万元亏损的局面。面对这种不利的市场营销环境，嘉陵人清醒地认识到：军品任务的减少已成不可逆转的趋势，只有抓住“保军转民”的历史机遇，大力发展民品，才是唯一出路。20 世纪 80 年代初，全国摩托车产量还不到 3 万辆，在生产水平极为低下、市场几乎呈无需求状况的情况下，嘉陵就提出高起点发展摩托车，并敢与世界摩托车王牌本田进行技术合作，从而较快地在国内占领了摩托车生产技术的制高点，1985 年登上了我国最大摩托车生产企业的宝座，1995 年 11 月 18 日揭晓的 500 家综合最优工业企业中，嘉陵跃居全国第二。

第二节 市场营销微观环境

市场营销微观环境即企业内部状态。任何一个企业的市场营销活动都不是企业某个部门的孤立行为，企业市场营销管理部门也不例外。现代市场营销理论，特别强调企业对环境的能动性的反作用，认为企业对周围环境的关系，不仅有反应、适应的必要，而且还有积极创造和控制的可能（图 1-4）。

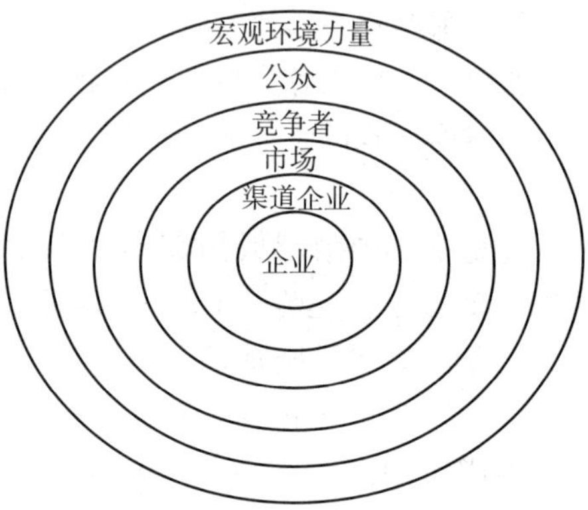

图 1-4 微观环境因素

一、企业自身

企业开展营销活动要充分考虑到企业内部的环境力量和因素。企业是组织生产和经营的经济单位，是一个系统组织。企业内部一般设立计划、技术、采购、生产、营销、质检、财务、后勤等部门。企业内部各职能部门的工作及其相互之间的协调关系，直接影响企业的整个营销活动。

营销部门与企业其他部门之间既有多方面的合作，也经常与生产、技术、财务等部门发生矛盾。由于各部门各自的工作重点不同，有些矛盾往往难以协调，如生产部门关注的是长期生产的定型产品，要求品种规格少、批量大、标准订单、较稳定的质量管理，而营销部门注重的是能适应市场变化、满足目标消费者需求的“短、平、快”产品，则要求多品种规格、少批量、个性化订单、特殊的质量管理。所以，企业在制订营销计划，开展营销活动时，必须协调和处理好各部门之间的矛盾和关系。这就要求进行有效沟通，协调、处理好各部门的关系，营造良好的企业环境，更好地实现营销目标。

二、市场营销中介

营销中介是指为企业营销活动提供各种服务的企业或部门的总称。

营销中介对企业营销产生直接的、重大的影响，只有通过有关营销中介所提供的服务，企业才能把产品顺利地送到目标消费者手中。营销中介的主要功能是帮助企业推广和分销产品。

营销中介包括：中间商；实体分销公司（运输企业、仓储企业）；营销服务机构（广告公司、咨询公司等）；财务中介机构（银行、信托公司、保险公司）。

（1）中间商是指那些将购入的产品再销售或租赁以获取利润的厂商，如批发商和零售商。他们创造时间、地点及所有权效用。

中间商按照不同标准可以分为许多类型。按中间商是否持有实际货物及是否持有商品所有权，将中间商分为经销商、代理商和经纪商。按中间商的业务性质，可将中间商分为批发商和零售商；按中间商与生产者和消费者的关系密切程度，可将中间商分为厂家代理商、销售代理商、进货代理商、佣金商。

① 经销商。在商品流通过程中不但持有实际商品而且获得商品所有权的中间商，都被称为经销商。经销商靠商品的贱买贵卖之差价获得商业利润。

② 代理商。在买卖活动中仅持有实际商品但没有商品所有权的中间商称为代理商，代理商只是代替生产商推销商品或帮助消费者购买商品，在此过程中提供一些必要的服务，如运输、仓储、市场调查等。代理商从委托方收取佣金，在主要的销售或购买方面听从于委托方意见，商品所有权在生产商或实际使用者手中。

③ 经纪商。经纪商又被称为经纪人，指在买卖活动中既不持有实际商品又没有商品所有权的中间商。其作用仅限于在买卖双方之间充当联系人，协助双方洽谈业务，提供少量服务。经纪商通常与买卖双方无永久性关系，交易达成后收取佣金，数额一般要低于给代理商的佣金。

④ 批发商。批发业务是指销售对象不是最终消费者而是其他中间商、工业用户、金融机构或其他商业性用户的各种销售活动。批发商是指那些主要从事批发业务的中间商，在其商业活动中一般发挥购买、销售、分割、运输、仓储、资金融通、风险承担和管理服务、咨询服务的功能。

⑤ 零售商。指从事零售业务的经销商，也包括那些以零售业务为主，兼营批发的经销商。所谓零售业务，是指那些把商品直接销售给最终消费者的活动。零售商要对消费者提供商业服务，以数量充足、品种齐全、质量可信、价格合理的商品供应市场。

⑥ 厂家代理商。指受某个或某些生产厂商委托为其推销部分或全部产品的代理商。一般厂家代理商与这些生产厂商都订有长期合同。

⑦ 销售代理商。指接受某一家生产商委托，订有长期合同，按合同条件代为推销该厂商生产的全部产品的一种代理商。其基本功能与厂家代理商相似，但销售代理商是厂商的唯一销售代理，对产品的定价、销售方式等有一定的决定权。

⑧ 进货代理商。是接受买方委托代为采购商品的代理商。

⑨ 佣金商。是接受生产者委托从事寄售业务的一种代理商。寄售业务是将接收来的产品置于佣金商备有的仓库中，由佣金商掌握时机，待价而沽，交易成功后从委托方收取一定佣金。

（2）实体分销公司（运输企业、仓储企业）。

（3）营销服务机构（广告公司、咨询公司等）。

（4）财务中介机构（银行、信托公司、保险公司）。

小案例

可口可乐让公司内部的跨职能团队了解每个零售合作伙伴的业务细节。它和合作伙伴进行了大量关于饮料消费者和市场份额的调研，还根据美国的邮政编码分析了各个地区的人口，帮助合作伙伴确定哪些可乐品牌在各自的区域更受欢迎。可口可乐公司甚至还研究了菜单的设计，以了解什么样的布局、字体、字母大小、颜色和视觉效果能够诱导消费者订购更多的食品和饮料。基于这样的理解，可口可乐饮食服务集团开发了营销计划和销售工具，帮助零售合作伙伴提高他们的饮料销量和利润。公司的网站 www. CokeSolutions. com 为零售商提供丰富的信息、业务解决方案和销售技巧。“我们知道你们热衷于取悦客人并在各个层面提升顾客的真实体验，”可口可乐对其零售合作伙伴说，“作为你们的合作伙伴，我们希望提供任何方式的帮助。”这样紧密的合作伙伴关系使可口可乐成为美国软饮料市场一直以来的领导者。

三、供应商

供应商是指对企业进行生产所需而提供特定的原材料、辅助材料、设备、能源、劳务、资金等资源的供货单位。这些资源的变化直接影响到企业产品的产量、质量及利润，从而影响企业营销计划和营销目标的完成。

四、市场

市场营销学是根据购买者及购买目的进行市场划分的。它包括以下几个方面。

（1）消费者市场。即为了个人和家庭消费而购买所构成的市场。

（2）生产者市场。即个人和企业为了生产、取得利润而购买所构成的市场。

（3）中间商市场。即为了转卖、取得利润而购买的批发商和零售商所构成的市场。

（4）政府市场。即为了履行职责而购买的政府机构所构成的市场。

（5）国际市场。即由国外的消费者、生产者、中间商、政府机构等所构成的市场（图 1-5）。

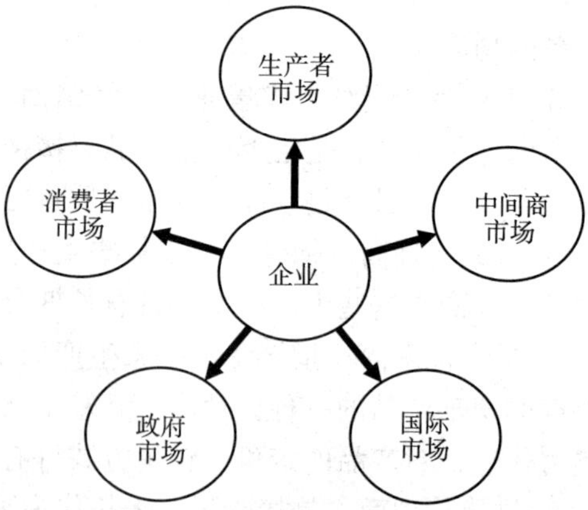

图 1-5 市场类型

五、竞争者

竞争是商品经济的必然现象。在商品经济条件下，任何企业在目标市场进行营销活动时，不可避免地会遇到竞争对手的挑战。即使在某个市场上只有一个企业在提供产品或服务，没有“显在”的对手，也很难断定在这个市场上没有潜在的竞争企业。

企业竞争对手的状况将直接影响企业营销活动，如竞争对手的营销策略及营销活动的变化就会直接影响企业营销，最为明显的是竞争对手的产品价格、广告宣传、促销手段的变化，以及产品的开发、销售服务的加强都将直接对企业造成威胁。为此，企业在制定营销策略前必须先弄清楚竞争对手，特别是同行业竞争对手的生产经营状况，做到知己知彼，有效地开展营销活动。

从争夺市场来看，竞争者是那些生产相同或相似功能产品的企业（包括生产替代用品的企业）。

从争夺资源来看，竞争者是使用相同资源的需用者。

从企业经营的角度来看，竞争者可以分为直接的竞争对手和间接的竞争对手，现实的竞争对手和潜在的竞争对手。

从满足消费需求的角度来看，通常面临着以下 4 种类型的竞争者。

1. 愿望竞争者

愿望竞争者是指向企业的目标市场提供不同产品以满足消费者的不同需求的竞争者。例如，你是电脑制造商，那么生产彩电、空调、音响等不同产品的生产厂家就是愿望竞争者。在购买力有限的情况下，消费者不可能同时购买诸多的大件产品，所以这种竞争的关键在于采取积极有效的促销手段，吸引消费者。

愿望竞争主要是从行业乃至产业之间的竞争关系来看的，它既不属于生产经营相关产品的企业之间的竞争，也不属于生产经营相同产品的企业之间的竞争。愿望竞争将使购买力的投向在不同行业或不同产业之间发生转移，从而使不同行业或产业的市场规模发生或大或小的变化。

2. 属类竞争者

属类竞争者是指生产不同产品满足相同需求的竞争者。例如，为满足顾客对交通工具的需求，家用轿车、摩托车、自行车等生产厂商之间就形成了属类竞争的关系。

实际上，这些种类不同的产品有着相同或类似的功用也就是所谓的相关产品，它们在满足某种需要上是可以相互替代的，属类竞争主要考察的是不同行业间生产经营相关产品的企业之间的竞争问题，属类竞争将使购买力的投向在不同行业间生产经营相关产品的企业之间发生转移。属类竞争的强度，主要取决于科技进步所带来的相关产品的多少及相关替代的程度。在科技进步较快的情况下，企业应对属类竞争问题予以较多的关注。

3. 产品形式竞争者

产品形式竞争者是指满足同一需求的产品的各种形式的竞争，但质量、规格、型号、款式、包装等有所不同的产品的其他企业。由于这些同种但形式不同的产品在对同一种需要的具体满足上存在着差异，购买者有所偏好和选择，因此这些产品的生产经营者之间便形成了竞争关系，互为产品形式竞争者。以近视镜（恢复正常视力）为例，满足这一需求的产品有各种各样的形式：普通眼镜、高档眼镜、隐形眼镜、特殊材质眼镜，等等。除了矫正视力的功能外，有些眼镜还有遮阳、装饰等特殊功能，这些就是产品形式竞争。

4. 品牌竞争者

品牌竞争者是指满足同一需求的同种形式产品中不同品牌之间的竞争。由于主客观原因，购买者往往对同种、同形、不同品牌的产品形成不同的认识，具有不同的信念和态度，从而有所偏好和选择，因而这些产品的生产经营者之间便形成了竞争关系，互为品牌竞争者。

六、公众

社会公众是企业营销活动中与企业营销活动发生关系的各种群体的总称。公众对企业的态度，会对其营销活动产生巨大的影响，它既可以有助于企业树立良好的形象，也可能妨碍企业的形象。所以企业必须处理好与主要公众的关系，争取公众的支持和偏爱，为自己营造和谐、宽松的社会环境。

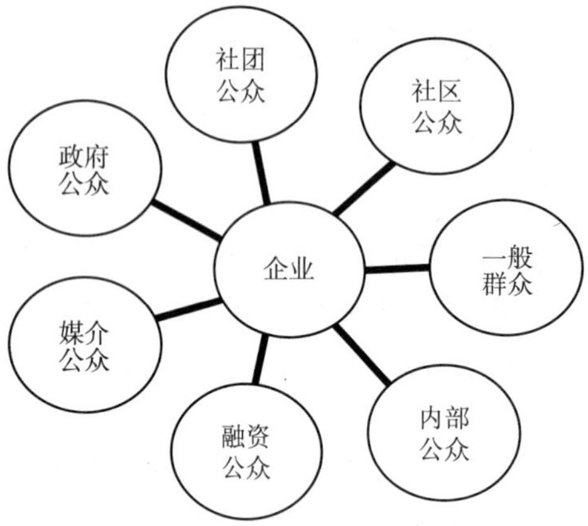

图 1-6 微观环境中的公众

企业所面临的微观环境中的公众主要有以下几种（图 1-6）。

（1）融资公众。是指影响企业融资能力的金融机构，如银行、投资公司、证券经纪公司、保险公司等。

（2）媒介公众。是指报纸、杂志社、广播电台、电视台等大众传播媒介，它们对企业的形象及声誉的建立具有举足轻重的作用。

（3）政府公众。是指负责管理企业业务活动的有关政府机构。企业在制订营销计划时，应充分考虑政府的政策，研究政府颁布的有关法规和条例。

（4）社团公众。是指保护消费者权益的组织、环保组织及其他群众团体等。企业营销活动关系到社会各方面的切身利益，必须密切注意并及时处理来自社团公众的批评和意见。

（5）社区公众。是指企业所在地附近的居民和社区组织。

（6）一般公众。是指上述各种公众之外的社会公众。一般公众虽然不会有组织地对企业采取行动，但企业形象会影响他们的惠顾。

（7）内部公众。是指企业内部的公众，包括董事会、经理、企业职工等。

所有这些公众，均对企业的营销活动有着直接或间接的影响，处理好与广大公众的关系，是企业营销管理的一项极其重要的任务。

第三节 市场营销宏观环境

市场营销宏观环境是指那些给企业造成市场营销机会和形成环境威胁的外部因素。这些因素主要包括人口环境、经济环境、技术环境、自然环境、政治和法律环境及社会和文化环境。这些主要社会力量是企业不可控制的变量。

一、人口环境

市场营销学认为，企业的最高管理层必须密切注意企业人口环境方面的动向，因为市场是由那些想买东西并且有购买力的人（即潜在购买者）构成的，而且这种人越多，市场的规模就越大。目前，许多国家企业人口环境方面的主要动向有以下几种。

1. 世界人口迅速增长

据历史人口学家估计，截止到2017年年底，当前世界人口约为76亿。世界人口迅速增长的主要原因是：随着世界科学技术进步、生产力发展和人民生活条件改善，世界人口平均寿命大大延长，死亡率大大下降；发展中国家的人口出生率上升，人口迅速增加。世界人口尤其是发展中国家的人口将继续增长，意味着世界人口需要和世界市场将继续增长。同样，我国市场潜量也是很大的。

2. 发达国家的人口出生率下降，儿童减少

资本主义发达国家人口出生率下降的主要原因是：越来越多的妇女参加工作，避孕知识和技术提高。这种人口动向对儿童食品、儿童用品、儿童服装、儿童玩具等行业是一种环境威胁。因此，近几年来美国等国家某些经营儿童食品和用品的公司，或者到出生率高的国家去寻找市场，或者采取“转移”的对策，改行经营其他业务，如美国吉宝公司过去经营儿童食品，现在转向对老年人推销的人寿保险等盈利较多的行业。不过，这种人口动向对某些行业有利。例如，许多年轻夫妇有更多的闲暇时间和收入用于旅游、在外用餐、娱乐，因而给旅游业、旅馆业、体育娱乐业等提供了有吸引力的市场机会，促进了第三产业的发展。

3. 许多国家人口趋于老龄化

许多国家尤其是发达国家的人口死亡率普遍下降，平均寿命延长。这种人口动向，无论对社会还是对企业市场营销的影响都是深刻的。由于人口老龄化，一方面市场对摩托车、体育用品等青少年用品的需要日益减少，有些国家的老年人一般不再愿意添置住宅、汽车等某些高档商品，所以，这种人口动向对经营青少年用品、某些高档商品的行业是一种环境威胁；另一方面，老年人的医疗和保健用品、助听器、眼镜、旅游、娱乐等的市场需要迅速增加，这样就给经营老年人用品的行业如旅游业、旅馆业、娱乐业提供了市场机会，因而今后这些行业将得到迅速发展。

4. 许多国家的家庭结构在变化

第二次世界大战后的一段时间，“两个孩子、两辆汽车、郊区家庭”这种思想在美国人中很流行。现在，美国是世界上离婚率最高的国家，而且美国人普遍晚婚，婚后一般都不生孩子或少生孩子，妇女婚后要参加工作的人数也在增加。美国家庭的这种变化，引起了市场需要的相应变化。例如，由于普遍晚婚，致使市场对结婚用品的需要减少；由于离婚率很高，很多人离婚后不愿再婚，致使市场对住房、汽车、轮胎、日托服务等物品或劳务的需要增加。近几十年来，有些东方国家的家庭日趋小型化，给经营这些家庭用品的行业提供了市场机会。

5. 非家庭住户也在迅速增加

美国非家庭住户有以下三种。

（1）单身成年人住户。包括未婚、分居、丧偶、离婚等。目前美国单身成年人住户约占住户总数的23%。这种住户需要较小的公寓房间、较小的食品包装和较便宜的家具、日用品、陈设品等。

（2）两人同居者住户。这种住户是暂时同居，需要较便宜的租赁家具和陈设品。

（3）集体住户。即若干大学生等住在一起共同生活。在我国，非家庭住户正在迅速增加，企业应注意和考虑这种住户的特殊需要和购买习惯。

6. 许多国家的人口流动性大

许多国家的人口流动都具有以下两个主要特点。

（1）人口从农村流向城市。随着社会分工和商品经济的发展，以及工业化和城市化的发展，人口必然不断从农村流向城市，这对零售商业结构影响很大。人口集中在城市使城市人口需要和城市迅速增长和扩大，于是在城市出现繁华商业街。创办于 1872 年的蒙哥马利·沃德公司和创办于 1886 年的西尔斯·罗巴克公司，在 19 世纪只经营邮购业务，为广大农场主服务。20 世纪 20 年代美国公路建设发展后，几乎每家农场主都有汽车，可以随时进城选购商品；同时美国人口从农村迅速流向城市，城市人口迅速增加。在这种新形势下，蒙哥马利·沃德公司于 1921 年在城市开办其第一家零售商店，西尔斯·罗巴克公司于 1925 年也在城市开办其第一家百货商店。这两家大零售公司开始主要经营零售商店业务，同时继续经营农村邮购业务，以适应其人口环境的发展变化。可见，人口环境的发展变化是影响零售商业结构发展变化的一个重要因素。

（2）人口从城市流向郊区。第二次世界大战后以来，美国城市交通日益拥挤，污染日益严重，同时交通运输大大发展，所以许多人纷纷从城市迁往郊区，于是在大城市周围出现了郊区住宅区，而且在郊区住宅区周围出现了郊区的郊区。日本的大城市人口比重也一直上升，但 1970 年以后开始下降，同时，东京、大阪、名古屋三大市 50 千米以内人口逐渐向郊区迁移，而且人口有从“大城市—中城市—小城市”迁移的趋势，这种人口动向对发达国家企业市场营销的一个重要影响是在郊区住宅区出现了现代化的购物中心。城市商业中心区百货商店为了生存和发展，纷纷在郊区大购物中心开设分店。在我国，随着城市建设事业的发展，大城市人口也将不断流向郊区。这种人口动向无疑也将会影响我国企业的市场营销。

7. 有些国家的人口由多民族构成

美国人口基本上是由过去两个世纪以来的移民构成的，因而是一个多民族的国家。我国人口也是由多民族人口构成的。企业要调查研究这种人口动向，因为不同民族的消费者有不同的风俗、生活习惯和需要。

二、经济环境

市场营销学认为，市场是由那些想购买物品并且有购买力的人构成的，这种人越多，市场的规模就越大。这就是说，购买力是构成市场和影响市场规模大小的一个重要因素。而整个购买力即社会购买力又直接或间接受消费者收入、价格水平、储蓄、信贷等经济因素的影响。社会购买力是一些经济因素的函数。正因为这样，企业的市场营销不仅受其人口环境影响，而且受其经济环境影响。所以，企业的最高管理层还必须密切注意其经济环境方面的动向。进行经济环境分析时，要着重分析以下主要经济因素。

1. 消费者收入的变化

消费者收入包括消费者个人工资、红利、租金、退休金、馈赠等收入。消费者的购买力来自消费者收入，所以消费者收入是影响社会购买力、市场规模大小及消费者支出多少和支出模式的一个重要的因素。

消费者并不是将其全部收入都用来购买商品（包括货物和劳务）。消费者的购买力只是其收入的一部分。因此，要区别可支配的个人收入和可随意支配的个人收入。可支配的个人收入是指扣除消费者个人缴纳的各种税款和交给政府的非商业性开支后可用于个人消费和储蓄的那部分个人收入。可支配的个人收入是影响消费者购买力和消费者支出的决定性因素。可随意支配的个人收入是指可支配的个人收入减去消费者用于购买生活必需用品的固定支出（如房租、保险费、分期付款、抵押贷款）所剩下的那部分个人收入。西方国家家庭的可随意支配的个人收入一般都用来购买奢侈品、汽车、大型器具及用于度假等，所以这种消费者个人收入是影响奢侈品、汽车、旅游用品等商品销售的主要因素。

进行经济环境分析时，还要区别货币收入和实际收入，因为实际收入会影响实际购买力。假设消费者的货币收入不变，如果物价下跌，消费者的实际收入便增加；相反，如果物价上涨，消费者的实际收入便减少。即使消费者的货币收入随着物价上涨而增长，但是，如果通货膨胀率超过了货币收入增长率，消费者的实际收入也会减少。

企业的最高管理层不仅要分析研究消费者的平均收入，而且要分析研究各个阶层的消费者收入。此外，由于各个地区的工资水平、就业情况有所不同，不同地区的消费者的收入水平和增长率也有所不同。

2. 消费者支出模式的变化

消费者支出模式主要受消费者收入的影响。随着消费者收入的变化，消费者支出模式就会发生相应变化。这个问题涉及“恩格尔定律”。

德国统计学家恩斯特·恩格尔1857年根据其对英国、法国、德国、比利时许多工人家庭收支预算的调查研究，发现了关于工人家庭收入变化与各方面支出变化之间比例关系的规律性。后来，恩格尔的追随者对恩格尔定律的表述加以修改。目前西方经济学对恩格尔定律的表述一般如下。

（1）随着家庭收入增加，用于购买食品的支出占家庭收入的比重（即恩格尔系数）就会下降。

（2）随着家庭收入增加，用于住宅建筑和家务经营的支出占家庭收入的比重大体不变（燃料、照明、冷藏等支出占家庭收入的比重会下降）。

（3）随着家庭收入增加，用于其他方面的支出（如服装、交通、娱乐、卫生保健、教育）和储蓄占家庭收入的比重就会上升。

消费者支出模式除了主要受消费者收入影响外，还受以下两个因素影响。

（1）家庭生命周期的阶段。有孩子与没有孩子的年轻人家庭的支出情况有所不同。没有孩子的年轻人家庭负担较轻，往往把更多的收入用于购买电冰箱、家具、陈设品等耐用消费品。而有孩子的家庭收入预算会发生变化。十几岁的孩子不仅吃得多，而且爱漂亮，用于娱乐、运动、教育等方面的支出也较多，所以在家庭生命周期的这个阶段，家庭用于购买耐用消费品的支出会减少，而用于食品、服装、文娱、教育等方面的支出会增加。等到孩子独立生活以后，父母就有大量可随意支配的收入，有可能把更多的收入用于医疗保健、旅游、购置奢侈品或储蓄，因此这个阶段的家庭收入预算又会发生变化。

（2）消费者家庭所在地点。所在地点不同的家庭用于住宅建筑、交通、食品等方面的支出情况也有所不同。例如，住在中心城市的消费者和住在农村的消费者相比，前者用于交通方面的支出较少，用于住宅建筑方面的支出较多；后者用于食品方面的支出较多。

3. 消费者储蓄和信贷情况的变化

进行经济环境分析时还应该看到，社会购买力、消费者支出不仅直接受消费者收入的影响，而且还直接受消费者储蓄和信贷情况的影响。

大多数家庭都有一些“流动资产”，即货币及其他能迅速变成现款的资产，包括银行储蓄存款、债券、股票等。储蓄来源于消费者的货币收入，其最终目的还是为了消费。但是在一定时期储蓄多少会影响消费者的购买力和消费支出。在一定时期货币收入不变的情况下，如果储蓄增加，购买力和消费支出便减少；如果储蓄减少，购买力和消费支出便增加。

在现代西方国家，消费者不仅以其货币收入购买他们需要的商品，而且还可用贷款来购买商品。所谓消费者信贷，就是消费者凭信用先取得商品使用权，然后按期归还贷款。消费者信贷的历史由来已久。我国新中国成立前有些商店平日赊销，逢年过节收账，这也是消费者信贷。第二次世界大战以来，由于生产迅速发展，许多商品供过于求，西方各国盛行消费者信贷。消费者信贷主要有以下 4 种。

（1）短期赊销。例如，消费者在某家零售商店购买商品，这家商店规定无须立即付清货款，有一定的赊销期限，如果顾客在期限内付清货款，不付利息；如果超过期限，要计利息。又如，消费者在某家医院看病，可以先治疗，后付医疗费。

（2）购买住宅，分期付款。消费者购买住宅时，仅需支付一部分房款，但须以所购买的住宅作为抵押，向银行借款购买；以后按照借款合同规定在若干年内分期偿还银行贷款和利息（每月还款数额和每月租别人的房屋的租金数额差不多）。买主用这种方式购买的房屋，有装修、改造和出售权，而且房屋的价值不受货币贬值的影响。分期付款购买住宅，实质上是一种长期储蓄。

（3）购买昂贵的消费品，分期付款。消费者在某商店购买电冰箱、昂贵家具等耐用消费品时，通常签订一个分期付款合同，先支付一部分货款，其余货款按计划逐月加利息分期偿还。如果顾客连续几个月不按合同付款，商店有权将原售货物收回。

（4）信用卡信贷。美国是信用卡的发源地。信用卡有两大类：一类是由大百货公司、超级市场发给顾客的，顾客可凭卡在公司所属商店赊账购买商品；另一类是由金融机构印发的，在全世界都可以使用。最常见的是运通卡、大来卡、维萨卡和万事达卡。顾客可凭卡到发卡银行（公司）签订合同的任何商店、饭店、医院、航空公司等企业、单位去购买商品（包括货物和劳务），钱由发卡银行（公司）先垫付给这些企业、单位，然后再向赊款人收回。发卡银行（公司）在这些企业、单位与顾客之间起中间担保人的作用，所以这些企业、单位并不承担任何风险，反而能比那些只收现金的企业、单位做更多的生意。发卡银行（公司）不仅要向客户收取一定的费用，而且要向这些企业、单位收取一定的佣金。发行信用卡的银行（公司），一般是在一定时期（如一个月）和客户结账一次，过期付款或透支现金都要收取利息。

三、技术环境

企业的最高管理层还要密切注意其技术环境的发展变化，了解技术环境的发展变化对企业市场营销的影响，以便及时采取适当的对策。

1. 新技术是一种“创造性的毁灭力量”

每一种新技术都会给某些企业造成新的市场机会，因而会产生新的行业，同时，也会给某个行业的企业造成环境威胁，使这个旧行业受到冲击甚至被淘汰。例如，激光唱片技术的出现，无疑将会夺走磁带的市场，给磁带制造商以“毁灭性的打击”。据美国《设计新闻》

报道，由于大量启用自动化设备和采用新技术，将出现许多新行业，包括新技术培训、新工具维修、计算机教育、信息处理、自动化控制、光导通信、遗传工程、海洋技术等。如果企业的最高管理层富于想象力，及时采用新技术，从旧行业转入新行业，就能求得生存和发展。

新技术还造成了一些往往难以预见的长期后果。例如，在西方国家，避孕药的发明造成了更小的家庭、更多的职业妇女和更多的可随意支配的收入，这样就引起了市场需要变化，给汽车制造业、饮食业、旅游业、航空公司、旅馆业、日托业等行业创造了新的市场机会。

2. 新技术革命有利于企业改善经营管理

第二次世界大战以来，现代科学技术发展很快，现在，一场以微电子为中心的新技术革命正在蓬勃兴起。目前发达国家许多企业在经营管理中都使用计算机、传真机等设备，这对于改善企业经营管理，提高经营效益起了很大作用。现在，零售商店已普遍使用小型手提点货机，其主要结构是一支笔形感光器和记忆装置，营业员点货时只用感光器扫描商品条形码，再记下商品的货号和进、销、存等资料，一同储存在记忆装置中；然后拨总公司与电话公司间的特定号码，通过计算机电话连接器，将资料传送到总公司管理部门的电脑库中，以便进行发货处理。

3. 新技术革命会影响零售商业结构和消费者购物习惯

新技术革命会影响零售商业结构和西方人的购物习惯。在许多发达国家，由于新技术革命迅速发展，出现了“电视购物”这种在家购物方式。在美国，消费者如果想买东西，可以在家里打开联结各商店的终端机，各种商品的信息就会在电视荧光屏上显示出来；消费者可以通过电话订购电视荧光屏上所显示出来的任何商品；然后按一下自己的银行存款户头号码，即把货款自动传给有关商店；于是订购的商品很快就送到消费者的家门口。此外，人们还可以在家里通过“电视电话系统”订购车票、飞机票和影剧票。工商企业也可以利用这种系统来进行广告宣传、市场营销研究和推销商品。据报道，日本富士产经国际电讯公司1987年开始举办“卫星购物”电视节目。该公司所属的富士电视网向广大日本观众播放美国一些著名大百货公司的商场实况，着重介绍一些流行的、在日本不易买到的商品，可以打电话订货，所订货物将从美国公司快邮寄来，两周内便可收到。随着新技术革命的进展，“在家购物”这种方式还会继续发展。

小案例

在迪士尼带着MagicBand腕带将让你获得全新的体验。在MyMagic+云服务端注册后，手腕轻轻一抖你就可以进入游乐园，购买晚餐或纪念品，甚至是打开酒店的房门。然而，迪士尼刚刚开始尝试利用MagicBand的潜力来给顾客提供个性化体验。未来的应用可能真的就这么神奇。想象一下这样的场景，孩子们在乐园里可以获得米老鼠的拥抱、白马王子的鞠躬；有人亲切地叫着孩子的名字向他打招呼，还祝他生日快乐；基于乐园提前给出的客人基本信息，你可以随时和身边的游客聊天；你和你的家人或朋友走散了吗？没问题。快速在最近的引导处扫一下你的MagicBand腕带，它可以指出你的具体位置；MagicBand还与你的智能手机相连，为你提供在乐园内游玩的相关信息，如乐园特色、活动等待时间、快速通道提醒及你的预定安排。当然，MagicBand还为迪士尼提供潜在的客人活动情况数据和移动数据，从而帮它提高顾客引导、服务和销售水平，它还提供隐私选项。例如，家人提前设定，不允许 MagicBand 获得孩子名字的信息。总之，这样的数字技术保证了迪士尼客人能获得更为全面的服务体验。

四、自然环境

企业的自然环境（或物资环境）的发展变化也会给企业造成一些环境威胁和市场机会，所以，企业的最高管理层还要分析研究其自然环境方面的动向。目前这个方面的主要动向如下。

1. 某些自然资源短缺或即将短缺

地球上的自然资源有以下三大类。

（1）取之不尽、用之不竭的资源，如空气、水等。近几十年来，世界尤其是现代化城市用水量增加很快（估计世界用水量每 20 年增加 1 倍），然而，世界各地水资源分布不均，而且每年和各个季节的情况各不相同，所以目前世界上许多国家面临缺水的威胁。这种情况不仅会影响人民生活，而且对企业是一种环境威胁。

（2）有限但可以更新的资源，如森林、粮食等。我国森林覆盖率低，仅占国土面积的 12%；人均森林面积只有 1.8 亩，大大低于世界人均森林面积 15.5 亩。我国耕地少，而且由于城市和建设事业发展快，耕地面积不断减少。由于粮食价格低，农民不愿种粮食，转向种植收益较高的其他农作物，这种情况如果长期发展下去，我国的粮食和其他食物（如猪肉等）供应将会出现严重短缺。

（3）有限又不能更新的资源，如石油和煤、油、锡、锌等矿物。近十几年来，由于这类资源供不应求或在一段时期内供不应求，有些国家需要这类资源的企业正面临着或曾面临过威胁，必然寻找代用品。在这种情况下，就需要研究与开发新的资源和原料，这样又会为某些企业造成了新的市场机会。

2. 环境污染日益严重

在发达国家，随着工业化和城市化的发展，环境污染程度日益增加，公众对这个问题越来越关心，纷纷指责环境污染的制造者。这种动向对那些造成污染的行业和企业是一种环境威胁，它们在社会舆论的压力和政府的干预下，不得不采取措施控制污染；另外，这种动向也给控制污染、研究与开发不致污染环境的包装等行业和企业造成了新的市场机会。

3. 许多国家对自然资源管理的干预日益加强

随着经济的发展和科学的进步，许多国家的政府部门都对自然资源管理加强干预。但是，政府为了社会利益和长远利益而对自然资源加强干预，往往与企业的经营战略和经营效益相矛盾。例如，为了控制污染，政府往往要求企业购置昂贵的控制污染设备，这样就可能影响企业的经营效益。又如，目前我国最大的污染制造者是工厂，如果政府按照法律和合理污染标准严格控制污染，有些工厂就要关、停、转，这样就可能影响工业迅速发展。因此，企业的最高管理层要统筹兼顾地解决这种矛盾，力争做到既能减少环境污染，又能保证企业发展，提高经营效益。

自 70 年代以来，环境问题已逐渐引起世界各国的重视，但是，全球环境仍在恶化，如全球气温升高、臭氧层破坏、水源污染、噪声污染、海洋赤潮、酸雨、生物多样性锐减、水土流失和荒漠化等问题愈演愈烈。一系列令人震惊的环境事件不断发生：在非洲，干旱使几千万人置于危急之中；在印度，博帕尔农药厂化学品泄漏事件造成2 000人死亡；在墨西哥，液化气罐爆炸使1 000人遇难；在瑞士，农用化学品、溶剂和汞泄冲到莱茵河，使数百万条鱼被毒死；在全球，由于饮用水被污染和营养不良，每年大约有6 000万人死于腹泻等等。在这种背景下，1992年6月，有100多位国家政府首脑出席的联合国环境与发展大会在巴西里约热内卢召开。大会通过了包括《21世纪议程》在内的一系列重要文件。《21世纪议程》提出，下一世纪人类社会应该走可持续发展（sustainable development）的道路，其核心是以经济、科技、社会、人口、资源、环境的协调发展为目的，在保证经济高速增长的前提下，实现资源的综合和持续利用，不断改善环境质量。至此，可持续发展理论逐渐为世界各国采纳，并致使绿色产业、绿色消费、绿色市场营销蓬勃发展。

早在20世纪80年代初，欧洲便出现了以销售绿色产品为特色的绿色市场营销。这种绿色市场营销运动很快传播到美国。例如，由宝洁公司（P&G）产品造成的固体垃圾约占全美国垃圾的1%。现在该公司在绿色市场营销方面也采取了许多新措施，如用再生纸包装替代塑料包装，重新设计塑料包装以减少塑料用量（某些产品包装的塑料用量减少70%～80%）等。又如，麦当劳规定所有餐厅都采用再生纸制成的餐巾等。像麦当劳这样的大公司所采取的任何微小的环境保护措施，都将产生巨大的环境效益，如其饮料吸管用料减少了20%，则每年可减少500吨的垃圾。其他一些著名公司的环境保护意识也有了进一步增强。1990年美国民意测验表明，认为自己是环境保护主义者的美国人占76%，认为环境污染已严重威胁到人类生存的人占62%（而1984年这一比率为44%），认为空气污染和水源污染将是今后25～50年危害人类健康的最主要因素的人占82%。此外，还有许多美国公司表示愿意捐款捐物或提供人力，来支持环境保护运动。从世界范围看，环境保护意识与市场营销观念相结合所形成的绿色市场营销观念（green marketing concept），正成为20世纪90年代和21世纪市场营销的新主流。

绿色市场营销观念要求企业在开展市场营销活动的同时，努力消除和减少生产经营对生态环境的破坏和影响。具体来讲，企业在选择生产技术、生产原料、制造程序时，应符合环境保护标准；在产品设计和包装装潢设计时，应尽量降低产品包装或产品使用的剩余物，以降低对环境的不利影响；在分销和促销过程中，应积极引导消费者在产品消费使用、废弃物处置等方面尽量减少环境污染。可见，绿色市场营销观念的实质，就是强调企业在进行市场营销活动时，要努力把经济效益与环境效益结合起来，尽量保持人与环境的和谐，不断改善人类的生存环境。展望未来，开发绿色产品、争取绿色标志、传播绿色文明将成为企业绿色市场营销活动的主要内容。

五、政治和法律环境

企业的市场营销决策还要受其政治和法律环境的强制和影响。政治和法律是那些强制和影响社会上各种组织和个人的法律、政府机构的压力集团。这里只着重阐述如下内容。

1. 与企业市场营销有关的经济立法

企业必须懂得本国和有关国家的法律和法规，才能做好国内和国际市场营销管理工作，否则就会受到法律制裁。世界上发达国家的经济立法，有些是为了保护竞争，有些是为了保护广大消费者利益，还有些是为了防止环境污染，保护社会利益。我国的经济立法尤其是涉外经济立法还不完备。近几年来，为了健全法制，加强法制，适应经济体制改革和对外开放的需要，我国已陆续制定和颁布了一些经济法律和法规。

2. 群众利益团体发展情况

群众利益团体是一种压力集团。在美国等发达国家，影响企业市场营销决策的群众利益团体主要是：保护消费者利益的群众团体、保护环境的群众利益团体等。这些群众团体疏通政府官员，给企业施加压力，使消费者利益和社会利益等得到保护。因此，这些国家许多公司都设立法律和公共关系部门来负责研究和处理与这些群众利益团体的关系问题。这里只着重阐述关于保护消费者利益的群众团体问题。

世界各国都陆续成立了消费者联盟，它们监视企业的活动，发动群众与企业主的欺骗行为作斗争，给企业施加压力，以保护消费者利益。目前消费者运动已经成为一种强大的社会力量，企业的最高管理层作市场营销决策时必须认真考虑这种政治动向。

在我国，经国务院批准，中国消费者协会于 1985 年 1 月在北京成立。其任务是：宣传国家的经济（特别是有关消费方面）方针与政策；协助政府主管部门研究和制定保护消费者权益的立法；调查消费者对商品和服务的意见与要求；接受消费者对商品和服务的质量、价格、卫生、安全、规格、计量、说明、包装、商标、广告等方面的投诉。1985 年以来，中国消费者协会及相继成立的地方协会认真受理广大消费者的投诉，积极开展对商品和服务质量、价格的监督检查，并采取多种形式指导消费，千方百计保护消费者利益，受到广大消费者的好评。总之，我国的消费者运动正在发挥日益重要的作用，企业作市场营销决策时也必须认真考虑这种动向。

六、社会和文化环境

社会文化主要指一个国家、地区的民族特征、价值观念、生活方式、风俗习惯、宗教信仰、伦理道德、教育水平、语言文字等的总和。

人类在某种社会生活，久而久之，必然会形成某种特定的文化，包括一定的态度和看法、价值观念、道德规范及世代相传的风俗习惯等。文化是影响人们欲望和行为（包括企业的顾客的欲望和购买行为）的一个很重要的因素。例如，我国人民（包括侨居异国的华人）每逢农历新年都要进行大扫除，购买年货，有些家门口贴上春联，有些地区举行庙会，人们互相拜年，欢度春节；西方人每逢 12 月 25 日就大量购买节日用品和各种食品、日用品、圣诞树、礼品，互送圣诞贺卡，欢度圣诞节。人们的这种欲望和行为就是受其传统文化影响。企业的最高管理层作市场营销决策时必须调查研究这种文化动向。

1. 国际市场营销决策必须了解和考虑各国的文化差异

不同国家的人们各有不同的态度或看法、风俗习惯，企业的最高管理层作国际市场营销决策、和外商洽谈生意时必须了解和考虑各国的文化差异。

由于东方人和西方人的态度或看法、风俗习惯有很大差异，因此，东方国家企业和西方国家企业的促销方法有所不同。日本的文化是把和谐放在首位，所以日本企业的广告宣传往往突出人们的产品的共性，而常常忽视个性；相反，西方人喜欢看到的恰恰是个性特点，所以西方广告公司往往充分利用这一特点。亚洲国家的商品包装往往只标明商品的名称和价格；美国企业的做法却不一样。食品制造商往往利用包装使其产品在超级市场拥挤的货架上显得很突出，他们设计包装是为了推销产品，起到向广大消费者呼喊“看看我，挑选我，购买我”的效果。企业和最高管理层在国际市场营销工作中作产品促销决策时如果不了解、不考虑东西方的文化差异，就不能实现潜在交换，取得成功。

市场营销人员与外商洽谈生意时也必须熟悉对方的风俗习惯和商业习惯。例如，日本人有其独特的礼节，最忌讳在洽谈生意时在这方面造次，更不能拿礼节开玩笑，并且最好是送点儿礼物表示情谊；和沙特阿拉伯的买主谈判，绝不可问及对方的妻子；相反，和墨西哥人洽谈生意，问候对方的夫人则是必需的礼貌。如果不了解对方风俗习惯，就会造成双方误会，影响成交。

小案例

荷兰飞利浦公司发现日本人的厨房比较狭小，便缩小了咖啡壶的尺寸来打开市场，同时该公司发现日本人的手比西方人的手要小，于是缩小了剃须刀的尺寸，经过这些改进，该公司才开始在日本赢利。

可口可乐公司曾试图将两公升的大瓶可口可乐打入西班牙市场，但是销量甚小，美国可口可乐公司总部派员调查后认为，大瓶可口可乐滞销是因为在西班牙很少有人用大容量的冰箱。于是停止了销售大瓶可口可乐的计划，改为在西班牙境内售小瓶可口可乐，结果大获成功。

2. 市场营销决策还要着重调查研究亚文化群的动向

企业的最高管理层进行社会和文化环境分析时，还要着重调查研究亚文化群的动向。每一种社会或文化内部都包含若干亚文化群，如青少年、知识分子等，这些不同的人群也是消费者群。这些不同的人群虽然有一些世代相传的相同信念、价值观念和风俗习惯，但是，由于他们各有不同的生活经验和环境，又有一些不同的信念、价值观念、风俗习惯、兴趣等，因而他们各有不同的欲望和行为。

3. 图腾文化与市场营销禁忌

图腾文化是民族文化的主要源头，它渗入市场营销工作的全过程，往往决定着市场营销活动的成败。人们认为现在世界上有三大文化体系：东方文化、西方文化和伊斯兰文化。每种文化中都闪耀着图腾文化的光辉。“图腾”是一种极其古老的东西。“图腾”（Totem）是从北美奥日贝人的土语转化而来的，原意为“种族”“家庭”，代表原始社会中的一种社会体制。简单地说，图腾是原始社会作为各部族或民族血统的标志并当作祖先来崇拜的动物或植物等。

北非的柏柏尔人视鹤、羊为其祖先，凡杀害羊、狐、乌鸦、乌龟均要被处以死刑；北美印第安各部落也多视动植物为其祖先，其中以鹤为图腾的部落，相传是一对男女，繁衍了这个部落；鱼部落的人相信自己来自鱼，水部落的人相信自己来自水，牛部落的人则认为该族的祖先是水牛的化身。传说罗马城的创造者罗慕路是由一只母狼哺育成人的。因此，罗马人视狼为恩兽，并以此雕像作为罗马城的城徽。英格兰以动植物为姓的习惯甚多，均由图腾而生。

我国的百家姓中，熊、马、牛、梅、李、柳、杨、金、石等，也是图腾文化影响的结果。与此同生的十二属相，则是中国民俗的重要组成部分。中国人对龙的崇拜及对某些颜色如红色、金黄色的偏爱，均是图腾文化几千年演变的结果。

图腾文化影响着一个社会的方方面面，包括影响工商企业的行为并构成企业文化的基础。图腾文化能够渗透到企业市场营销的全部过程中，如从产品设计、包装、商标、渠道选择、定价，直到促销手段的筛选和售后服务的配套，都要考虑能否被特定消费者群（图腾文化群）接受，任何一个成功的市场营销活动必须首先能够适应特定的图腾文化环境。

第四节　市场营销环境分析方法与报告撰写

在对企业的宏观、微观环境进行研究与分析的基础上，还应对企业市场营销环境进行综合分析，以便对营销环境作出总体评价，为营销战略的制定提供可靠的依据。

市场营销环境的综合分析也称为机会和威胁分析，通常分为以下三个步骤。

一、环境扫描

所谓环境扫描，就是从市场环境中辨别出对企业经营有影响的、反映环境因素变化的某些事件。市场环境是动态变化的，每时每刻都出现不同的事件，但并不是所有事件的发生都会对企业产生影响，即使对企业产生影响的事件也会由于本身性质而对企业产生影响的程度或迫切性有所不同，需要通过环境扫描对其进行识别。因此，环境扫描是企业进行环境分析的第一步。

环境扫描工作通常由企业的高层领导召集和聘请企业内外熟悉市场环境的管理人员和专家组成分析小组，通过科学系统的调查研究、预测分析，将所有可能影响企业经营的环境因素变化引发的事件一一罗列，然后加以讨论，逐一评审所有列为有关的环境事件的依据是否充分，从中筛选出分析小组一致认定的对企业经营将有不同程度影响的事件。

二、环境评价

经过环境扫描，甄别出环境中对企业产生影响的各种市场因素后，需要对这些影响因素的影响程度与影响方式进行评价。常用的评价方法有列表评价法、SWOT 分析法、劣势或优势分析法等三种。下面主要介绍 SWOT 分析法。

SWOT 分别是：“优势”——strengths、“弱势”——weaknesses、“机会”——opportunities、“威胁”——threats 4 个英文单词的第一个字母的缩写。通过 SWOT 分析，可以结合环境对企业的内部能力和素质进行评价，弄清楚企业相对于其他竞争者所处的相对优势和劣势，帮助企业制定竞争战略。

1. 企业优势和劣势

企业优势和劣势分析实质上就是企业内部经营条件分析，或称企业实力分析。

优势是指企业相对于竞争对手而言所具有的优势人力资源、技术、产品及其他特殊实力。充足的资金来源、高超的经营技巧、良好的企业形象、完善的服务体系、先进的工艺设备、与买方和供应商长期稳定的合作关系、融洽的雇员关系、成本优势等，都可以形成企业优势。

劣势是指影响企业经营效率和效果的不利因素和特征，它们使企业在竞争中处于劣势地位。一个企业潜在的弱点主要表现在以下几方面：缺乏明确的战略导向、设备陈旧、盈利较少甚至亏损、缺乏管理和知识、缺少某些关键的技能、内部管理混乱、研究和开发工作落后、企业形象较差、销售渠道不畅、营销工作不得力、产品质量不高、成本过高，等等。

2. 环境机会和威胁

企业的机会与威胁均存在于市场环境中，因此，机会与威胁分析实质上就是对企业外部环境因素变化的分析。市场环境的变化或给企业带来机会或给企业造成威胁。环境因素的变化对某一企业是不可多得的机会，但对另外一家企业则可能意味着灭顶之灾。

环境提供的机会能否被企业利用，同时，环境变化产生的威胁能否有效化解，取决于企业对市场变化反应的灵敏程度和实力。市场机会为企业带来收益的多寡，不利因素给企业造成的负面影响的程度，一方面取决于这一环境因素本身性质，另一方面取决于企业优势与劣势的结合状况。最理想的市场机会是那些与企业优势达到高度匹配的机会，而恰好与企业弱点结合的不利因素将不可避免地消耗企业大量资源。

在对企业环境因素进行评价时，一个有意义的方法便是将企业优势、劣势和市场机会、威胁的结合分析，也可称为企业内外情况对照分析。

企业内外情况对照分析法所用的是十字形图表或矩阵分析，所以也称为十字图表法或矩阵分析法。

现以某房地产经营企业的实例说明这种方法，如表 1-3 所示。

表 1-3　企业内外环境对照表

	有利条件（机会）	不利因素（威胁）
外部环境	（1）商务写字楼市场需求潜力大； （2）企业拟开发的地段处于本市规划中的中央商务区范围内，具备良好的升值潜力； （3）政府对开发商务用房产较为支持，有优惠政策	（1）房地产企业受宏观经济因素影响大，波动性强； （2）商品住宅市场趋于饱和； （3）房地产项目融资困难； （4）市场竞争激烈、本企业知名度不高
	企业优势	企业劣势
内部环境	（1）企业管理能力、市场应变能力强，发展势头平稳； （2）领导班子强、团结，中层干部力量强； （3）设计人员素质高； （4）具有较强的质量意识	（1）企业整体规模不大，属中小型开发商； （2）首次涉足商务用房市场，开发经验欠缺； （3）项目资金不足； （4）营销策划、市场推广能力差

表 1-3 基本上概括了该房地产开发企业面临的形势：企业有住宅开发经验，却遇到了商品住宅市场供应饱和的威胁；如果转为商务写字楼开发，一方面竞争激烈，另一方面企业缺乏开发和销售经验；企业虽整体规模不大，但管理水平高，市场应变能力强，设计与质量控制人员素质高；拥有具有增值潜力的开发用地，能够获得政府支持。通过以上几点分析，该开发商只要大力加强市场营销力量，就有可能成功进入商务用房市场，并形成良性循环。

通过这个实例可以看出，这个方法的主要优点是简便、实用而且有效，主要特点是通过对照分析，把外部环境中的有利条件和不利条件、内部条件中的优势和劣势联系了起来。

三、环境分析报告及其撰写

在进行机会与威胁分析之后，需要整理、归纳以上对企业环境进行调查、分析和预测的结果，编写环境分析报告。该报告将作为企业最高领导层构想营销战略方案和进行战略决策的基本依据。

编写环境分析报告的过程是对未来环境变化进一步调查分析，明确问题、深化认识的过程，因而是环境分析的一个重要步骤，必须予以充分的重视。

环境分析报告是环境分析结果的总结和概括，它应能回答战略决策所了解的未来环境问题。报告的主要内容如下。

（1）企业未来将面临什么样的环境。

（2）各个环境因素会如何变化，对企业将造成怎样的影响。

（3）未来环境会使企业有哪些机会和威胁，他们出现的概率是多大。

（4）企业适应未来环境的初步设想和战略课题是什么等。

环境分析报告的叙述应力求简明扼要，论证要用事实和数据说明，尽量采用直观醒目的图表。

技能训练

【技能实训目标】

能够运用环境分析的基本方法，分析、评价企业的市场营销环境及其应对策略。

项目一：学校食堂经营环境分析。

1. 实训目标

通过训练，使学生初步具备通过自我学习，进行市场细分并在此基础上选择目标市场的基本能力。

2. 实训项目

课前预习本章各主要知识点，以学校食堂为例，对其经营环境予以分析。

3. 实训步骤

（1）学生自由组合，每个小组 5～8 人。

（2）以小组为单位，课前收集、选择拟进行分析项目的相关资料。

（3）根据资料信息，分析该项目的市场营销环境。

（4）在小组讨论的基础上，提交项目研究报告。

（5）选出小组发言代表，拟定课前发言稿（1～2 分钟）。

4. 实训组织

学生在课前做出初步分析报告。上课前，每组派一名代表阐述本组的观点。

项目二：复习本章所学主要知识点，以学校周边某一你熟悉的餐饮或其他企业为样本，对其经营环境予以分析。

闯关考验

一、单项选择题

1. 消费者个人收入中扣除税款和非税性负担之后所得的余额叫做（ ）。
   A. 个人全部收入 B. 个人可支配收入
   C. 个人可任意支配的收入 D. 人均国民收入
2. 当企业面临环境威胁时，可通过各种方式限制或扭转不利因素的发展，这就是（ ）策略。
   A. 转移 B. 减轻 C. 对抗 D. 竞争
3. 市场营销环境是影响企业营销活动的（ ）的因素和力量，包括宏观环境和微观环境。
   A. 可改变 B. 不可控制 C. 可控制 D. 不可捉摸
4. （ ）是向企业及其竞争者提供生产经营所需资源的企业或个人。
   A. 供应商 B. 中间商 C. 广告商 D. 经销商
5. （ ）主要指协助企业促销、销售和经销其产品给最终购买者的机构。
   A. 供应商 B. 制造商 C. 营销中间商 D. 广告商
6. 恩格尔定律表明，随着消费者收入的提高，恩格尔系数将（ ）。
   A. 越来越小 B. 保持不变 C. 越来越大 D. 趋近于零
7. 威胁水平和机会水平都高的业务，被叫做（ ）。
   A. 理想业务 B. 冒险业务 C. 成熟业务 D. 困难业务
8. 企业的营销活动不可能脱离周围环境而孤立地进行，而要主动地去（ ）。
   A. 控制环境 B. 征服环境 C. 改造环境 D. 适应环境
9. （ ）主要指一个国家或地区的民族特征、价值观念、生活方式、风俗习惯、宗教信仰、伦理道德、教育水平和语言文字等的总和。
   A. 社会文化 B. 政治法律 C. 科学技术 D. 自然资源
10. （ ）指人们对社会生活中各种事物的态度和看法。
    A. 社会习俗 B. 消费心理 C. 价值观念 D. 营销道德

二、多项选择题

1. 市场营销环境（ ）。
   A. 是企业能够控制的因素 B. 是企业不可控制的因素
   C. 可能形成机会也可能造成威胁 D. 是可以了解和预测的
   E. 通过企业的营销努力是可以在一定程度上去影响的
2. 微观环境指与企业紧密相连，直接影响企业营销能力的各种参与者，包括（ ）。
   A. 企业本身 B. 市场营销渠道企业
   C. 顾客 D. 竞争者
   E. 公众
3. 国内市场按购买动机可分为（ ）。
   A. 消费者市场 B. 生产者市场

C. 中间商市场　　D. 非营利组织市场
E. 国际市场

4. 营销部门在制定和实施营销目标与计划时要（　　）
A. 注意考虑企业外部环境力量
B. 注意考虑企业内部环境力量
C. 争取得到高层管理部门的理解和支持
D. 争取得到政府的支持
E. 争取得到其他职能部门的理解和支持

5. 营销中间商主要指协助企业促销、销售和经销其产品给最终购买者的机构，包括（　　）。
A. 中间商　　B. 实体分销公司
C. 营销服务机构　　D. 财务中介机构
E. 证券交易机构

三、判断正误

1. 微观环境与宏观环境之间是一种并列关系，微观环境并不受制于宏观环境，它们各自独立地对企业的营销活动发挥着影响作用。（　　）
2. 随着经济的发展，人们的文化生活日益丰富，这对书刊、报纸等文化产品行业来说是一种市场机会。（　　）
3. 消费需求变化中最活跃的因素是个人可支配收入。（　　）
4. 恩格尔系数越高，人们的生活水平越高；反之，恩格尔系数越小，人们的生活水平越低。（　　）
5. 营销活动只能被动地受制于环境的影响，因而营销管理者在不利的营销环境面前可以说是无能为力。（　　）

四、简答题

1. 试述社会文化对消费者行为的影响，举例说明。
2. 简述微观环境包括的内容。
3. 简述宏观环境包括的内容。
4. 步入21世纪后，人口老龄化问题在大中城市日益突出，请列举出该变化所带来的三个方面的市场机会。

五、案例分析

案例一　美的——帮出来的好汉

2000年11月8日，对美的空调事业部总经理方洪波来说是一个很高兴的日子。

这天，美的空调2001年工商恳谈会在广东顺德召开，来自全国各地及日本、中国香港等地的300多名供应厂商聚在一起，共同探讨在新经济条件下，谋求下一步战略合作和长远发展的问题。据有关数据显示，2000年销售年度，美的空调销售165万套，实现销售收入60亿元，同比增长40%，占全国空调市场13%左右的市场份额。对此，总经理方洪波说，取得这样的成绩，除了严格按照市场策略行事外，美的还有四大优势：一是规模和品牌优势，二是技术优势，三是美的集团多元化发展的辐射力，四是渠道优势。美的目前的渠道建设是两块：一是和上游供应商之间的战略伙伴关系，二是和销售商之间的合作关系。目前，美的已与很多供应商之间达成了战略伙伴关系合作协议。

美的空调自1996年开始创建性地提出与供应商建立永久性的战略合作伙伴关系以来，3年多的生产实践证明，与供应商之间的良好协作关系是企业优化资源配置，强化成本和品质管理工作的基础，是全面参与市场竞争和提高核心竞争力的必然选择。

在企业发展规划中，他们明确提出，制造系统的工作要密切围绕品质和成本两大主题，以战略性合作伙伴关系为纽带，积极探索制造模式的创新和生产组织体系的发展，最大限度地发挥资源配置和规模效应：2000年，美的集团的空调销售量能达到165万套的好成绩，与上游供应商的支持是密不可分的，2000年，很多企业在旺季都因供应链不顺畅而导致产品断货，但美的空调却从来未出现过。同样，针对下游的经销商来说，美的又成了他们的供应商，所以，与下游经销商也是战略伙伴关系。美的与上游供应商和下游经销商之间的战略伙伴关系是“同心、同步、同超越”的。

所谓“同心”，指的是真正稳定的上下游关系，意味着要建立长期的战略合作关系，意味着上下游各企业对各自发展目标、经营理念、市场前景的认同和理解。只有上下游各级企业同心，才能谋求发展，只有上下游各级企业同心，才能实现共荣。

“同步”的意思是：美的是一个大命运共同体，美的的发展离不开上下游企业的发展，上下游企业的发展不能离开美的空调长期的市场策略。

“同超越”则是指：美的空调是创新领导者，创新的本质在于不断地自我否定，不断地自我超越；经历了多年的发展，上下游企业都会不可避免地遇到进一步发展的瓶颈，因此上下游各企业都应该抛弃旧有的思想习惯，改变旧有的行为方式，共同突破发展的瓶颈，共同实现新一轮的快速增长。

案例思考

1. 企业为什么要与供应商搞好关系？
2. 企业与供应商之间存在哪些关系？
3. 在共生关系下企业可以采取哪些方式与供应商合作？
4. 企业进行市场营销活动应该研究哪些微观环境？
5. 企业应如何分析供应商？

案例二 英国电讯公司面临的环境

1981—1991年的仅仅10年里，英国电信业发生了惊人的变化。在1981年以前，所有的电话业务都是由邮局（电信组）垄断经营的。在英国，电讯公司作为一家独立于邮局的国有企业成立于1981年，后来，于1984年，首次发行了公众股。与此同时，该行业引入了竞争机制。

在20世纪80年代，尽管英国电讯公司仍占据了市场的最大份额，竞争者们已经严重侵入了诸如终端设备的销售（如电话机），增值服务的提供（如电子邮件）及大公司用户公司内电话网的构建等领域。甚至在普通长途电话领域，墨丘利电讯公司（电缆和无线电公司的子公司）也开始产生了真正的威胁。然而由于80年代整个经济增长十分迅速，而且电信市场的扩展比经济增长还要迅速，虽然英国电讯公司的市场份额在逐步缩小，但业务还是以惊人的速度在增长。因此90年代初期萧条到来时，英国电讯公司还茫然不知。这时竞争开始残酷起来，市场增长率也因此趋缓。公司营业额和利润都受到了打击。

作为一个公营企业，公司的主要国际业务是连接和交换英国和海外的电话和传真往来，此外还有一些其他的国际服务，如国际私人线路，国际信息服务和电视电话会议，但它们中的任何一个都不能产生像国际长途那样的巨额收入。事实上，所有的国际业务都是在英国电讯公司的合伙人的“通信协议”下提供的。英国电讯公司的活动集中在英国，而把其他国家需求的管理留给了当地的国家和国际电信公司。公司现在英国的活动已超越了传统的电话业务，它现在涉及股票交易服务和警报服务之类的业务。

在海外发展业务和发散经营的最初热情于20世纪80年代末期消减下来，因为公司截至1990年中期已遭受了5.6亿美元的账面损失。由于管理层在海外公司上花了太多的精力，以至于核心业务所受的压力越来越大。除了日益加剧的国内外竞争外，大跨国公司如美国的AT&T和MCI对国内市场的威胁也越来越大。英国电信市场是世界上最开放的市场之一，同时英国又是欧洲的桥头堡。随着欧洲一体化法律的生效，欧洲大陆市场也将加快开放的步伐。英国电讯公司的战略重点又回到经营电信服务的核心业务上来了。为了保持利润增长和使股东满意，英国电讯公司采取了重组和裁员相结合的战略，它开始于1990年，称为“最高计划”，计划是关于文化转变、重组和裁员的。

事实上，到2000年，英国电讯公司可以对过去的10年感到满意了。面对日益加剧的竞争，它保持了英国电讯市场的大部分份额，公司已经开始了公司文化转型的过程，裁员过程也因没有带来什么劳资纠纷而顺利进行了。然而，英国电讯市场的竞争仍在加剧。此外，政府还不允许英国电讯公司参与有线电视服务的特许经营。另外，公司还保持为一个单一产品，单一市场的公司。当然这是就产品（电信服务）和市场（英国）的广义定义而言的。然而，对于这一产品和市场，英国电讯公司似乎面对着只是日益加剧的竞争和比20世纪80年代增长更为缓慢的核心市场。

案例思考

1. 根据本章的学习，分析英国电讯公司不同时期的环境机会和环境威胁。
2. 分析本案例中英国电讯公司的战略业务单位及针对不同战略业务单位公司所采取的投资决策。
3. 本案例中英国电讯公司未来的战略计划中是否可以考虑国外市场？
4. 据本案例提到的英国电讯公司的机会和威胁，你认为公司应该如何应对这些机遇和挑战。

参考答案：

一、单项选择题

1. B　2. C　3. D　4. A　5. C　6. A　7. B　8. D　9. A　10. C

二、多项选择题

1. BCDE　2. ABCDE　3. ABC　4. ABCDE　5. ABCD

三、判断题

1. 错　2. 对　3. 错　4. 错　5. 错

任务四　消费者市场分析

目标规划

（一）学习目标

基本了解：（1）理解消费行为分析的相关概念。

（2）能准确表达市场消费行为信息内容。

重点掌握：（1）能够形成市场消费信息调查意识、分析意识。

（2）培养学生信息分析能力。

（二）技能目标

培养兴趣，消费信息收集及分析能力。

本任务穿针引线

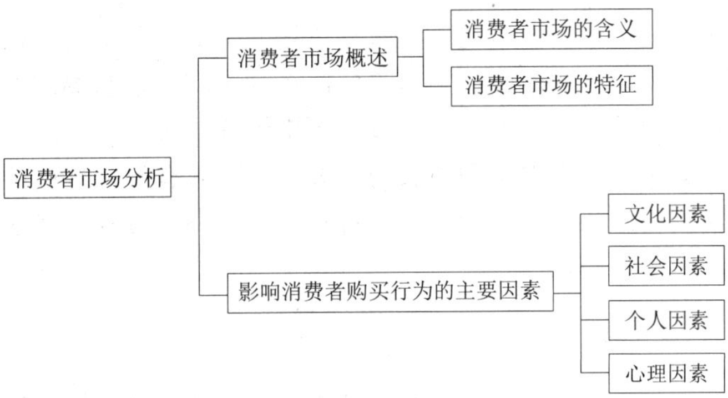

案例引入1

人们为什么喝啤酒

假设你现在正是一位啤酒公司的市场总监，每天都要与竞争对手展开艰苦卓绝的价格战，你的专业知识告诉你啤酒都是一样的，闭着眼睛喝基本没有什么差别。你甚至正在怀疑产品推广的广告要不要做。

人们为什么要喝啤酒？

（1）因为它比水解渴？因为它比牛奶有营养？因为它比果汁更健康？好像都不是。

（2）一位经常喝啤酒的朋友告诉我：“因为喝啤酒感到舒服，每次只要尝一口冰凉的青岛纯生，感觉自己就进入了一种轻松的环境。”他的需求是进入一种轻松的状态。

（3）另外一位朋友说：“我和朋友在一起一定要喝啤酒，因为不喝啤酒显得关系较为陌生。”他的需求是表示亲近的一种信号。

（4）还有一位朋友告诉我：“在 KTV 我会喝很多啤酒，因为在那种场合一定要装样。”

案例引入 2

中国邮政总局提前宣布新战略

今后将以网络技术为基础，以现代物流手段，通过物流、信息流和资金流的结合，发展中国最大的物流系统；在未来十年中，将投资 800 个亿人民币，建立覆盖全国的网络支持系统，邮政储蓄、结算系统和物流系统；其中物流系统将包括区际之间的航空运输系统，城际之间的集装箱运输系统和到户的投递系统；将全面扩大经营范围，业务涉及现代物流的所有领域。

问题：该公司的转变能为客户提供哪些服务？该行业消费行为有什么特征？

第一节　消费者市场概述

消费者市场又称为最终消费者市场、消费品市场或生活资料市场，是指个人或家庭为满足生活需求而购买或租用商品的市场，它是市场体系的基础，是起决定作用的市场。消费者市场是现代市场营销理论研究的主要对象。成功的市场营销者是那些能够有效地发展对消费者有价值的产品，并运用富有吸引力和说服力的方法将产品有效地呈现给消费者的企业和个人。因而，研究影响消费者购买行为的主要因素及其购买决策过程，对于开展有效的市场营销活动至关重要。

一、消费者市场的含义

消费者市场又称为最终消费者市场、消费品市场或生活资料市场，是指为满足个人或家庭物质、文化生活需求而购买货物和服务的一切个人和家庭所构成的市场。

当今世界，绝大多数企业都致力于制定“消费者完全满意”的营销策略。因此，一切企业，无论是生产企业还是商业、服务企业，都必须研究消费者市场。消费者市场的购买是最终市场的购买，意味着商品价值和使用价值的最终实现。消费者市场也是组织市场乃至整个经济活动为之服务的最终市场，因此，对消费者市场的研究，是对整个市场进行研究的基础。中国有世界上最庞大的消费者市场——13 亿人口；中国的消费者市场是当今世界上成长速度最快的市场之一，因此，中国的消费者市场又是世界上最有吸引力的市场。

二、消费者市场的特征

（一）广泛性

我国消费者市场人数众多，而且在地理位置上分布广泛。对多数商品来说，由于消费者在年龄、性别、收入、受教育程度、居住地区、民族、宗教等方面的差异，会有不同的需求、欲望、兴趣、爱好和习惯，同时，随着经济的发展和生活水平的提高，消费者的需求总量、结构和层次也在不断变化。因此，这些因素共同决定了我国消费者市场的广泛性。

（二）分散性

消费者是以个人或家庭为基本单位的，由于家庭受储存场所、财力、商品的特点等因素的制约，其购买通常是小批量的。这就使消费者对许多商品的购买比较频繁，尤其是对日用品的购买更为明显。

（三）可诱导性

多数消费者对商品缺乏专门知识，购买时往往凭个人感情和印象，所以容易受广告和其他促销手段的影响。许多消费者原来并不打算购买某一商品，但在卖场里受到促销员或者促销活动的刺激容易产生冲动性购买现象。

（四）流动性

由于各地经济发展水平不同，市场上各种商品的质量、价格、品种等供需状况有较大的差异。同时，各地居民的购买力水平也存在很大差异，这就使消费者的购买力在地区间发生流动，给消费者市场容量的估测增加了困难。尤其是近几年来我国的流动人口不断增加，旅游业蓬勃发展，这就进一步提高了消费者购买力的流动性。

（五）发展性

消费者的需求是在一定支付能力和其他客观条件的基础上形成的。如收入较低的人，只能在低层次上满足其基本生活需要，随着人们收入水平的提高，其需求层次也在逐渐提高，人们不仅要满足生理需要，还要满足安全、社交、自尊等实现自身价值的需要。

（六）伸缩性

消费者购买商品，在数量、品级、式样、价格等方面会随着其购买能力的变化而变化，随着商品价格的高低而转移。这反映了消费者在收入和价格的作用下需求弹性的变化。其中日常生活必需品需求弹性较小，但其他大多数选择性较强的商品则需求弹性较大，如服装、化妆品、餐饮等。

（七）替代性

消费品种类繁多，不同品牌甚至不同品种之间往往可以互相替代。如“佳洁士”和“高露洁”两个品牌的牙膏可以相互替代。消费者会在有限购买力约束下对满足需要的品类和品牌进行选择，从而导致购买力在不同产品、品牌和企业之间的流动。

（八）周期性

从人们的商品消费情况来看，有些商品是常年均衡消费，需要经常购买；有些商品则属于季节性或节日性消费；有些耐用消费品，消费者要在其使用价值基本消费完后才会重新购买。这样消费者需求就表现出一定的周期性。

第二节 影响消费者购买行为的主要因素

消费者的购买行为，实际上就是这些错综复杂的内外部因素相互制约和相互作用的结果。因此，研究消费者的购买行为，就要注意了解支配和影响消费者购买行为的各种因素，并将这些因素与消费者在购买过程中的各种活动结合起来进行分析，以便弄清买什么（需求对象）、为什么买（购买目的）、谁来买（购买组织）、如何买（购买方式与购买要求）、何时买（购买时机）、何处买（购买地点）这样一些基本问题（即“5W1H”

问题)，这是企业有的放矢地开展营销活动，在满足市场需要的竞争中取得优势的基础。

为研究消费者购买行为，专家们建立了一个刺激—反应模式来说明外界营销环境刺激与消费者反应之间的关系，如图 1-7 所示。

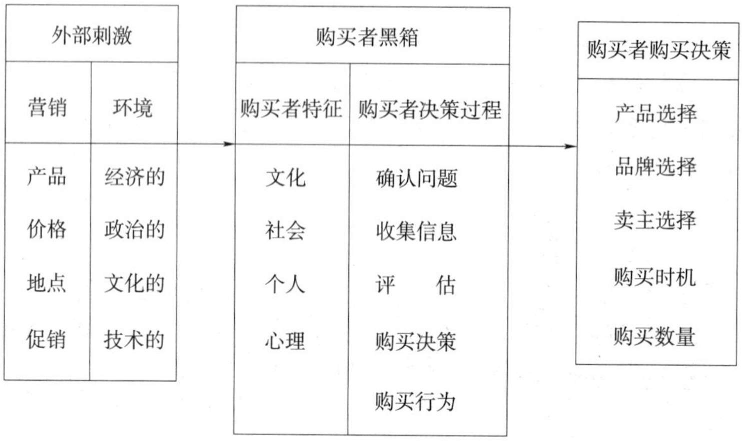

图 1-7　刺激—反应模式

这里，消费者被看做一个“黑箱”。左边的外部刺激因素包括主要的宏观环境因素和市场营销因素。这些刺激进入购买者“黑箱”，然后产生购买者反应，即决策，包括产品选择、品牌选择、卖主选择等。购买者黑箱也由两部分组成，其一为购买者特征，主要影响购买者对外界刺激如何反应；另一部分是购买者决策过程，影响购买者的最终决定。

消费者的购买决策深受其不同的文化、社会、个人和心理因素组合的影响。下面分别阐述这四方面因素的具体内容及其对购买者行为的影响。

一、文化因素

文化因素主要包括文化、亚文化和社会阶层。

1. 文化

文化是指人类在社会发展过程中所创造的物质财富和精神财富的总和，是根植于一定的物质、社会、历史传统基础上形成的特定价值观念。是信仰、思维方式、宗教、习俗的综合体。作为一种观念，“文化”看不见，摸不着，但人们能感觉到它的存在，如东、西方文化的巨大差异，同属东方文明的中、日文化之间的差异，等等。作为其有形的一面，“文化”又反映在一国的建筑、城市风貌、文学艺术、衣着，甚至饮食上。

文化是影响人们欲望和行为的基本因素。大部分人尊重他们的文化，接受他们文化中共同的价值观，遵循他们文化的道德规范和风俗习惯。所以，文化对消费者的购买行为具有强烈的和广泛的影响。例如，标有老年人专用字样的商品在美国等西方国家并不受老年人欢迎，因为这种宣传违背了这些国家中人们忌讳衰老的价值观。而在中国，专为老年人生产的食品、用品、服装等却大受欢迎。

2. 亚文化

亚文化是指存在于一个较大社会群体中的一些较小社会群体所具有的特色文化。所谓的特色表现为语言、信念、价值观、风俗习惯的不同。在每一种文化中，往往还存在许多在一定范围内具有文化同一性的群体，它们被称为亚文化群。在我国，主要有以下三种亚文化群。

（1）民族亚文化群。我国是一个多民族的国家，各民族经过长期发展形成了各自的语言、风俗、习惯和爱好，他们在饮食、服饰、居住、婚丧、节日、礼仪等物质和文化生活方面各有特点，这都会影响他们的欲望和购买行为。

（2）宗教亚文化群。宗教是人类社会发展到一定阶段的历史现象，有它发生、发展和消亡的过程。在现阶段，我国居民有宗教信仰的自由，客观上存在着信奉佛教、道教、伊斯兰教或天主教等宗教的群体；这些宗教的文化偏好和禁忌，会影响信仰不同宗教的人们的购买行为和消费方式。

（3）地理区域亚文化群。我国是一个幅员广阔的大国，南方和北方、城市和乡村、沿海和内地、山区和平原等不同地区，由于地理环境、风俗习惯和经济发展水平的差异，人们具有不同的生活方式、口味和爱好，这也会影响他们的购买行为。

3. 社会阶层

社会阶层主要是由于人们在社会中经济条件、受教育程度、职业类型及社交范围等方面的差异而形成的按某种层次排列，具有较高同质性、持久性的群体。同一阶层中的人有相似的社会经济地位、利益、价值取向。

社会阶层作为一种文化特征具有这样一些特点：一是处于同一阶层的人的行为比处于不同阶层的人的行为有更强的类似性；二是当人所属的社会阶层发生了变化，其行为特征也会随之发生明显变化；三是社会阶层的行为特征受到经济、职业、职务、教育等多种因素的影响，所以根据不同的因素划分，构成的社会阶层有所不同。因此，个人社会阶层的稳定归属有时要依据对其最具有影响的因素来决定。

二、社会因素

（一）相关群体

相关群体是指对个人的态度、意见偏好和行为有直接或间接影响的群体。相关群体有两种基本类型：一种是个人具有成员资格并因而受到直接影响的群体，这其中又分为主要群体和次要群体，主要群体是给个人以最大影响的群体，如家庭、朋友、邻居、同事。次要群体则给个人以较次要的影响，如职业协会、学生会；另一种是个人并不具有正式成员资格，而是期望成为其中一员的群体，典型的如青少年对明星的崇拜，故也称之为崇拜性群体。

（二）家庭

家庭是最重要的相关群体之一，应受到特殊的重视。家庭由居住在一起的、彼此有血缘、婚姻或抚养关系的人群组成。家庭的重要，在于从一个人幼年时就开始给他以种种倾向性的影响，这种影响可能终其一生。

消费者的家庭状况，因为年龄、婚姻状况、子女状况的不同，可以划分为不同的阶段，在生命周期的不同阶段，消费者的行为呈现出不同的主流特征。

（1）单身阶段。处于单身阶段的消费者一般比较年轻，几乎没有经济负担，消费观念紧跟潮流，注重娱乐产品和基本的生活必需品的消费。

（2）新婚夫妇。经济状况较好，具有比较大的需求量和比较强的购买力，耐用消费品的购买量高于处于家庭生命周期其他阶段的消费者。

（3）满巢期（Ⅰ）。指最小的孩子在 6 岁以下的家庭。处于这一阶段的消费者往往需要购买住房和大量的生活必需品，常常感到购买力不足，对新产品感兴趣并且倾向于购买有广告的产品。

（4）满巢期（Ⅱ）。指最小的孩子在 6 岁以上的家庭。处于这一阶段的消费者一般经济状况较好但消费慎重，已经形成比较稳定的购买习惯，极少受广告的影响，倾向于购买大规格包装的产品。

（5）满巢期（Ⅲ）。指夫妇已经上了年纪但是有未成年的子女需要抚养的家庭。处于这一阶段的消费者经济状况尚可，消费习惯稳定，可能购买富余的耐用消费品。

（6）空巢期（Ⅰ）。指子女已经成年并且独立生活，但是家长还在工作的家庭。处于这一阶段的消费者经济状况最好，可能购买娱乐品和奢侈品，对新产品不感兴趣，也很少受到广告的影响。

（7）空巢期（Ⅱ）。指子女独立生活，家长退休的家庭。处于这一阶段的消费者收入大幅度减少，消费更趋谨慎，倾向于购买有益于健康的产品。

（8）鳏寡就业期。指尚有收入，但是经济状况不好，消费量减少，集中于生活必需品的消费。

（9）鳏寡退休期。指收入很少，消费量很小，主要需要医疗产品。

三、个人因素

除了文化和社会的差异外，消费者的个人因素在其购买决策中也发挥着重要的作用。个人因素包括年龄；性别；职业和受教育程度；经济状况；生活方式，以及个性和自我形象。

（一）年龄与性别

年龄与性别是消费者最为基本的个人因素，具有较大的共性特征。不同年龄的消费者的欲望、兴趣和爱好不同，他们购买或消费商品的种类和式样也有区别。例如，儿童是糖果和玩具的主要消费者，青少年是文体用品和时装的主要消费者，成年人是家具的主要购买者和使用者，老年人是保健用品的主要购买者和消费者。了解不同年龄层次与不同性别消费者的购买特征，才能对于不同的商品和顾客制定准确的营销方案。

（二）职业和受教育程度

职业与教育实际上是社会阶层因素在个人身上的集中反映。从事职业不同及受过不同程度教育的人会产生明显的消费差异，这主要是由于角色观念的作用。例如，一个大学生在学校期间喜欢穿运动衫、旅游鞋，背着登山包，骑着山地自行车，显得青春焕发、朝气蓬勃；毕业后进公司做了“白领”，立刻就西装革履，提着公文包，坐上出租车，从衣着打扮到言谈举止都发生了很大的变化。这就是因为运动衫、登山包是大学生的身份象征，西装革履和公文包是公司白领的角色标准。这说明职业和受教育程度在消费者的购买行为中有强烈的表现。

（三）经济状况

一个人的经济状况，取决于他的可支配收入的水平、储蓄和资产、借贷能力及他对开支与储蓄的态度。由此决定的个人的购买能力，在很大程度上制约着个人的购买行为。消费者一般都在可支配收入的范围内考虑以最合理的方式安排支出，以便更有效地满足自己的需要。

（四）生活方式

生活方式是人们根据自己的价值观念等安排生活的模式，并通过其活动、兴趣和意见表现出来。例如，某人以成为艺术家为目标，必然采取艺术家所特有的生活方式，具有同艺术家相似的兴趣和见解，从事各种与艺术有关的活动。生活方式是影响个人行为的心理、社会、文化、经济等各种因素的综合反映。勾画了人与环境相互作用后形成的更完整的人，往往比社会阶层、文化、个性等反映的人的特性完整得多。

（五）个性和自我形象

个性是一个人比较固定的特性，如自信或自卑、冒险或谨慎、倔强或顺从、独立或依赖、合群或孤傲、主动或被动、急躁或冷静、勇敢或怯懦，等等。个性使人对环境作出比较一致和持续的反应，可以直接或间接地影响其购买行为。例如，喜欢冒险的消费者容易受广告的影响，成为新产品的早期使用者；自信的或急躁的人购买决策过程较短；缺乏自信的人购买决策过程较长。直接与消费者个性相联系的6种购买风格是：几乎不变换产品的种类和品牌的习惯型；经冷静、慎重地思考后购买的理智型；特别重视价格的经济型；易受外来刺激而购买的冲动型；感情和联想丰富的想象型；缺乏主见或没有固定偏好的不定型。

自我形象是与个性相关的一个概念，即人们怎样看待自己。但自我形象又是一个十分复杂的图像：一个是实际的自我形象；一个是理想的自我形象，即希望自己怎样；还有社会自我形象，即认为别人如何看待自己。

四、心理因素

消费者的购买行为会受其心理的支配，正如恩格斯所指出的："推动人去从事活动的一切，都要通过人的头脑，甚至吃喝也是由于通过头脑感觉到的饥渴而开始，并且同样由于通过头脑感觉到饱足而停止。"影响消费者购买行为的心理因素包括动机、感觉和知觉、学习、信念和态度等心理过程。

技能训练

读懂消费者

实训目标：1. 加深学生对影响消费者购买的因素和购买决策过程的理解和掌握，提高学生知识应用能力；

2. 锻炼学生的理解能力、分析能力及口头表达能力。

实训内容：依据参考素材，也可发动学生事先收集情景素材资料。

实训准备：学生事先利用课余时间收集情景素材并进行初步讨论；教师准备计时工具、打分记录表、情景范例、相关背景知识。

实训流程：教师确定情景范例—学生分组讨论—学生分析阐述—教师点评—形成分析报告。

操作要点：1. 知识点：消费者购买决策过程；

2. 能力点：购买行为分析能力、口头表达能力、团队协作能力、应变能力；

3. 控制点：时间及课堂氛围；

4. 考核点：团队资料准备情况、讨论参与的积极性、语言表达是否清楚、思维的逻辑性等。

参考素材：

小王准备买台电脑，可是他对电脑知识一知半解，买电脑对他来说是项非常慎重的决策。于是他问了买过电脑的同学，又觉得不放心，又去请教了老师，老师给了他一些有用的建议。但是很多同学说品牌机好，有的又说组装机划算，他为此很伤脑筋。

请结合购买决策过程理论知识分析一下小王的购买行为？

闯关考验

一、思考题

1. 消费者市场的分类？
2. 影响消费者购买行为的主要因素？
3. 简述消费者购买决策的过程？

二、案例分析

案例一 从豆浆到维他奶

一碗豆浆、两根炸油条是三顿美餐中的第一餐，这是长期以来许多中国人形成的饮食习惯。豆浆，以大豆为原料，是豆腐作坊的副产品，在中国已有两千年的历史。它的形象与可乐、牛奶相比，浑身上下冒着“土气”。以前，喝它的人也多是老百姓。但是现在，豆浆在美国、加拿大、澳大利亚等国的超级市场上都能见到，与可乐、七喜、牛奶等国际饮品并列排放，且价高位重，有形有派。当然，它改了名，叫维他奶。豆浆改名维他奶，是香港一家有 50 年历史的豆浆公司为了将街坊饮品变成一种国际饮品，顺应不断变化的价值和现代人的生活形态，不断改善其产品形象，而特意选择的。“维他”来自拉丁文 Vita，英文 Vitamin，其意为生命、营养、活力等，而舍“浆”取“奶”，则来自英语 soybean milk（豆奶，即豆浆）的概念。50 年前，香港人的生活不富裕，营养不良，各种疾病很普遍。当时生产维他奶的用意，就是要为营养不良的人们提供一种既便宜又有营养的牛奶代用品——一种穷人的牛奶。在以后的 20 年中，一直到 20 世纪 70 年代初期，维他奶都是以普通大众的营养饮品这个面貌出现的，是一个“廉价饮品”的形象。可是到了 20 世纪 70 年代，香港人的生活水平大大提高，营养对一般人来说并不缺乏，人们反而担心营养过多的问题。如果此时还标榜“穷人的牛奶”，那么喝了不就掉价了吗？难怪豆品公司的职员发现，在马路边的汽水摊前，喝汽水特别是外国汽水的人喝起来“大模大样”，显得十分“有派”，而喝维他奶的人，就大多站在一旁遮遮掩掩，惟恐人家看到似的，因而，豆品公司的业务陷入低潮。20 世纪 70 年代中期，豆品公司试图把维他奶树立为年轻人消费品的形象，使它能像其他汽水一样，与年轻人多姿多彩的生活息息相关。这时期的广告便摒除了“解渴、营养、充饥”或“令你更高、更强、更健美”等字眼，而以“岂止像汽水那么简单”为代表。

1983 年，又推出了一个电视广告，背景为现代化城市，一群年轻人拿着维他奶随着明快的音乐跳舞……可以说，这时期维他奶是一种“消闲饮品”的形象。然而，到了 20 世纪 80 年代，香港的年轻人对维他奶怎么喝也喝不出“派”来了，于是，从 1988 年开始的广告便重点突出它亲切、温情的一面。对于很多香港人来说，维他奶是个人成长过程的一个组成部分，大多数人对维他奶有一种特殊的亲切感和认同感，它是香港本土文化的一个组成部分，是香港饮食文化的代表作，维他奶对香港人如同可口可乐对美国人一样。由此，维他奶又开始树立一个“经典饮品”的形象。在同一时期，维他奶开始进入国际市场。这一时期，太多的脂肪成了美国等国公民的一大问题。在美国，维他奶标榜高档“天然饮品”。所谓天然饮品，就是没有加入人工的成份，如色素和添加剂等，可以使消费者避免吸收太多的脂肪，特别是动物脂肪。标榜天然饮品，当然受美国人的欢迎。于是便出现了这样历史性的趣事：维他奶创始之初，标榜穷人的牛奶，强调它与牛奶的相似之处，并且价格比牛奶要低；今天在美国市场，维他奶强调的是与牛奶不同的地方（维他奶具有牛奶所有的养分，而没有牛奶那么多的动物脂肪），其价格也比牛奶高。

讨论：

1. 为什么豆浆更名为维他奶后，能长期占领市场？
2. 人们的怀旧情绪对抢占的市场营销活动有什么影响？

案例二 卖酒不如卖水

康泉啤酒厂成立于 20 世纪 80 年代初期。建厂伊始，厂领导通过对消费者购买力的调查，决定开发中低档啤酒。在质量创名牌的观念指导下，着重抓了设备、人才、管理等 3 个方面。设法筹措资金，购进先进的生产设备，为提高产品质量提供强有力的物质保证；集中本厂科技人才，到外地知名科研院所寻访和聘请有专长的科研人员，组织专门的科研班子攻克质量难关，使啤酒的有关理化检验指标符合国家标准，达到国内先进水平；严格生产管理，制定了一系列科学的操作规程和规章制度并严格执行，提出了“质量就是企业的生命”“谁砸康泉名牌，就砸谁的饭碗”，使质量意识在全厂蔚然成风。在保证产品质量的前提下，厂领导打破当时还较为普遍存在的“好酒不怕巷子深”的传统观念，投入大量资金，开展大规模的广告宣传以提高产品知名度。适应中低档产品的特点和消费者购买习惯，靠近居民住宅区的食品店和方便商店为主要销售渠道。一系列有效的措施使该厂啤酒迅速地在本省和周边省份成为名牌产品，销售量直线上升。数年间，该厂就从一个几十人的小厂发展为数千人的集团公司。

20 世纪 90 年代啤酒市场发生了显著变化。许多竞争者盲目投资啤酒业，使全国范围内啤酒的供应量在短短数年间翻了数倍，出现严重供大于求的局面，卖方市场完全转变为买方市场。在现代科学技术和生产力高度发达的情况下，先进设备的引进、新技术的普及、管理经验的传播和人才的流动都极其迅速，不同企业的啤酒在质量方面的差距缩小乃至消除，单依靠质量已不能吸引顾客购买。为了增加销售，各企业纷纷降价，价格大战愈演烈，甚至出现了卖酒不如卖水，一瓶啤酒抵不上一瓶矿泉水的现象。进口品牌也大举入侵，除垄断高档酒市场外还向中档酒市场渗透。在国内和国外品牌的双重夹击之下，该厂啤酒的价格一降再降。销售日渐萎缩。无奈之中，该厂加大了新产品开发的力度，跟随国内外潮流，开发了干啤、冰啤、红啤、黑啤和高档箱装啤酒、易拉罐啤酒等，档次不同，品种繁多。出乎意料之外的是，该厂的苦心并未得到市场的回报，新产品上马一大批，落马一大片。根据以往广告塑造名牌的经验，该厂在资金紧缺的情况下，借用大量贷款为多种新产品作广告，依然不见起色，产品卖的钱还抵不上广告支出，只得再次采用降价销售的办法，重新陷入价格大战之中。该厂领导感到十分困惑：出路何在？

讨论：

20 世纪 90 年代以来，随着经济发展和市场供求形势变化，消费者购买行为会发生怎样的变化？

案例三

假设一天早上，你看到了你的同事手里拿着一款新型的“智能手机”，刚好正是你喜欢的那款，你会即时产生哪些不同的念头呢？

1. 为她感到高兴，她的表情使你感到高兴；
2. 很想下午就去购买这款手机；
3. 因为她在炫耀，而产生一种厌恶的感觉；
4. 决心不买这款手机，因为你不想与她相同；
5. 有点自卑，因为自己还没有能力购买；
6. 对自己的男友不满，因为他没有送给自己这款手机；
7. 努力挣钱，希望尽快拥有这款手机。

根据上述案例分析，消费者购买手机的购买需要和购买动机有哪些？

模块二

营销战略分析

模块结构

任务　目标市场营销

任务 目标市场营销

目标规划

（一）学习目标

基本了解：（1）有哪些目标市场战略可供采用；

（2）市场细分、市场选择、市场定位的含义及其联系；

（3）市场细分的标准和原则。

重点掌握：（1）市场细分的作用和依据；

（2）操作市场细分原理和市场定位方法；

（3）处理企业目标市场营销中存在的各种问题。

（二）技能目标

（1）提高学生市场细分的能力；

（2）学会如何选择相应的目标市场战略。

本任务穿针引线

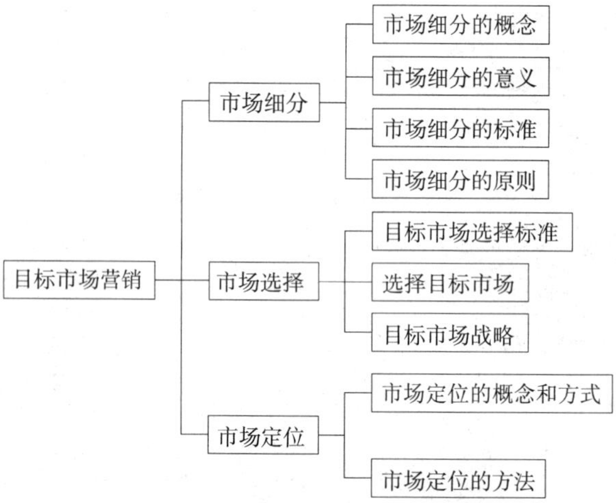

案例引入

美国米勒公司营销案

在20世纪60年代末，米勒啤酒公司在美国啤酒业排名第八，市场份额仅为8%，与百威、蓝带等知名品牌相去甚远。为了改变这种现状，米勒公司决定采取积极进攻的市场战略。

他们首先进行了市场调查。通过调查发现，若按使用率对啤酒市场进行细分，啤酒饮用者可细分为轻度饮用者和重度饮用者，而前者人数虽多，但饮用量却只有后者的1/8。

他们还发现，重度饮用者有着以下特征：多是蓝领阶层；每天看电视3个小时以上；爱好体育运动。米勒公司决定把目标市场定在重度饮用者身上，并果断决定对米勒的“海雷夫”牌啤酒进行重新定位。

重新定位从广告开始。他们首先在电视台特约了一个“米勒天地”的栏目，广告主题变成了“你有多少时间，我们就有多少啤酒”，以吸引那些“啤酒坛子”。广告画面中出现的尽是些激动人心的场面：船员们神情专注地在迷雾中驾驶轮船，年轻人骑着摩托冲下陡坡，钻井工人奋力止住井喷等。

结果，“海雷夫”的重新定位战略取得了很大的成功。到了1978年，这个牌子的啤酒年销售达2 000万箱，仅次于AB公司的百威啤酒，在美名列第二。

第一节 市场细分

一、市场细分的概念

市场细分（market segmentation）是企业根据消费者需求的不同，把整个市场划分为不同的消费者群的过程。其客观基础是消费者需求的异质性。进行市场细分的主要依据是异质市场中需求一致的顾客群，实质就是在异质市场中求同质。市场细分的目标是为了聚合，即在需求不同的市场中把需求相同的消费者聚合在一起。这一概念的提出，对于企业的发展具有重要的促进作用。

市场细分的概念是美国市场学家温德尔·史密斯（Wendell R. Smith）于1956年提出来的。按照消费者欲望与需求把因规模过大导致企业难以服务的总体市场划分成若干具有共同特征的子市场，处于同一细分市场的消费者群被称为目标消费者群，相对于大众市场而言这些目标子市场的消费者群就是分众了。它是第二次世界大战结束后，美国众多产品市场由卖方市场转变为买方市场这一新的市场形势下企业营销思想和营销战略的新发展，更是企业贯彻以消费者为中心的现代市场营销观念的必然产物。

二、市场细分的意义

市场细分化很快成为现代企业从事市场营销活动的重要手段，实践已证明，它是企业通向成功的阶梯。企业对市场进行细分的主要意义在于以下几个方面。

1. 市场细分化有助于企业深刻地认识市场

市场由消费者组成，而每一个消费者都是集多种特征于一身，每一种特征都可能与一部分的消费者相一致，与另一部分的消费者不一致。消费者的不同特征和不同需求纵横交错，使得市场变得极其复杂。不进行深入的分析，要深刻认识如此混沌的市场整体是不可能的。市场细分化为人们提供了极好的分析工具，通过按不同标准细分，仿佛从不同的角度把复杂的市场分开，再拼起来。既清晰地认识了每一个部分，又了解了部分之间的联系。企业在市场细分的基础上，对市场整体有了既清晰又全面的把握。企业可以详细分析每一个细分市场层面的需求及其满足情况，寻找适当的市场机会。

2. 市场细分化有助于企业发现最佳的市场机会

在市场供给看似已十分丰富，竞争者似乎占领了市场各个角落时，企业利用市场细分就能及时、准确地发现属于自己的市场机会。因为消费者的需求是没有穷尽的，总会存在尚未被满足的需求。只要善于市场细分，总能找到市场需求的空隙。有时候，一次独到的市场细分能为企业创造一个崭新的市场，百事可乐公司就是通过市场细分为自己发现了绝妙的市场机会，并在此基础上用一系列营销努力成功地改变了可乐市场上可口可乐一统天下的局面。当时可口可乐在消费者心目中几乎就是饮料的代名词，其他品牌的饮料根本无法与之相提并论。百事可乐首创不含咖啡因的“七喜”，并用饮料中是否含有咖啡因作为标准，硬是将饮料市场一劈为二：含有咖啡因的饮料市场和不含咖啡因的饮料市场。并成功地让消费者认同：可口可乐是前一个市场的霸主，而七喜则是后一个市场的领导者。

3. 市场细分化有助于企业确定经营方向，开展针对性营销活动

面对极其广阔的市场，任何企业都不可能囊括所有的需求，而只能满足其中的十分有限的部分。所以，慎重地选择自己所要满足的那部分市场，使企业的优势资源得以发挥作用是至关重要的。通过市场细分化，企业把市场分解开来，仔细分析比较，及时发现竞争动态，避免将生产经营过度集中在某种畅销产品上，与竞争者混战。又可以选择有潜力又符合企业资源范围的理想顾客群作为目标，有的放矢地进行营销活动，集中使用人力、物力和财力，将有限的资源用在刀刃上，从而，以最少的经营费用取得最大的经营成果。

4. 市场细分化对小企业具有特别重要的意义

与大企业相比，小企业的生产能力和竞争实力要小得多，它们在整个市场或较大的细分市场上无法建立自己的优势。借助市场细分化，小企业可以发现某些尚未被满足的需要，这些需要或许是大企业忽略的，或许是极富特殊性，大企业不屑去为之专门安排营销力量的。无论何种情况，只要是小企业力所能及的，便可以见缝插针，拾遗补阙，建立牢固的市场地位，成为这一小细分市场的专家。小企业还可充分发挥“船小掉头快”的优势，不断寻找新的市场空隙，使自己在日益激烈的竞争中生存和发展。

小案例

麦当劳刚进入中国市场时大量传播美国文化和生活理念，并以美国式产品牛肉汉堡来征服中国人。但中国人爱吃鸡，与其他洋快餐相比，鸡肉产品也更符合中国人的口味，更加容易被中国人所接受。针对这一情况，麦当劳改变了原来的策略，推出了鸡肉产品。在全世界从来只卖牛肉产品的麦当劳也开始卖鸡了。这一改变正是针对地理要素所做的，也加快了麦当劳在中国市场的发展步伐。

三、市场细分的标准

（一）消费者市场细分的标准

消费者市场细分的依据很多，造成消费需求特征多样化的所有因素，几乎都可视为市场细分化的依据或标准，称为细分变量。一般认为主要细分依据是地理因素、人口因素、心理因素和行为因素等四大类。

1. 地理因素

以地理因素为依据来划分市场，是一种传统的市场细分。地理因素包括洲际、国别、区域、行政省市、城乡、气候条件和其他地理环境等一系列的具体变量。由于地理环境、气候

条件、社会风俗和文化传统的影响，同一地区的消费者往往具有相似的消费需求，而不同地区的消费者在需求内容和特点上有明显差异，如俗话所说的“一方水土养一方人”。生活在草原和山区、内陆和沿海、温带和寒带、城市和乡村的人们有各自不同的需求和偏好。不仅如此，处于不同地理环境中的消费者对企业所采取的营销策略（如产品的设计、价格、分销方式、广告宣传等）也会有不同的反应。例如，对同一种产品的广告宣传，城市消费者讲究时代感，乡村消费者看重的是实在、朴实。此外，市场位置的不同往往引起某一产品的市场潜量和成本费用有所不同，企业应选择那些自己能为之最好服务的，效益高的地理市场为目标市场。

2. 人口因素

人口因素包括年龄、性别、收入、教育水平、家庭规模、宗教和种族等直接反映消费者自身特点的许多因素。因为人口因素中所包含的这些变量来源于消费者自身，而且较易测得，所以，人口因素一直是消费者市场细分的重要依据。

例如，性别细分一直被运用于服装、理发、化妆品和杂志领域；以收入水平细分市场是汽车、服装、旅游等行业的长期做法；按年龄将消费者分为青年、中年、老年等不同的消费者群体在食品、娱乐等企业很普遍。但是，越来越多的情况是，采用多种人口统计变量来进行综合市场细分，尤其是当单一变量无法准确划分时。例如，某服装公司以性别、年龄和收入三个变量将市场划分为多个细分层面，每个层面有更细致的描述，如企业可为收入在8 000元（每月）的年轻女性市场提供高档职业女装。

消费者的欲望和需求并不都与人口因素有必然关系。有时候，单单用人口因素细分显得不可靠。例如，美国福特汽车公司曾按购买者年龄来细分汽车市场，针对想买跑车的年轻人推出了该公司的“野马”牌汽车。令人惊讶的是：许多中、老年人也争相购买“野马”车，调查后得知，原来年纪大的人认为驾驶“野马”车可使他们显得年轻。“野马”车细分市场的确定不是按生理年龄，而是心理年龄。

3. 心理因素

消费者的心理因素是关于消费者自身的较深层次的因素，包括消费者的生活方式、个性等心理变量。在同一人口因素中可能蕴含完全不同的心理因素，或者如上例，同一人口因素（年龄）因心理变量而复杂。所以，市场细分在考虑单纯的人口因素外，还要综合考虑心理因素。

生活方式是影响消费者的欲望和需求的一个重要因素。人们的生活方式不同，对商品的需求也就不同。一个消费者的生活方式一旦发生变化，他就会产生新的需求。因此，越来越多的企业按照消费者不同的生活方式来细分市场，并按照生活方式不同的消费者群体来设计不同的产品和安排市场营销组合。例如，大众汽车公司专为“奉公守法的好公民”式的消费者设计了经济、安全和少污染的汽车；为“玩车族”设计和生产华丽、灵活和外形时髦的汽车。有些妇女服装的生产者，为“生活朴素”“崇尚时髦”“有男子气度”“知识型”的妇女分别设计不同风格的服装。

消费者的个性往往影响了其购买决策和购买行为，可以说，消费过程就是他们自觉和不自觉地展示自己性格的过程。为此，营销者越来越注意给他们的产品赋予品牌个性，树立品牌形象，以符合相对应的目标消费者的个性，以求得其目标市场的认同。20世纪50年代后期，福特和雪佛兰汽车就是按不同的个性来促销的。福特汽车的购买者被认为是“独立的、感情容易冲动的、有男子汉气质的、雄心勃勃和善于适应环境的”，而雪佛兰汽车的购买者被认为是“保守的、节俭的、重视声誉的、有较少男子气及避免极端的”。

4. 行为因素

所谓行为因素，是指和消费者购买行为习惯相关的一些变量，包括购买时机和频率、追求的利益、使用情况和消费者对品牌的忠诚度等。

根据购买者产生需要、购买或使用产品的时机，可将他们区分开来。例如，航空公司专门为度假的顾客提供特别服务，某糖果公司利用某些节日来增加糖果的销量。时机细分可以帮助企业拓展产品的使用范围，原来仅在早餐时饮用的橙汁，通过公司的宣传开始在晚餐、宴会和休闲时饮用，从而扩大了橙汁的销量。

按消费者对产品所追求的不同利益，将其归入各群体，是另一种卓有成效的市场细分方式。消费者对产品和品牌的选择出于不同的动机。例如，消费者都需要牙膏，但希望获得的利益却不同：或为了洁白牙齿，或为了清新口气，还有的为了防治牙病。企业针对不同的消费者、不同的动机，设计开发不同的产品和品牌，研究制定不同的促销方式方法，或成为专为某一动机服务的市场专家。同样是洗发水，宝洁公司却为有不同动机的消费者开发了多个品牌，每一个品牌提供不同的利益：“海飞丝”重在去头屑，“潘婷”重在对头发的营养保健，而“飘柔”则重在使头发光滑柔顺。

使用者的情况可分为非使用者、曾经使用者、潜在使用者、首次使用者和经常使用者几种。不同的情况需要区别对待，如潜在使用者和经常使用者需要不同的营销方法。一般来说，具有高度市场份额的公司，特别注重将潜在的使用者变为实际使用者，以扩大其市场份额；而较小的公司则设法吸引经常使用者，以维持其市场份额。

消费者对某种产品的使用数量或使用频率也是值得区分的变量。大量使用者的人数虽然占消费者总数的比例不大，但他们所消费的商品数量却在消费总量中占很大比重，少量使用者反之。研究结果表明，某种产品的大量使用者往往有某些共同的人口统计和心理方面的特征和接受某种传播媒体的习惯。例如，美国一家市场研究公司曾发现，大量喝啤酒者大多数都是工人，他们年龄在25～50岁，每天看电视3个小时以上，而且最喜欢看电视上的体育节目。

市场也可以按消费者对品牌的忠诚度来进行细分。品牌忠诚度指消费者对某种品牌的偏好和经常使用程度。假设市场上有A、B、C、D、E 5种品牌，根据消费者的品牌选择情况将他们分成4类：坚定忠诚者——这类消费者始终不渝地只购买一种品牌的商品，即使遇到该品牌商品缺货，他们宁肯等待或到别处寻找，其购买模式为“A，A，A，A，A，A”；不坚定的忠诚者——这类消费者忠诚于两三种品牌，时而互相替代，他们的购买模式为“A，A，B，B，A，B”；转移型的忠诚者——这类消费者会从偏好一种品牌产品转换到偏爱另一种品牌的产品，其购买模式为“A，A，A，B，B，B”；非忠诚者——这类消费者对任何品牌都无忠诚感，他们有什么品牌就买什么品牌，或者想尝试各种品牌，其购买模式为“A，C，E，B，D，B”。每一个市场由这4种购买者组成，只是各种购买者的数量不同而已。而且，一个消费者并非对所有商品都有同样的忠诚度，他可能对这种产品有高度的品牌忠诚性，对另一种产品则没有，如有的消费者讲究衣着，只穿某名牌服装，而对牙膏等日常用品不大讲究。忠诚度分析也被用于考察消费者对商店的偏好程度。

在市场中，消费者还可以按他们对产品的热情程度分为5种不同态度的群体：热情、肯定、无兴趣、否定和敌视。针对持有这5种不同态度的消费者，企业应当酌情运用不同的营销措施。例如，对敌视本企业产品的消费者，企业应仔细分析其原因，通过恰当的手段改变其态度。

（二）生产者市场细分的标准

1. 最终使用者

在西方国家，企业的管理者通常用最终用户这个变数来细分产业市场。在产业市场上，不同的最终用户对同一种产业用品的市场营销组合往往有不同的要求。例如，计算机制造商采购产品时最重视的是产品质量和可用性，服务、价格也许并不是要考虑的最主要因素；飞机制造商所需要的轮胎必须达到的全部标准比农用拖拉机制造商所需轮胎必须达到的标准高得多，豪华汽车制造商比一般汽车制造商需要更优质的轮胎。因此，企业管理部门对不同的用户要相应地运用不同的市场营销组合，采取不同的市场营销措施，以投其所好，促进销售。

2. 顾客规模

顾客规模是细分产业市场的一个重要变数。在西方国家，许多公司建立适当的制度来分别与大客户和小客户打交道。例如，美国一家办公室用具制造商按照顾客规模，将顾客分为两类顾客群：大客户，如国际商业机器公司、标准石油公司等，这类顾客群由该公司的全国客户经理负责联系；小客户，由外勤推销人员负责联系。

3. 用户的地理位置

用户的地理位置对于企业合理组织销售力量，选择适当的分销渠道及有效地安排货物运输关系很大，而且不同地区用户对生产资料的要求往往各有特色。因此，用户的地理位置也是细分市场的依据之一。

同消费品市场一样，许多公司实际上不是用一个变数，而是用几个变数，甚至用一系列变数来细分产业市场（生产者市场）。

四、市场细分的原则

企业可根据单一因素或多个因素对市场进行细分。选用的细分标准越多，相应的子市场也就越多，每一子市场的容量相应就越小，反之亦然。如何寻找合适的细分标准对市场进行有效细分，在营销实践中并非易事。一般而言，成功、有效的市场细分应遵循以下基本原则。

1. 可衡量性

可衡量性是指细分出来的市场不仅范围比较清晰，而且也能大致判断出该市场的大小。要保证细分市场的可衡量性，首先要保证细分标准必须清楚明确，不能模棱两可。其次，要保证所确定的细分标准本身是可衡量的，企业可以从消费者那里得到确切的信息，并且还要能衡量这些标准各自的重要程度，以便进行定量分析。此外，还必须注意各项细分标准间的相关性及重叠性。

2. 可接近性

可接近性是指企业和消费者容易进入细分市场。一方面，被选定细分市场的消费者能有效地了解企业的产品，并对产品产生购买行为，能通过各种销售渠道购买到产品；另一方面，企业通过营销努力，诸如广告及人员推销等，可达到已选定的细分市场。否则，就不值得去细分这些市场。

3. 可营利性

可营利性主要指细分市场要有适当的规模和发展潜力，同时还有一定的购买力。若该细分市场的规模小，市场容量有限，细分工作烦琐，成本花费很大，获利低，那就不值得去细分；反之，细分范围也不能过大，否则会使细分的市场不具体、不准确，不利于企业选择目标市场。此外，对于企业来说，细分市场还必须有足够的消费者：如果细分市场的消费者少，购买力有限，无经济效益，同样也不值得去细分。

4. 对营销策略反应有差异性

市场细分后，范围界定明晰，各子市场对企业市场营销组合中的任何一项因素的变动应能迅速做出差异性的反应。例如，有的子市场对价格较敏感，有的对质量较敏感，有的对包装做出更大的反应，有的对服务有特殊要求等，这样的市场细分才具有有效性。否则，如果各个子市场对企业的市场营销组合因素的变化均做出相似的反应，那么各子市场的差异性的特点就消失了，市场细分也就没有意义了。

第二节 市场选择

市场细分的最终目的是为了选择和确定目标市场。目标市场选择是目标市场营销的第二个步骤。企业的一切市场营销活动，都是围绕目标市场进行的。企业需要评价各种细分市场，根据企业的资源与能力来选择目标市场，并确定目标市场策略。目标市场是指在市场细分的基础上，企业要进入并开展营销活动的一个或一些细分市场。企业要确定细分市场，离不开对细分市场的评估。

一、目标市场选择标准

（一）有一定的规模和发展潜力

企业进入某一市场是期望能够有利可图，如果市场规模狭小或者趋于萎缩状态，企业进入后难以获得发展，此时，应审慎考虑，不宜轻易进入。当然，企业也不宜以市场吸引力作为唯一取舍指标，特别是应力求避免“多数谬误”，即与竞争企业遵循同一思维逻辑，将规模最大、吸引力最大的市场作为目标市场。大家共同争夺同一个顾客群的结果是，造成过度竞争和社会资源的无端浪费，同时使消费者的一些本应得到满足的需求遭受冷落和忽视。现在国内很多企业动辄将城市尤其是大中城市作为其首选市场，而对小城镇和农村市场不屑一顾，很可能就步入误区，如果转换一下思维角度，一些目前经营尚不理想的企业说不定会出现“柳暗花明”的局面。

（二）细分市场结构的吸引力

细分市场可能具备理想的规模和发展特征，然而从盈利的观点来看，它未必有吸引力。波特认为有 5 种力量决定整个市场或其中任何一个细分市场的长期的内在吸引力。这 5 个群体是：同行业竞争者、潜在的新参加的竞争者、替代产品、购买者和供应商。

（三）符合企业目标和能力

某些细分市场虽然有较大吸引力，但不能推动企业实现发展目标，甚至分散企业的精力，使之无法完成其主要目标，这样的市场应考虑放弃。另外，还应考虑企业的资源条件是否适合在某一细分市场经营。只有选择那些企业有条件进入、能充分发挥其资源优势的市场作为目标市场，企业才会立于不败之地。

二、选择目标市场

在企业市场营销活动中，企业必须选择和确定目标市场。选择和确定目标市场，是企业制定市场营销战略的首要内容和基本出发点。企业应该根据其能力和资源条件选择具有较强吸引力的细分市场。企业选择目标市场的策略主要有以下 5 种（图 2-1）。

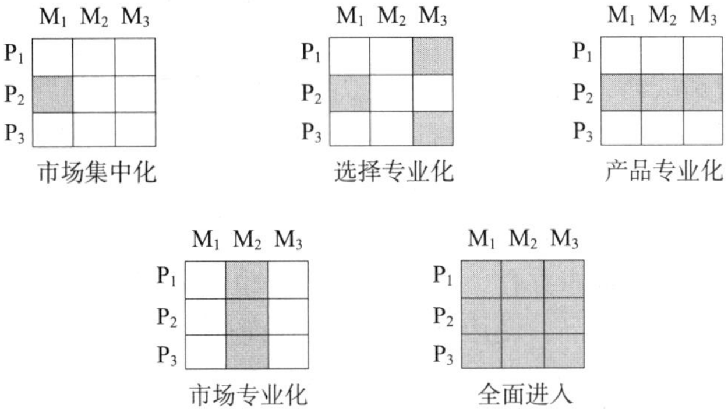

图 2-1 目标市场选择的 5 种策略

（一）市场集中化策略

市场集中化策略是指企业只经营一种类型的产品，满足某一类顾客特定的需要。较小的企业通常采用这种策略。

（二）选择专业化策略

选择专业化策略是指企业决定有选择地同时进入若干个具有吸引力并且符合企业的目标和资源的细分市场，其中每个细分市场与其他细分市场之间的联系较小。企业要有针对性地向各个不同的顾客群提供不同类型的产品，以满足其特定的需要。这一般是生产经营能力较强的企业在几个细分市场均有较大吸引力时所采取的决策。其优点是可以有效地分散经营风险。

（三）产品专业化策略

产品专业化策略是指企业生产一种类型的系列产品，并将其销售给各个顾客群，满足其对一种类型产品的各不相同的需要。

（四）市场专业化策略

市场专业化策略是指企业决定生产多种不同类型的产品，只将其销售给某一个顾客群，满足其多种需要。

（五）全面进入策略

全面进入策略是指企业生产各种类型的产品，全面地满足市场上所有顾客群的不同需要。

显然，目标市场的选择对企业生产、经营、效益等方面都有重要影响。如果采用市场集中化策略，企业可能对市场需求变化的适应能力弱，经营风险大；如果采用全面进入战略，企业可能会增加生产经营的复杂性，难以提高企业的利润率。企业应该根据外部环境变化、企业目标、资源、竞争对手的情况选择适当数量的细分市场。只有这样，才能保证目标市场营销战略的顺利实施。当企业实力较弱时，在运用上述策略时，一般先进入最有吸引力且最有条件进入的细分市场，只是在机会和条件成熟时才酌情有计划地进入其他细分市场，逐步发展壮大。

三、目标市场战略

企业在市场细分、选择目标市场之后还要确定目标市场营销战略。有无差异性营销战略、差异性营销战略、集中性营销战略三种不同的目标市场战略供企业选择。

（一）无差异性营销战略

所谓无差异性营销战略，也称为大量营销，是指企业不考虑细分市场的差异性，把整体市场作为目标市场，只推出一种产品、只运用一种市场营销组合，为整个市场提供服务的营销战略。

这种策略的基本特点是：企业不进行市场细分，把整个市场视作一个大的、同质的目标市场，营销活动只注意市场需求共性，而忽略其差异性。实施无差异市场营销战略的企业，可以推出一种类型的标准化产品，使用统一的包装与商标、相同的促销手段。试图以此吸引尽可能多的购买者，为整个市场服务。

一般来说，这种目标市场策略基于两种不同的指导思想：一种指导思想是市场上的消费者认为某些产品是同质的产品；另一种指导思想是从产品观念出发，忽视需求的差异，强调需求的共性，如在20世纪60年代前，美国可口可乐公司由于拥有世界性专利，曾经以单一的口味、单一的瓶装、统一的广告宣传，长期占领世界软饮料市场。

无差异性营销战略的主要优点表现为成本的经济性。单一的产品，大批量的生产、储运和销售，必然降低单位产品的成本；无差异的广告宣传等促销活动可以减少促销费用；不进行市场细分也会相应地减少市场调研、产品开发、制订多种市场营销组合方案等方面的费用。

无差异性营销战略的缺点主要是不能满足消费者多样性需求。首先，消费者需求客观上是千差万别并不断变化的。由于消费需求不断变化，许多过去的同质市场已经转变为异质市场或正在向异质市场转化，一种产品长期为所有消费者或用户接受的情况越来越少。其次，当众多企业都采用这一策略时，市场竞争会异常激烈，而一些小的细分市场上的需求却得不到满足，这对营销者和消费者都是不利的。最后，易于受到采用差异性营销战略的竞争对手的攻击。采用差异性营销战略的竞争对手想方设法为需求不同的顾客提供更适合他们的产品或服务。这使得采用无差异性营销战略的公司非常被动。所以，世界上一些曾经长期实行这一策略的企业最终也实行差异性营销战略了。

（二）差异性营销战略

差异性营销战略是在市场细分的基础上，选择两个或两个以上乃至全部细分市场作为目标市场，分别为之设计不同的市场营销组合，以满足各个细分市场的需要。这一策略认为消费者的需要是有差异的，不可能使用完全相同的、无差别的产品去满足各类消费者的需要。采用差异性营销战略的企业一般是大企业，较为雄厚的财力、较强的技术力量和素质较高的管理人员，是实行差异性营销战略的必要条件。由于采用差异性营销战略必然受到企业资源和条件的限制，小企业往往无力采用。

差异性营销战略的优点是：可以提高企业产品的适销率和竞争力，减少经营风险，提高市场占有率。因为多种产品能分别满足不同消费者群的需要，扩大产品销售。某一两种产品经营不善的风险可以由其他产品经营所弥补；如果企业在数个细分市场都能取得较好的经营效果，就能树立企业良好的市场形象，提高市场占有率。所以，目前有越来越多的企业采用差异性营销战略。

差异性营销战略的缺点是：由于运用这种策略的企业进入的细分市场较多，而且针对各个细分市场的需要实行了产品和市场营销组合的多样化策略，随着产品品种增加、销售渠道多样化及市场调研和促销宣传活动的扩大与复杂化，企业各方面经营成本支出必然会大幅度增加。

差异化营销小案例

巴奴毛肚火锅是一典型菜品差异化的案例，海底捞火锅已经成为火锅行业的龙头，其服务也是任何餐饮行业无可取代的。在餐饮行业激烈的市场竞争中，巴奴火锅想占领市场，可谓是困难重重。当跟风，流行化成为餐饮行业常态时，巴奴火锅的老总杜中兵说了三个不，不喜欢平衡，不喜欢中庸，不喜欢墨守成规。当取悦式服务大行其道时，杜总深耕菜品，并从菜品上取得重大的突破，巴奴的口号变成“服务不是巴奴的特色，毛肚和菌汤才是”，从而很好地与海底捞从产品上区别开来。

（三）集中性营销战略

集中性营销战略是指企业不是面向整体市场，也不是把力量分散使用于若干细分市场，而是以一个细分市场为目标市场，集中力量，实行专业化生产和经营的目标市场战略。

采用这种战略通常是为了在一个较小的细分市场上取得较高的市场占有率，而不是追求在整体市场上占有较少的份额。

这种战略被人称为“弥隙”战略，即弥补市场空隙的意思，适合资源薄弱的小企业。如果与大企业硬性抗衡，弊多于利，必须寻找对自己有利的小生存环境。用“生态学”的理论解释，必须找到一个其他生物不会占领、不会与之竞争，而自己却有适应本能的小生存环境。也就是说，如果小企业能够避开大企业竞争激烈的市场部分，选择一两个能够发挥自己技术、资源优势的小市场，往往容易获得成功。

集中性营销战略主要适用于资源有限的中小企业或是初次进入新市场的大企业。中小企业由于资源有限，无力在整体市场或多个细分市场上与大企业展开竞争，而在大企业未予注意或不愿顾及而自己又力所能及的某个细分市场上全力以赴，则往往容易取得成功。实行集中性营销战略是中小企业变劣势为优势的最佳选择。

集中性营销战略的优点是目标市场集中，有助于企业更深入地注意、了解目标市场的消费者需求，使产品适销对路，有助于提高企业和产品在市场上的知名度。集中性营销战略还有利于企业集中资源，节约生产成本和各种费用，增加盈利，取得良好的经济效益。

集中性营销战略的缺点是企业潜伏着较大的经营风险。由于目标市场集中，一旦市场出现意外变化，如顾客爱好转移（特别是时尚消费）、消费者需求的突然变化、价格猛跌，或者出现强大的竞争对手等，企业就有可能因承受不了短时间的竞争压力，而立即陷入困境。所以，许多企业除非有特别的把握，否则宁可将目标市场分散些，以防止倾覆的风险。

采用集中性营销战略的企业，要随时密切关注市场动向，充分考虑企业在未来可能意外情况下的各种对策和应急措施。

第三节 市场定位

企业选择和确定了目标市场后，就进入了目标市场营销的第三个步骤——市场定位（positioning）。市场定位是目标市场营销战略重要的组成部分。它关系到企业及其产品在激烈的市场竞争中，占领消费者心理，树立企业及产品形象，实现企业市场营销战略目标等一系列至关重要的问题。

一、市场定位的概念和方式

产品定位是为了使产品产生与竞争者产品有明显区别的产品形象。为了使本企业产品与竞争者产品显示出差异，必须对竞争对手产品的定位状况有足够的认识。因此，企业在进行产品定位时，一方面要研究顾客对产品各种属性的重视程度，另一方面要了解掌握竞争对手的产品特色，即把产品和顾客两方面联系起来，选定本企业产品的特色和形象，从而完成企业产品的市场定位。

（一）市场定位的概念

市场定位是指企业根据竞争者的产品在细分市场所处的地位和顾客对产品某些属性的重视程度，塑造出本企业产品与众不同的鲜明的特色或个性，并传递给目标顾客，使该产品在目标顾客心中占有一个独特的位置。市场定位是塑造一种产品在细分市场中的形象，这种形象塑造得是否成功取决于消费者的认可与接受程度。产品的特色和个性，有的可以从产品属性上表现出来，如形状、成分、构造、性能等；有的可以从消费心理上反映出来，如豪华、朴素、时髦、典型等。从理论上讲，凡是构成产品特色和个性的因素，都可以作为定位的因素。但是，企业实际进行市场定位时，一般是依据目标市场对该产品的各种属性的重视程度，综合考虑竞争企业及其产品状况、自身的条件等一系列问题，选择定位的因素，从而完成产品的市场定位。

（二）市场定位的方式

在企业的目标市场中，通常竞争对手的产品已经在顾客心目中树立起了一定的形象，占有一定的位置。企业要想在目标市场上成功地树立起自己产品独特的形象，就需要针对这些企业的产品，进行适当的定位。产品市场定位的基本方式主要有以下几种。

（1）从时间过程来看，定位方式可以分为最初定位和重新定位。最初定位，即企业向市场推出一种新产品之前对其进行的第一次定位。重新定位也称为二次定位，是指企业改变产品特色或改变目标顾客对其原有的印象，使目标顾客重新认识其新形象的过程。当产品最初定位不合适，消费者或用户的需求与偏好发生了变化，竞争者推出的产品侵占了本企业品牌的部分市场时，企业往往调整定位。不过，有时重新定位也并不是因为产品陷入困境内，而是因为产品意外地扩大了销售范围引起的。例如，专为青年人设计的某种款式的服装在中老年消费者中也流行起来，该服装可能需要重新定位。

(2) 从竞争的内容来看，即从企业定位时侧重于安排哪些定位对象因素的角度来考察，市场定位的方式可以划分为若干种。企业可以选择产品的某一种或几种因素，来为企业的产品定位。例如，富豪轿车宣传其安全性和耐用性，绅宝汽车则强调其技术和功能特色。企业应根据市场需求情况与本身条件，尽量突出其产品的特色。

(3) 从竞争的关系来看，定位方式可以分为避强定位和迎头定位。避强定位，这是一种避开强有力的竞争对手的定位方式。企业通过分析市场中竞争对手的产品的定位状况，从中找出尚未被占领、但又为许多消费者所重视的“空白点”，来为本企业产品确定市场位置。采用这种定位方式一般能够比较迅速地进入目标市场、站稳脚跟，并能较快地在消费者或用户中树立起鲜明的形象。迎头定位策略是指企业选择靠近于现有竞争者或与现有竞争者重合的市场位置，争夺同样的消费者，彼此在产品、价格、分销及促销等各个方面差别不大。迎头定位策略就是与市场上最强的市场竞争对手“对着干”的定位方式。采用这种定位方式时，必须对企业和竞争对手的实力作出客观的分析与评价。这种定位方式虽然有较大的风险性，然而一旦成功就会取得较大的市场优势。采用这种策略不一定要打垮对手，只要能够平分秋色就是很大的成功。例如，百事可乐与可口可乐之间的长期争斗；日本丰田汽车进入美国、西欧市场，都是采用竞争性市场定位的成功范例。

二、市场定位的方法

企业推出的每种产品，都需要选定其特色和形象。现有产品在其原有定位已经不再具有生命力时，也需要重新作出定位决定，对产品的市场定位，可以应用多种方法，归纳起来讲有以下5种。

(一) 根据产品的特色定位

这种定位可以强调与其他同类产品的某一特征不同，如感冒药数以百计，但多数产品含有一种对中枢神经系统有作用的药物成分，服用后精神萎靡不振、嗜睡，直接影响工作与学习。再如中国闽东电机公司，以东南亚别墅用户为目标市场，设计推出STC系列三相发电机。这种发电机电力负荷较大，符合当地用户习惯将其与汽车发动机配套的特殊要求，表面光洁度高，外表漆上玫瑰红、翡翠绿、孔雀蓝等鲜艳颜色，深受别墅用户喜欢，公司以产品的这些特色广为宣传，在目标顾客中形成突出的形象，结果在中国香港市场获得极高的占有率。

(二) 根据为顾客带来的利益、解决问题的方式定位

产品本身的属性及由此获得的利益、解决问题的方法及需求满足的程度，能使顾客感受到它的定位。例如，在汽车市场，德国的“大众”享有“货币的坐标”之美誉，日本的“丰田”侧重于“经济可靠”，瑞典的“沃尔沃”讲究“耐用”。

在有些情况下，新产品更应强调某一种属性。如果这种属性是竞争者无暇顾及的，这种策略就容易见效。

(三) 根据产品的专门用途定位

这是产品定位的好方法。为老产品找到一种新用途，也是为该产品创造新的市场定位的好方法。例如，石膏，建筑业作装饰材料，日用化工企业作化妆品原料，食品行业作添加剂，医疗单位做治疗骨折的夹板。D-泛酸钙（即维生素 B_5）——用了几十年的老药，近年

发现其有广泛的药理作用，可用于白内障、类风湿关节炎及某些皮肤病等许多中老年人常见病的防治，所以临床应用日渐增多。

（四）按用户种类定位

这种定位由产品使用者对产品的看法确定产品形象。例如，维生素 C 和含维生素 C 的产品已进入大众的日常生活，人们已经不再将其看作药品，而是作为营养品、添加剂，甚至作为保持好身材的助手，西方许多企业在奶制品、水果、蔬菜、粮食、化妆品、牙膏、点心和动物饲料中添加。法国有一个制药厂，生产一种具有松弛肌肉和解热镇痛效能的药品。药厂针对不同用户作不同内容的宣传。法国人饮酒过量者较多，便宣传这种药品可以帮助酒后恢复体力；英、美人最怕感冒，便说明此药可以治疗头疼感冒；芬兰滑雪运动盛行，便强调该药品有助于消除疲劳；在意大利胃病较多，便又再三解释药品的止疼功能。因此，这种本来并不复杂的药品在不同市场上获得最适宜的形象，广销许多国家。

（五）与竞争同类产品对比定位

这是与竞争对手产品相比较后而进行的市场定位，有两种方式：一是迎头定位，即与竞争对手对着干，如百事可乐的市场定位是针对可口可乐而言；二是避强定位，即避开竞争锋芒，另辟蹊径，占领被竞争者忽略的某一市场空隙，突出宣传本产品在某一方面的特色。

技能训练

随着中国经济的飞速发展，中国居民的消费能力不断提升。就化妆品行业而言，已经发展成为世界美容大国，并且一直保持着稳定的增长态势，市场规模不断扩大。因此，世界名牌化妆品一致看好中国内地的消费市场与潜力，几乎无一遗漏地抢滩内地，进驻中国市场。

一、实训目标

通过训练，使学生初步具备进行市场细分并在此基础上选择目标市场的基本能力。

二、实训项目

根据你熟悉的化妆品品牌，分析一下它的主要目标顾客是谁？企业这样选择的理由是什么？你认为企业这样做是否合适？

三、实训步骤

1. 学生自由组合，每个小组 5～8 人；
2. 以小组为单位，收集、选择拟进行分析的项目的相关资料；
3. 根据资料信息，运用市场细分方法，分析该项目或该产品的细分市场特色；
4. 在小组讨论的基础上，初步进行项目的可行性分析，提交项目研究报告；
5. 选出小组课初发言代表，拟定课前发言稿（1～2 分钟）。

四、实训组织

学生在课前做出分析报告。上课前，每组派一名代表阐述本组的观点。教师暂时不做点评。

闯关考验

一、单项选择题

1. 按照消费者的国籍来细分，消费者市场属于（　　）。
   A. 地理细分　B. 心理细分　C. 人口细分　D. 行为细分
2. 企业决定生产各种产品，但只向某一顾客群供应，这是（　　）。
   A. 产品/市场集中化　B. 产品专业化
   C. 市场专业化　D. 选择专业化
3. 将性质温和的婴儿洗发水推荐给留长发而且天天洗头的年轻人，这样把产品引导给某一特定顾客群体的市场定位，属于（　　）。
   A. 产品特色定位　B. 使用者定位
   C. 使用场合定位　D. 竞争者定位
4. 对于经营资源有限的中小企业而言，要打入新市场适宜用（　　）。
   A. 集中市场营销　B. 差异性市场营销
   C. 整合市场营销　D. 无差异性市场营销
5. 在（　　）条件下，买主和卖主只能是价格的接受者而不是决定者。
   A. 垄断竞争　B. 寡头垄断　C. 完全竞争　D. 纯粹垄断
6. 国内家电生产企业主要产品已进入产品生命周期的成熟期，它们选择的目标市场涵盖战略应该是（　　）。
   A. 大量市场营销　B. 差异性市场营销
   C. 集中市场营销　D. 无差异性市场营销
7. （　　）差异的存在是市场细分的客观依据。
   A. 产品　B. 价格　C. 需求偏好　D. 细分

二、多项选择题

1. 企业选择目标市场时可以考虑的策略有（　　）。
   A. 市场集中化　B. 选择专业化　C. 产品专业化
   D. 市场专业化　E. 市场全面化
2. 企业全部或部分地改变其原有产品的市场定位，具体的做法有（　　）。
   A. 横向延伸　B. 纵向延伸　C. 向下延伸
   D. 向上延伸　E. 双向延伸
3. 企业开展目标市场营销的主要步骤有（　　）。
   A. 市场细分　B. 目标市场选择　C. 市场定位
   D. 市场营销组合　E. 大市场营销
4. 市场细分的有效条件是（　　）。
   A. 可衡量性　B. 可进入性　C. 可获利性
   D. 长期稳定性　E. 全面、综合性
5. 市场细分要依据一定的细分变量来进行，消费者市场的细分变量主要有（　　）
   A. 地理细分　B. 人口细分　C. 心理细分

D. 行为细分　　　E. 素质细分

三、简答题

1. 简述目标市场选择战略。
2. 有效市场细分的条件是什么？
3. 常用的市场定位方法有哪些？一般有哪几种市场定位策略供企业使用？
4. 企业应从哪些方面对市场细分进行评估？
5. 市场定位的具体步骤是什么？

四、案例分析

案例　老牌子遇到新问题

提起国酒茅台，中国人都有一种特殊的感情。1915 年，茅台酒代表中国民族工商业进军巴拿马万国博览会并获得殊荣，从此跻身世界三大蒸馏名酒行列，奠定了中国白酒在世界上的地位，也将其自身确立为中国白酒之至尊。中华人民共和国成立后，茅台酒又被确定为"国酒"，一直处于中国白酒领头羊地位的茅台酒，更因其在日内瓦会议、在中美、中日建交等外交活动中发挥了独特作用而蜚声海内外。改革开放后，茅台酒业获得长足发展，自 1985 年至 1994 年又在国际上荣获多项荣誉。如今，茅台酒厂 10 年间，就为国家创利税 11.5 亿元，相当于国家对该厂原始投资的 9 倍，同时企业净资产增值 10 亿元，其产品进入世界 100 多个国家和地区，年创汇 1 000 万美元。新上马的年产 2 000 吨的扩建工程 1996 年竣工后，茅台酒生产规模实现 4 年翻一番，完成了茅台酒厂建设史上的一次飞跃。茅台酒厂在全国同类企业中率先跨入国家特大型企业行列。

（一）中国贵州茅台酒厂集团

中国贵州茅台酒厂集团即中国贵州茅台酒厂（集团）有限责任公司是贵州省政府确定的 22 家省现代企业制度试点企业之一。1996 年 7 月，贵州省政府批复同意贵州茅台酒厂改制为国有独资公司，更名为中国贵州茅台酒厂（集团）有限责任公司，同时，以该公司为核心企业组建企业集团，并命名为中国贵州茅台酒厂集团。集团首批成员单位包括全资子公司 2 个：茅台酒厂进出口公司、茅台贸易（香港）有限公司。控股子公司 3 个：贵州茅台大厦、贵州茅台威士忌有限公司、深圳茅台大酒家。参股单位 4 个：贵州久远物业有限公司、珠海龙狮瓶盖有限公司、茅台酒厂技术开发公司、茅台酒厂附属酒厂。原中国贵州茅台酒厂总面积 68 万平方米，建筑面积 40 多万平方米，现有职工近 4 000 人，年生产茅台酒 4 000 吨，拥有资产总值 15 亿多元，固定资产 11 亿元，年利税近 3 亿元，年创汇 1 000 万美元，是国家特大型企业，全国白酒行业唯一的国家一级企业，全国优秀企业（金马奖），全国驰名商标第一名，是全国知名度最高的企业之一。贵州茅台酒与苏格兰威士忌、科涅克白兰地同列为世界三大名酒。自 1915 年巴拿马万国博览会获得国际金奖以来，连续 14 次荣获国际金奖，并获得"亚洲之星""国际之星"包装奖、出口广告一等奖，蝉联历次国家名酒评比之冠，是中华人民共和国国酒。

1950 年以前，茅台酒由三家私人作坊经营，1951 年，人民政府在赎买三家私人作坊的基础上，建立了地方国营茅台酒厂。几十年来，特别是十一届三中全会以来，茅台酒厂发扬传统工艺，总结操作方法，加强科研管理，增加生产投入，各方面发生了翻天覆地的变化，生产能力大幅度提高。近几年来，在建设社会主义市场经济的过程中，茅台酒厂确定了

“一品为主、多品开发，一业为主、多种经营，一厂多制、全面发展”的经营战略，无论在生产规模、经营效益、出口创汇上，还是在国有资产增值、产品知名度、企业形象等方面都取得了突飞猛进的发展。“八五”期间，茅台酒厂通过投资、持股、合资等方式建立了一些各种类型的企业，形成了母子公司结构的集团格局。这些企业分布在北京、上海、海南、深圳等地，分别从事酒店业、包装材料制造、内外贸易等跨行业经营管理；先后开发了43%（*V/V*）、38%（*V/V*）、33%（*V/V*）茅台酒，汉帝茅台酒，茅台女王酒，茅台不老酒，贵州醇，贵州特醇，茅台醇等系列产品，形成了多品开发、多种经营、多元发展的新格局，各项经济技术指标均呈两位数增长。1994年，茅台酒厂质量管理一次性通过GB/T 19002—ISO 9002质量体系认证，在白酒行业中率先与国际质量标准接轨；1995年，在美国纪念巴拿马万国博览会金奖80周年名酒品评会上，茅台酒再次夺得特别金奖第一名。1951年到1997年，茅台酒厂固定资产总值从10万元发展到15亿元，茅台酒年产量从75吨发展到4 000吨，仅1992年到1995年4年间，茅台酒厂就为国家创利税8亿多元，上缴利税6亿多元，出口创汇2 000多万美元。1996年，实现产量4 365吨，实现销售收入5.3亿元，利税完成2.9亿元，创外汇1 000多万美元。

（二）以质量求生存，管理出效益

改革开放以后，与其他许多传统品牌一样，茅台酒遇到了老牌子如何跟上飞速发展的新形势的问题，首先是如何对待产品质量。在产品质量问题上，茅台酒确定并坚持了“质量第一，以质促效”的方针。在这个方针指导下，茅台人从三个方面诠释“质量”。

（1）质量就是企业的长远效益。领导班子对此保持高度共识。茅台酒是世界名酒，中国国酒，自从1915年夺得巴拿马万国博览会金奖后，在海内外市场上一直是“奇货可居”，“皇帝女儿不愁嫁”，特别是在市场经济中，在茅台的金字招牌下，只要企业愿意增加产量，就意味着随时可增加效益。但是，集团党委书记兼董事长季克良和总经理袁仁国说：“面对来自市场的各种诱惑，国酒人始终头脑清醒。茅台酒之所以近百年金牌不倒，创造出如此的市场信誉度，根本原因即在于其拥有卓尔不群的品质。酒是陈的香，如果目光短浅，丢掉这个根本去杀鸡取卵，无疑最终反过来会葬送企业长远效益。”

（2）质量先于产量、效益和发展速度。强烈的质量意识已浸入每个国酒人的血脉。20余年间，茅台集团生产能力由原来不足千吨攀升至5 000余吨，但是，产品必须经过5年以上的酿造窖藏周期才能出厂的规定，以及相应的质量否决制却不折不扣地得以执行。每道工序、每一环节的质量都要与国酒、“中国第一酒”的身份地位相符合。当产量、效益、发展速度与质量发生矛盾时，都要服从于质量。茅台酒厂借助于现代化的科学仪器，从辅助材料、原材料、半成品到成品，对几十个项目作科学严密的分析检验，使每一个项目都符合产品质量要求的指标。与此同时，不丢掉在长期实践中形成和传授下来的品评茅台酒的绝招，使用“眼观色，鼻嗅香，口尝味”的传统方法，凭人的感觉器官检验产品质量。通过科学检测手段与专家品评绝招相结合，恰似给茅台酒质量检测上了双保险。

（3）质量的稳定和提高需要创新。茅台人很重视先进质量管理方法和手段的引进、创新。早在20世纪80年代中期，茅台酒厂就引进了日本全面质量管理办法，一改长期以来主要靠师傅把质量关的管理方法为全体员工都参与，经过全员培训，规范操作程序和操作工艺，使质量有了全面提高。继80年代中期推广了全面质量管理方法，90年代又通过了ISO 9000国际标准产品和质量保证体系认证，结合企业特点建立起一套行之有效的质量检评制度。迄今，集团一直坚持每年按季度作内部质量审核，每年主动接受权威质量保证机构的审核。生产工艺基本上变成机械化、现代化的操作；同时，发挥技术中心的作用，大量更新科研管理设备，加大科技成果转化力度，为产品质量的稳定、提高，提供了坚实的基础。

（三）及时转观念

从1997年开始，白酒市场格局发生了新的变化，形成了多种香型、多种酒龄、不同酒度、不同酒种并存，各种品牌同堂竞争、激烈争斗的格局，我国酒业的生产也进入了前所未有的产品结构大调整时期，啤酒、葡萄酒等发展迅猛，风头甚劲。一批同行企业异军突起，后来居上，产量和效益跃居同类企业前列；同时，消费者消费习惯也发生了改变，传统的白酒生产面临着严峻的挑战。面对这种市场经济条件下严峻的竞争现实，受白酒产量总体过大等因素的影响，全国白酒行业市场情况呈现了总体下滑的趋势，到1998年形势更加严峻，1—7月，茅台酒全年销售任务只完成33%。酒还是那个酒，但前所未有的困难却蓦然而至，根子到底在哪里？关键时刻，茅台酒厂集团领导班子进行了大调整。一次次决策会议上，领导班子成员展开了热烈的讨论，最后得出的结论让人并不轻松：排除宏观因素不说，就企业内部的微观原因而言，还是在于上上下下思想解放不够，观念还没有真正转变到市场经济的要求上面来，整个运作方式、思维模式事实上依然处于计划经济的状态。如果这种自以为“皇帝女儿不愁嫁”的状态没有及时而根本的改变和突破，企业的未来将会非常危险。就这样，以季克良带头的领导班子将大部分的时间都花在了市场调研上，马不停蹄地跑遍了全国许多有代表性的地方，一方面为自己“洗脑”，吸收新鲜气息，一方面寻求市场决策的突破口。稍后不久，一系列大气魄的面向市场的举措便在茅台酒厂集团接踵出台了。首先的一项举措是大力充实销售队伍，在全厂范围内公开招聘了一批销售员，经过一个月的培训，迅速撒向全国各地。紧接着，集团就破天荒地在全国10个大城市开展了多种形式的促销活动，季克良等领导带头出现在商场、专柜，亲自宣传自己的产品，一下拉近了与消费者的距离，效果极佳。半年奋斗下来，年终盘点，茅台酒厂（集团）公司本部不但弥补了上半年的亏空，而且全年实现利税4.41亿元，销售收入8.16亿元，比上年又有大幅度的上升。

（四）该出手时就出手

然而，“在有些人眼里，茅台酒这块金字招牌，却成了块不吃白不吃的肥肉”，茅台酒厂集团董事长季克良道出了茅台人内心深处的苦衷。自1984年在武汉发现第一批假茅台酒起，茅台酒成了我国最早一批被侵害的名酒。随着市场经济体制的逐步建立，茅台酒所遭受的商标、企业名称等知识产权的侵犯也呈现出不同的演变趋势：20世纪80年代，市场刚刚启动，各种直接盗用茅台酒包装、打茅台酒牌子的“茅台酒”横行于市，以致造成了人们爱茅台而不敢买茅台的恶劣局面，“假茅台”成了茅台酒厂集团的心腹大患。进入90年代以后，茅台酒厂集团依靠各级政府支持，加大打击假冒的力度，并理顺销售渠道，采用一系列防伪技术，使得假冒“茅台”猖獗的气焰得以有效遏制。但是，不法分子又“暗度陈仓”，改而在“侵权”上做文章，打起了茅台商标的“擦边球”，并纷纷由“阵地战”转为“游击战”，公开转入地下，省内转向省外，由固定制售转向流动产销，制造商、经销商相互勾结，打一枪换一个地方，需要什么牌子就包装什么，日益狡猾。茅台酒厂集团法制处负责人称，“李鬼”暗箭难防，已成为茅台酒最可怕的敌人。集团副总经理戴传典向会议作的报告，将不法商贩的种种侵权现象作了如下归纳：其一，侵犯“茅台”注册商标专用权；其二，伪造带有“茅台”二字的企业名称，或者把未经工商登记的名称使用在产品包装装潢上，用以误导消费者；其三，仿冒茅台酒包装外观图形；其四，在宣传上有意进行误导，如某些企业生产的产品，将茅台酒厂集团全貌作为广告照片印在酒盒上；其五，玩书法游戏，如产品取名与“茅台”十分相近等，包装上再刻意写成接近“茅台”的字样。面对假冒侵权产品对茅台酒厂集团权益的侵害和市场的蚕食，季克良忧心忡忡：“假冒侵权产品不根除，老祖宗千年留下的国宝，就可能要毁在我们这代人手中。”“如果任其发展下去，就会断送我国的民族工业。”总经理袁仁国如是说。为了最大限度击退假冒侵权；为了保护名牌、保护企业和消费者的合法权益，茅台酒厂积极主动地打假，抓大案要案，同时大力协助各地工商、公安部门打假。在打假的同时，防假方面走出了几大步：第一步用激光防伪，第二步使用条码，第三步进口日本瓶子，第四步进口意大利瓶盖，第五步不惜高代价采用美国3M的防伪技术。茅台酒厂集团每年为此的花费都在千万元以上。

案例思考

1. 如何看待茅台酒厂转变观念？对此你有什么建议？
2. 假若你是茅台酒厂的老总，面对严峻的市场形势，应如何考虑茅台酒厂的发展战略？

参考答案：

一、单项选择题

1. A　2. C　3. B　4. A　5. C　6. B　7. C

二、多项选择题

1. ABCDE　2. ACDE　3. ABC　4. ABCDE　5. ABCD

模块三

营销战术——4P组合

模块结构

任务一　产品策略

任务二　价格策略

任务三　渠道策略

任务四　促销策略

任务一　产品策略

目标规划

(一) 学习目标

基本了解：(1) 产品的整体概念；
(2) 产品的种类；
(3) 新产品开发策略；
(4) 包装策略。

重点掌握：(1) 产品组合的概念和相关策略；
(2) 产品生命周期理论；
(3) 品牌决策。

(二) 技能目标

(1) 识别品牌的能力；
(2) 为商品命名；
(3) 针对某个企业调查了解其产品生命周期情况，并描述其特点。

本任务穿针引线

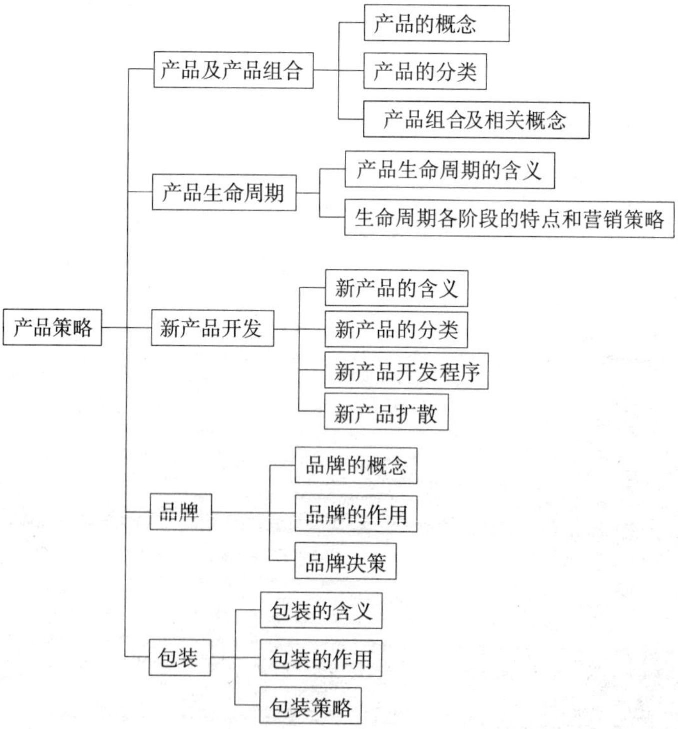

案例引入

北海电线厂生产的天坛牌电线，由于产品的质量优良，在国内市场享有一定声誉，但在香港市场竞争中却无立足之地，以最低廉的价格也卖不出去，北海电线厂专门组织调查组进行调查，得出结论是：第一，电线表面过分光亮，与建筑物的色泽不协调。第二，塑料护套太“结实”。第三，绝缘层与保护层粘连。第四，提供的服务差。

通过调查分析，北海电线厂意识到：要使天坛牌电线在香港市场上占有一席之地，必须改进现有产品，真正从顾客的需要出发，推出“适当”产品。

案例思考：

1. 结合本案例谈一谈什么是整体产品？
2. 北海电线厂所生产和提供的产品从产品整体概念的角度出发，缺少什么？
3. 你认为北海电线厂为了使产品“适销对路”还应做哪些工作？

第一节 产品及产品组合

营销 4P 理论，最早出现于 20 世纪 20 年代的美国，内容局限于如何实现商品所有权和实体的转移，是以销售为核心的。麦卡锡（Jerome McCarthy）使其更加条理化和清晰化，他在 1960 年出版的《基础市场营销：管理方法》一书中，率先提出了营销组合的 4P 因素：product（产品）、price（价格）、place（渠道）、promotion（促销），即所谓的营销 4P 理论。从营销理论的发展看，4P 理论是市场营销学成熟的一个标志。

产品策略是 4P 组合的核心，是价格策略、分销策略和促销策略的基础。从社会经济发展看，产品的交换是社会分工的必要前提，企业生产与社会需要的统一是通过产品来实现的，企业与市场的关系也主要是通过产品或服务来联系的，从企业内部而言，产品是企业生产活动的中心。因此，产品策略是企业市场营销活动中最主要的因素。

一、产品的概念

产品是指能提供给市场、供使用和消费的、可满足某种欲望和需要的任何东西，包括实物、劳务、场所、组织和构思等。营销人员应当认识到产品整体包括五个层次：核心产品、形式产品、期望产品、附加产品、潜在产品。

（1）核心产品（core product）指向顾客提供的产品的基本效用和利益。从根本上讲，每个产品实质上都是为解决问题而提供的服务。例如，消费者购买口红的目的不是为了得到某种颜色某种形状的实体，而是为了通过使用口红提高自身的形象和气质。

（2）形式产品（actual product）指核心产品借以实现的形式或目标市场的需求的特定满足形式。形式产品一般由五个特征构成，即品质、式样、特征、商标及包装。核心产品必须通过形式产品才能实现。

（3）期望产品（expected product）指购买者在购买产品时期望得到的与产品密切相关的一整套属性和条件。例如：住店客人除了希望拥有干净的住宿环境以外，还希望饭店配备完善的配套服务，比如送餐服务、洗衣服务、委托代办服务等。

（4）附加产品（augmented product）指顾客购买形式产品和期望产品时，附带获得的各种利益的总和，包括说明书、保证、安装、维修、送货和技术培训等。

（5）潜在产品（potential product）指现有产品包括所有附加产品在内的，可能发展成为未来最终产品的潜在状态的产品。潜在产品指出了现有产品可能的演变趋势和前景。如彩色电视机可发展为录放映机、电脑终端机等。

现代企业产品外延的不断拓展缘于消费者需求的复杂化和竞争的白热化。在产品的核心功能趋同的情况下，谁能更快、更多、更好地满足消费者的复杂利益整合的需要，谁就能拥有消费者，占有市场，取得竞争优势。不断地拓展产品的外延部分已成为现代企业产品竞争的焦点，消费者对产品的期望价值越来越多地包含了其所能提供的服务、企业人员的素质及企业整体形象的“综合价值”。目前发达国家企业的产品竞争多集中在附加产品层次，而发展中国家企业的产品竞争则主要集中在期望产品层次。若产品在核心利益上相同，但附加产品所提供的服务不同，则可能被消费者看成是两种不同的产品，因此也会造成两种截然不同的销售状况。美国著名管理学家李维特曾说：“新的竞争不在于工厂里制造出来的产品，而在于工厂外能够给产品加上包装、服务、广告、咨询、融资、送货或顾客认为有价值的其他东西。”

二、产品的分类

（一）耐用品、易耗品与服务

在预计需求量、计划产量时，产品可分为易耗品、耐用品与服务三类。

（1）易耗品：属于消费品，它通常仅能使用一次或数次，消费周期短，例如啤酒、肥皂和盐。

（2）耐用品：是有形的实物，它通常可以长期使用、价值较高，例如冰箱、汽车和家具。

（3）服务：服务本身是无形的，是可供出售的活动、利益或满足感。它的生产与消费同时进行，无法保存，因此也被视为易耗品。例如理发或修理东西。

（二）消费品

是指那些被最终顾客购买来用于个人消费的产品。根据消费者的购买习惯分为以下几类。

（1）便利品：指购买者购买频繁，不刻意去比较，而且立即作出购买决策的物品；它们通常是低价而随处可购得的。例如牙膏、香烟、肥皂。

（2）选购品：指消费者在选购的过程中会刻意去比较适用性、价格、质量和风格式样的物品。例如家具、服装、旧汽车和大的器械等。

（3）特殊品：指产品具有独特性或高度的品牌知名度，而消费者通常愿意付出更多的努力或代价去取得的物品。例如电视机、电冰箱、化妆品等。

（4）非渴求品：指消费者不知道，或是即使知道也不会去购买的产品。例如一些刚开发的应用软体、刚面世的新产品、保险、百科全书等。

三、产品组合及相关概念

（一）产品组合

产品组合也称“产品的各色品种集合（product assortment）”，是指一个企业在一定时期内生产经营的各种不同产品的全部产品线、产品项目的组合方式。它包括四个变数：产品组合的宽度、产品组合的长度、产品组合的深度和产品组合的关联度。

1. 产品线

也称产品大类，是指一群相关的产品，这类产品可能功能相似，销售给同一顾客群，经过相同的销售途径，或者在同一价格范围内。如果能够确定产品线的最佳长度，就能为企业带来最大的利润。

2. 产品项目

指某一品牌或产品大类内由尺码、价格、外观及其他属性来区别的具体产品组合。例如百货公司经营金银首饰、化妆品、服装鞋帽、家用电器、食品、文教用品等。

3. 四个维度

产品组合的宽度——指一个企业有多少产品大类。如美国宝洁公司有六个产品大类，即洗涤剂、牙膏、肥皂、除臭剂、尿布、咖啡。

产品组合的长度——指每一条产品线内的产品数目称为该产品线的长度，当然如果一个公司具有多条产品线，公司可以将所有产品线的长度加起来，得到公司产品组合的总长度，除以宽度则可以得到公司平均产品线长度。如宝洁公司的产品组合中共有产品项目 31 个。用企业的总长度除以产品大类数，就可求得一个产品大类平均长度。宝洁公司的一个产品大类的平均长度为 31/6=5.2。

产品组合的深度——指产品线中每一大类产品有多少品种。例如，宝洁公司的浪峰牌牙膏，假设有三种规格和两种配方，由此得出浪峰牌牙膏的深度为 6。用品牌数除以各种品牌的花色品种规格总数，即可求得一个企业的产品组合的平均深度。

产品组合的关联度——指不同产品线在性能、用途、渠道等方面的密切相关程度。如宝洁所生产经营的产品都是消费品，而且都是通过相同的渠道分销，就产品的最终使用和分销渠道而言，这家公司的产品组合的关联性大，但是，宝洁公司的产品结构买者有不同的功能，就这点而言，宝洁公司的产品组合的关联性小。

（二）产品组合决策

产品线分析，针对市场的变化，调整现有产品结构，从而寻求和保持产品结构最优化，这就是产品组合决策。企业在调整产品组合时，可以针对具体情况选用以下产品组合策略。

1. 扩大产品组合策略

扩大产品组合策略是开拓产品组合的广度和加强产品组合的深度。开拓产品组合广度是指增添一条或几条产品线，扩展产品经营范围；加强产品组合深度是指在原有的产品线内增加新的产品项目。

通过扩大产品组合可以满足不同偏好的消费者多方面需求，提高产品的市场占有率；可以充分利用企业信誉和商标知名度，完善产品系列，扩大经营规模；可以充分利用企业资源和剩余生产能力，提高经济效益；可以减小市场需求变动性的影响，分散市场风险，降低损失程度。

扩大产品组合的具体方式有以下几个方面。

（1）在维持原产品品质和价格的前提下，增加同一产品的规格、型号和款式。

（2）增加不同品质和不同价格的同一种产品。

（3）增加与原产品相类似的产品。

（4）增加与原产品毫不相关的产品。

2. 缩减产品组合策略

缩减产品组合策略是削减产品线或产品项目，特别是要取消那些获利小的产品，以便集中力量经营获利大的产品线和产品项目。通过缩减产品组合可以集中资源和技术力量改进保留产品的品质，提高产品商标的知名度；可以生产经营专业化，提高生产效率，降低生产成本；可以有利于企业向市场的纵深发展，寻求合适的目标市场；可以减少资金占用，加速资金周转。

缩减产品组合的具体方式有：

（1）减少产品线数量，实现专业化生产经营。

（2）保留原产品线削减产品项目，停止生产某类产品，外购同类产品继续销售。

3. 产品线延伸策略

产品线延伸策略，即企业根据市场的需求，重新对全部或部分产品进行市场定位，对产品线内的产品项目进行延伸。比如企业原来定位于低档产品市场，在原产品线内增加高档产品项目进入高档品市场，原因在于高档品有较高的利润率。反之，企业原定位于高档产品市场，现增加低档产品项目，进入低档品市场，来弥补高档产品增长缓慢。如：1978 年美国百事可乐公司推出的“七喜”以“非可乐”的定位受到市场的巨大欢迎。百事可乐公司又先后推出了“金七喜”“樱桃七喜”；美国著名的 Coors 啤酒向市场中推出了 Coors 瓶装水；美国 Levis 牛仔裤推出了 Levis 鞋。

产品线延伸策略具体有向下延伸、向上延伸和双向延伸三种方式。

1）向下延伸

向下延伸。是在高档产品线中增加低档产品项目，如我国白酒的著名品牌“五粮液”，从 1994 年开始在原有高档产品的基础上向中低档产品扩展，陆续推出了五粮春、五粮醇、金六福、浏阳河、铁哥们、京酒、火爆酒、东方龙等数十个品牌，产品线从单价四五百元的高档产品，覆盖到了一百元左右的中档产品和二三十元的低档产品。

企业实施向下延伸产品线的原因主要有以下 4 方面：第一，利用高档名牌产品的声誉，吸引购买力水平较低的顾客慕名购买此产品线中的廉价产品；第二，高档产品销售增长缓慢，企业的资源设备没有得到充分利用，为赢得更多的顾客，将产品线向下伸展；第三，企业最初进入高档产品市场的目的是建立厂牌信誉，然后再进入中、低档市场，以扩大市场占有率和销售增长率；第四，企业增加低档产品项目，是为了填补企业产品线的空白。实行这一策略存在一定的风险，如果处理不慎会影响企业原有产品特别是名牌产品的市场形象，而且有可能激发更激烈的竞争对抗。

2）向上延伸

向上延伸。是在原有的产品线内增加高档产品项目，如我国方便面行业著名品牌“华龙”，1994 年创立之初时定位目标消费群为 8 亿农民和 3 亿工薪消费者，主推零售价定在 1 元以下的产品，如 108、甲一麦、小康家庭等。2003 年前后，“华龙”开始向高端市场进军，推出了价位相对较高的“今麦郎”系列产品。实行向上延伸产品线策略的主要目的是：高档产品市场具有较大的潜在成长率和较高利润率的吸引；企业的技术设备和营销能力已具备加入高档产品市场的条件；企业要重新进行产品线定位。采用这一策略企业也存在一定的风险，要改变产品在顾客心目中的地位是相当困难的，处理不慎可能会影响原有产品的市场声誉。

3）双向延伸

双向延伸。是指原定位于中档产品市场的企业，掌握了市场优势后，向产品线的上下两个方向延伸。一方面增加高档产品，另一方面增加低档产品，力争全方位占领市场。采用这一策略主要是：随着产品项目的增加，市场风险会逐渐加大，经营难度增加。因此，采用双向延伸策略的企业应具有较高的经营管理水平，否则可能导致失败。

4. 产品线现代化策略

现代社会科技发展突飞猛进，产品开发也是日新月异，产品的现代化成为一种不可改变的大趋势，产品线也必然需要进行现代化改造。

产品现代化策略首先面临的一个问题是：企业是逐步实现技术改造，还是以更快的速度用全新设备更换原有产品大类。逐步现代化可以节省资金耗费，但缺点是竞争者很快就会察觉，并有充足的时间重新设计它们的产品大类，而快速现代化策略虽然在短时期内耗费资金较多，却可以出其不意，击败竞争对手。

5. 产品线号召策略

有的企业在产品线中选择一个或少数几个产品项目加以精心打造，使之成为颇具特色的号召性产品去吸引顾客。有时企业以产品线上低档产品型号进行特别号召，使之充当开拓销路的廉价品。例如，某空调器公司会宣布一种只卖 999 元的经济型号，而它的高档产品要卖 20 000 多元，从而在吸引顾客来看经济型空调时，尽力设法影响他们购买更高档的空调。有时企业以高档产品项目进行号召，以提高产品线的等级。有时企业发现产品线上有一端销售情况良好，而另一端却有问题，企业可以对销售较慢的那一端大力号召，以努力促进对销售较慢产品的需要。

第二节　产品生命周期

一、产品生命周期的含义

产品生命周期理论是美国哈佛大学教授雷蒙德·弗农（Raymond Vernon）1966 年在其《产品周期中的国际投资与国际贸易》一文中首次提出的。产品生命周期（product life cycle），简称 PLC，是产品的市场寿命，是一种新产品从开始进入市场到被市场淘汰所持续的整个过程。

1. 一般的产品的生命周期

一般的产品的生命周期包括四个阶段：投入期（导入期）、成长期（畅销期）、成熟期（饱和期）、衰退期（滞销期）。

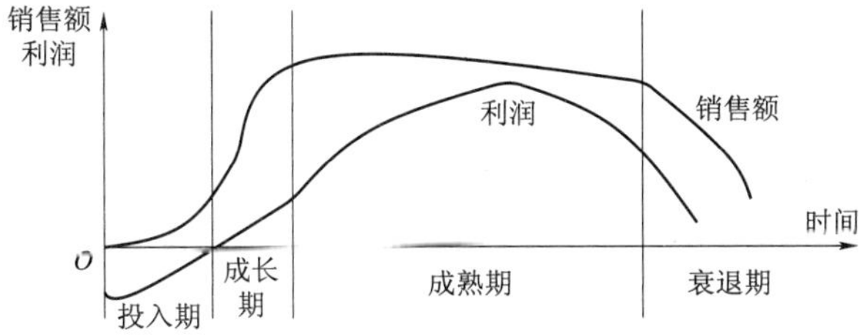

图 3-1　产品生命周期曲线

2. 特殊的产品生命周期

特殊的产品生命周期包括风格型产品生命周期、时尚型产品生命周期、热潮型产品生命周期、扇贝形产品生命周期四种特殊的类型，它们的产品生命周期曲线并非通常的S形。

风格：是一种在人类生活基本但特点突出的表现方式。风格一旦产生，可能会延续数代，根据人们对它的兴趣而呈现出一种循环再循环的模式，时而流行，时而又可能并不流行。

时尚：是指在某一领域里，目前为大家所接受且欢迎的风格。这种生命周期的特点是刚上市时很少有人接纳，但接纳人数随着时间慢慢增长，终于被广泛接受，最后缓慢衰退，消费者开始将注意力转向另一种更吸引他们的时尚。

热潮：是一种来势汹汹且很快就吸引大众注意的时尚，俗称时髦。热潮型产品的生命周期往往快速成长又快速衰退，主要是因为它只是满足人类一时的好奇心或需求，所吸引的只限于少数寻求刺激、标新立异的人，通常无法满足更强烈的需求。

扇贝型产品生命周期主要指产品生命周期不断地延伸再延伸，这往往是因为产品创新或不时发现新的用途。

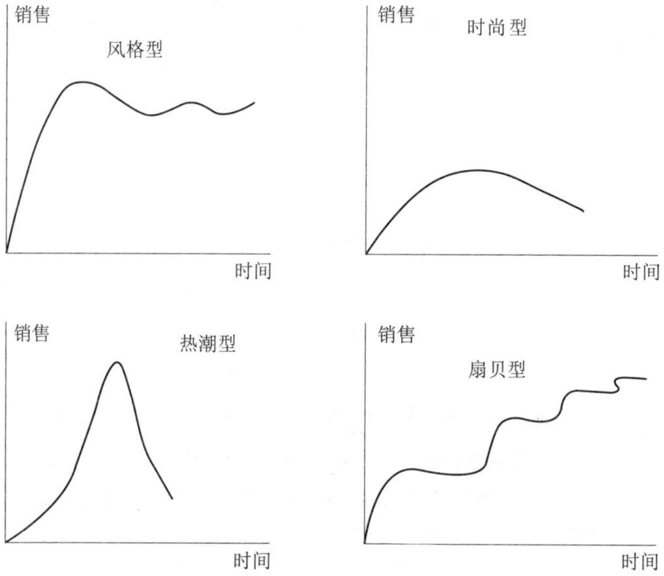

图3-2　特殊产品生命周期

二、生命周期各阶段的特点和营销策略

（一）投入期

投入期是新产品进入市场的最初阶段。新产品在经过开发过程后开始投入市场销售，这时是新产品能否在市场上站稳脚跟的关键时期。如果该产品在投入期即被消费者拒绝，那么，企业为此做出的努力将前功尽弃。产品只有度过艰难的投入期才能茁壮成长。

1. 特点

（1）生产成本高。新产品刚开始生产时，数量不大，技术尚不稳定、不熟练，次品率也较高，因而制造成本较高。

（2）促销费用大。新产品刚投放市场时，其性能、质量、使用价值、特征等还未被人们认识，为迅速打开销路，提高知名度，需进行大量的广告宣传及其他促销活动，促销费用很大。

（3）销售数量少。因新产品还未赢得消费者的信赖，未被广泛接受，购买者较少。

（4）竞争不激烈。因新产品刚进入市场，销路不畅，企业无利甚至亏损，生产者较少，竞争尚未真正开始。

2. 营销策略

（1）积极开展卓有成效的广告宣传，采用特殊的促销方法，如示范表演、现场操作、实物展销、免费赠送、小包装试销等，广泛传播商品信息，帮助消费者了解商品，提高认知程度，解除疑虑。

（2）积极攻克产品制造中尚未解决的某些技术问题，稳定质量，并根据市场反馈，改进产品，提高质量。

（3）就产品与价格的组合策略看，可运用不同策略。

① 高价高促销策略。即企业以高价和大规模促销将新产品推进市场，加强市场渗透与扩张。采用这一策略的条件是：大部分潜在购买者根本不熟悉该产品，已经知道这种新产品的购买者求购心切，愿出高价；企业面临潜在竞争的威胁，急需以高价优质树立声誉，取得竞争优势。

② 高价低促销策略。即企业以高价和低促销费用将新产品推进市场，以多获利润。采用这一策略的条件是：市场容量相对有限，消费对象相对稳定；大部分购买者对产品已有所了解，愿出高价购买；潜在竞争的威胁较小。

③ 低价高促销策略。即企业以低价和大规模的促销活动将新产品推进市场，以最快的速度进行市场渗透和扩大市场占有率。采用这一策略的市场条件是：市场容量相当大，购买者对商品不了解而且对价格十分敏感；潜在竞争威胁大；商品的单位成本可因大批量生产而降低。

④ 低价低促销策略。即企业以低价和少量的促销费用将新产品推进市场，以廉取胜，迅速占领市场。采用这一策略的条件是：市场容量大；购买者对产品较为熟悉，对价格较为敏感；有相当数量的潜在竞争者。

（二）成长期

成长期是产品在市场上已经打开销路，销售量稳步上升的阶段。

1. 特点

（1）购买者对商品已经比较熟悉，市场需求扩大，销售量迅速增加。

（2）生产和销售成本大幅度下降，大批量生产和大批量销售使单位产品成本减少。

（3）企业利润增加。

（4）竞争者相继加入市场，竞争趋向激烈。

2. 营销策略

（1）进一步提高产品质量，增加花色、品种、式样、规格，改进包装。

（2）广告促销从介绍产品，提高知名度转到突出特色，树立形象，争创名牌。

（3）开辟新的分销渠道，扩大商业网点。

（4）在大量生产的基础上，适时降价或采用其他有效的定价策略，吸引更多购买者。

（三）成熟期

成熟期是产品在市场上普及销售量达到高峰的饱和阶段。

1. 特点

（1）产品已为绝大多数的消费者所认识与购买，销售量增长缓慢，处于相对稳定状态，并逐渐出现下降的趋势。

（2）企业利润逐步下降。

（3）竞争十分激烈。在成熟期，企业的主要任务是牢固地占领市场，防止与抵抗竞争对手的蚕食进攻。

2. 营销策略

（1）从广度和深度上拓展市场，争取新顾客，刺激老顾客增加购买。

（2）提高产品质量，进行产品多功能开发，创造新的产品特色，增加产品的使用价值。

（3）改进营销组合策略，如调整价格、增加销售网点、开展多种促销活动、强化服务等。

（四）衰退期

衰退期是产品销售量持续下降、即将退出市场的阶段。

1. 特点

（1）消费者对产品已经没有兴趣，市场上出现了改进型产品，市场需求减少。

（2）同行业为减少存货损失，竞相降价销售，竞争激烈。

（3）企业利润不断降低。

2. 营销策略

（1）集中策略。缩短战线，以最有利的市场赢得尽可能多的利润。

（2）持续策略。即企业继续生产衰退期产品，利用其他竞争者退出市场的机会，通过提高服务质量、降低价格等方法维持销售。

（3）榨取策略。大幅度降低销售费用，增加眼前利润。

第三节　新产品开发

一、新产品的含义

新产品指采用新技术原理、新设计构思研制、生产的全新产品，或在结构、材质、工艺等某一方面比原有产品有明显改进，从而显著提高了产品性能或扩大了使用功能的产品。从市场营销的角度看，凡是企业向市场提供的过去没有生产过的产品都叫新产品。具体地说，只要是产品整体概念中的任何一部分的变革或创新，并且给消费者带来新的利益、新的满足的产品，都可以认为是一种新产品。

二、新产品的分类

新产品从不同角度或按照不同的标准有多种分类方法。常见的分类方法有以下几种。

（一）从市场角度和技术角度分类

从市场角度和技术角度，可将新产品分为市场型和技术型新产品两类。

（1）市场型新产品。是指产品实体的主体和本质没有什么变化，只改变了色泽、形状、设计装潢等的产品，不需要使用新的技术。其中，也包括因营销手段和要求的变化而引起消费者“新”的感觉的流行产品，如某种酒瓶由圆形改为方形或其他异型，它们刚出现也被认为是市场型的新产品。

（2）技术型新产品。是指由于科学技术的进步和工程技术的突破而产生的新产品。不论是功能还是质量，它与原有的类似功能的产品相比都有了较大的变化，如不断翻新的手机或电视机，都属于技术型的新产品。

（二）按新产品新颖程度分类

按新产品新颖程度，可分为全新新产品、换代新产品、改进新产品、仿制新产品和新牌子产品。

（1）全新新产品。指采用新原理、新材料及新技术制造出来的前所未有的产品。全新新产品是应用科学技术新成果的产物，它往往代表科学技术发展史上的一个新突破。它的出现，从研制到大批量生产，往往需要耗费大量的人力、物力和财力，这不是一般企业所能胜任的。因此它是企业在竞争中取胜的有力武器。

（2）换代新产品。指在原有产品的基础上采用新材料、新工艺制造出的适应新用途、满足新需求的产品。它的开发难度较全新新产品小，是企业进行新产品开发的重要形式。

（3）改进新产品。指在材料、构造、性能和包装等某一个方面或几个方面，对市场上现有产品进行改进，以提高质量或实现多样化，满足不同消费者需求的产品。它的开发难度不大，也是企业产品发展经常采用的形式。

（4）仿制新产品。指对市场上已有的新产品在局部进行改进和创新，但保持基本原理和结构不变而仿制出来的产品。落后国家对先进国家已经投入市场的产品的仿制，有利于填补国家生产空白，提高企业的技术水平。在生产仿制新产品时，一定要注意知识产权的保护问题。

（5）新牌子产品。指在对产品实体微调的基础上改换产品的品牌和包装，带给消费者新的消费利益，使消费者得到新的满足的产品。

（三）按新产品的区域特征分类

按新产品的区域特征分类可分为国际新产品、国内新产品、地区新产品和企业新产品。

（1）国际新产品。指在世界范围内首次生产和销售的产品。

（2）国内新产品。指在国外已经不是新产品，但在国内还是第一次生产和销售的产品。它一般为引进国外先进技术，填补国内空白的产品。

（3）地区新产品和企业新产品。指国内已有，但本地区或本企业第一次生产和销售的产品。它是企业经常采用的一种产品发展形势。

三、新产品开发程序

开发新产品是一项十分复杂而风险又很大的工作。为了减少新产品的开发成本，取得良好的经济效益，必须按照科学的程序来进行新产品开发。开发新产品的程序因企业的性质、产品的复杂程度、技术要求及企业的研究与开发能力的差别而有所不同。一般来说，要经历新产品构思、筛选构思、概念发展与测试、初拟营销计划、商业分析、产品开发、市场试销和正式上市8个阶段。

（一）新产品构思

新产品构思是指新产品的设想或新产品的创意。企业要开发新产品，就必须重视寻找创造性的构思，构思的来源很多，主要有以下6个方面。

（1）顾客。生产产品是为了满足消费者的需求，因此顾客的需求是新产品构思的重要来源。了解消费者对现有产品的意见和建议，掌握消费者对新产品有何期望，便于产生构思的灵感。

（2）企业职工。企业职工最了解产品的基本性能，也最容易发现产品的不足之处，他们的改进建议往往是企业新产品构思的有效来源。

（3）竞争对手。分析竞争对手的产品特点，可以知道哪些方面是成功的，哪些方面是不成功的，从而对其进行改进。

（4）科技人员。许多新产品都是科学技术发展的结果。科技人员的研究成果往往是新产品构思的一项重要来源。

（5）中间商。中间商直接与顾客打交道，最了解顾客的需求。收集中间商的意见是构思形成的有效途径。

（6）其他来源。可作为新产品构思来源的其他渠道还比较多，如大学、科研单位、专利机、市场研究公司、广告公司、咨询公司、新闻媒体等。

（二）筛选构思

筛选构思是将前一阶段收集的大量构思进行评估，研究其可行性，尽可能地发现和放弃错误的或不切实际的构思，以较早避免资金的浪费。一般分为两步对构思进行筛选：第一步是初步筛选，首先根据企业目标和资源条件评价市场机会的大小，从而淘汰那些市场机会小或企业无力实现的构思；第二步是仔细筛选，即对剩下的构思利用加权平均评分等方法进行评价，筛选后得到企业所能接受的产品构思。

（三）概念发展与测试

产品概念是指企业从消费者角度对产品构思所做的详尽描述。企业必须根据消费者对产品的要求，将形成的产品构思开发成产品概念。通常，一种产品构思可以转化为许多种产品概念。企业对每一个产品概念，都需要进行市场定位，分析它可能与现有的哪些产品产生竞争，以便从中挑选出最好的产品概念。

（四）初拟营销计划

产品概念确定后，企业就要拟订一个初步的市场营销计划，并在以后阶段不断发展完善。

（五）商业分析

商业分析是指对新产品的销售额、成本和利润进行分析，如果能满足企业目标，那么该产品就可以进入产品的开发阶段。

（六）产品开发

新产品构思经过一系列可行性论证后，就可以把产品概念交给企业的研发部门进行研制，开发成实际的产品实体。产品开发包括设计、试制和功能测试等过程。这一过程是把产品构思转化为在技术上和商业上可行的产品，需要投入大量的资金。

（七）市场试销

新产品开发出来后，一般要选择一定的市场进行试销，注意收集产品本身、消费者及中间商的有关信息，以便有针对性地改进产品，调整市场营销组合，并及早判断新产品的成效。值得注意的是，并不是所有新产品都必须经过试销，通常是选择性大的新产品需要进行试销，选择性小的新产品不一定试销。

（八）正式上市

如果新产品的试销成功，企业就可以将新产品大批量投产，推向市场。要注意研究选择适当的投放时机和地区、市场销售渠道及销售促进策略。

四、新产品扩散

（一）新产品扩散的含义

新产品扩散是指新产品上市后随着时间的推移不断地被越来越多的消费者所采用的过程，即新产品上市后逐渐地扩张到其潜在市场的各个部分。

（二）新产品扩散速度与新产品本身的特性有关

1. 新产品的相对优点

消费者对新产品的要求，很重要的一点就在于新产品优异于旧产品。新产品的相对优点越多，即在诸如功能性、可靠性、便利性、新颖性等方面比原有产品的优越性越大，满足消费者需要的程度就越高，市场接受和扩散速度就越快。例如，近几年市场流行的各种遥控彩电、多功能家用炊具、台式组合音响等，其扩散速度就比较快，因为这些产品的优越性显而易见。与上述产品相比，家用洗碗机的扩散速度就慢得多了。虽然家用洗碗机也有很多优越性，但这种优越性却不容易为人们认知和觉察，而且在设计家用洗碗机时，制造商忽略了城市的大部分家庭厨房面积狭小、三口之家在不断增加这两种重要因素，故很多小家庭对这样一个功能单一、既费电又占地方、很不实惠的“庞然大物”是很难产生需求的。相对优点少，就是家用洗碗机市场扩散缓慢的重要原因。

2. 新产品的使用方法是否复杂

一般而言，新产品的结构和使用方法简单，才有利于新产品的推广扩散，消费品更是如此。如果使用一种新产品需要掌握复杂的知识和技能，那就不容易被消费者接受。一般照相机的使用需要相当多的知识背景，很多人觉得难以掌握其要领，因此，一般照相机的扩散速度受到了限制。在简化操作程序，调整一般相机结构基础上生产出来的“傻瓜”相机，适应了消费者操作简单、使用方便的心理要求，一投放市场便迅速地得到了扩散。所以在设计新产品时应尽量简化操作程序，大众化、方便化，这将有利于新产品的扩散。

3. 新产品的明确性

新产品的明确性是指新产品的性能或优点是否容易被人们观察和描述，是否容易被说明和示范。凡信息传播较便捷、易于认知的产品，其采用速度一般比较快。例如，流行服装不用广而告之，即可知晓，因而流行较快；反之，某些除草药剂因不能立即看到效果，市场扩散就比较慢。

4. 新产品与目标市场的消费习惯、消费方式和消费观念是否协调一致

当新产品与目标市场的消费习惯、消费方式和消费观念相适应或较为接近，就会加速产品的推广使用。反之，一种新产品的使用，需要改变消费者原有的消费方式、消费习惯和价

值观念，那么新产品的扩散速度就会受到影响。

5. 新产品的可试性

新产品允许购买者试用可以加快产品的扩散速度，尤其是一些在试用后，短时间内可以表明使用效果的产品更是如此。一些零售商、制造商采取让顾客试用、试听、试尝，或拆零销售其意义就在于此。例如，齐齐哈尔某商店实行香烟论支卖，生意非常兴隆。因为现在香烟新牌子比较多，一些顾客想买又怕不好抽。把整盒的烟打开论支卖，顾客品尝后，香烟的好坏马上可知，这样既可以为新牌子香烟打开销路，又能招徕大批顾客。不少厂家和商店的产品，尤其是新牌子的产品之所以问津者稀少，其中一个主要原因就是产品未被消费者认识，产生不了购买欲望。

（三）新产品扩散过程中采用者的类型

美国学者罗杰斯在对新产品扩散过程的研究中发现，某些人性格上的差异是影响消费者接受新技术和新产品的重要因素。就消费品而言，罗杰斯按照顾客接受新产品的快慢程度，把新产品的采用者分为以下 5 种类型。

1. 创新采用者

创新采用者约占全部潜在采用者的 2. 5%。任何新产品都是由少数创新采用者率先使用的，因此，他们具备如下特征：极富冒险精神；收入水平、社会地位和受教育程度较高；一般是年轻人，交际广泛且信息灵通。

企业市场营销人员在向市场推出新产品时，应把促销手段和传播工具集中于创新采用者身上。如果他们的采用效果较好，就会大力宣传，影响到后面的使用者。不过，找出创新采用者并非易事，因为很多创新采用者在某些方面倾向于创新，而在其他方面可能是落后采用者。

2. 早期采用者

早期采用者是第二类采用创新的群体，占全部潜在采用者的 13. 5%。他们大多是某个群体中具有很高威信的人，受到周围朋友的拥护和爱戴。正因为如此，他们常常去收集有关新产品的各种信息资料，成为某些领域的舆论领袖。这类采用者多在产品的介绍期和成长期采用新产品，并对后面的采用者影响较大。所以，他们对创新扩散有着决定性影响。

3. 早期大众

早期大众的采用时间较平均采用时间要早，占全部潜在采用者的 34%。其特征是：深思熟虑，态度谨慎；决策时间较长；受过一定教育；有较好的工作环境和固定收入；对舆论领袖的消费行为有较强的模仿心理。他们虽然也希望在一般人之前接受新产品，却是在经过早期采用者认可后才购买，从而成为赶时髦者。由于该类采用者和晚期大众占全部潜在采用者的 68%，因而，研究其消费心理和消费习惯对于加速创新产品扩散有着重要意义。

4. 晚期大众

晚期大众的采用时间较平均采用时间稍晚，占全部潜在采用者的 34%。其基本特征是多疑。他们的信息多来自周围的同事或朋友，很少借助宣传媒体收集所需要的信息，其受教育程度和收入状况相对较差。所以，他们从不主动采用或接受新产品，直到多数人都采用且反映良好时才行动。显然，对这类采用者进行市场扩散是极为困难的。

5. 落后采用者

落后采用者是采用创新的落伍者，占全部潜在采用者的 16%。他们思想保守，拘泥于传统的消费行为模式。他们与其他的落后采用者关系密切，极少借助宣传媒体，其社会地位和收入水平最低。因此，他们在产品进入成熟期后期乃至进入衰退期时才会采用。

第四节　品　　牌

一、品牌的概念

（一）品牌的含义

品牌是用以识别产品或企业的某种特定的标志，通常由某种名称、记号、图案或其他识别符号所构成。在产品的品种类别如此繁多的当今市场上，若没有品牌，就像一个班级的所有学生没有姓名和编号一样，是不可思议的。不仅生产者无法吸引消费者来购买自己的产品，消费者也无法根据自己的偏好，在市场上进行商品的选购。所以“指名购买”已经成了当今市场上购买大多数商品的必要形式，品牌也就确定了其不可缺少的重要地位。

品牌包含以下两个部分。一是品牌名称（brand name）。指品牌中可用语言表达的部分。例如，电视有“海信”“长虹”“康佳”等名称；冰箱有“容声”“海尔”“美菱”等名称。二是品牌标志（brand mark）。指品牌中可被识别但不能用语言表达的部分，包括符号、图案或专门设计的颜色、字体等。例如，“可口可乐”几个英文字母的专门设计图案。

商标（trademark）。在西方，是一个法律术语。品牌或品牌的一部分在政府有关部门依法注册后，成为“商标”。商标受法律的保护，注册者有专用权。

（二）品牌的内涵

品牌的内涵包含了好的、坏的、糟糕的，甚至失策的方方面面，它不仅有最好的产品定义，也有最坏的产品定义；获奖的广告或是糟糕透顶的广告都定义着品牌的内涵；最优秀的雇员的成就或是最差雇员闯的祸都定义着品牌的内涵；服务员和顾客所喜欢的音乐也定义着品牌的内涵。品牌的内涵是包含着内容、形象、瞬间感受等一系列的内容，可以主要从六个方面来认识品牌的内涵。

1. 属性

指品牌所代表的产品或企业的品质内涵，它可能代表着某种质量、功能、工艺、服务、效率或位置。

2. 利益

从消费者的角度看，他们并不是对品牌的属性进行简单的接受，而是从自身的角度去理解各种属性对自身所带来的利益，所以品牌在消费者的心目中，往往是不同程度的利益象征，消费者会以品牌所代表的利益大小来对品牌作出评价。

3. 价值

品牌会因其所代表的产品或企业的品质和声誉而形成不同的等级层次，从而在顾客心目中形成不同的价值。同时它也体现了企业在产品设计和推广中的某种特定的价值观。

4. 文化

品牌是一种文化的载体，其所选用的符号本身是一种显在文化，它可使人们产生同其文化背景相应的各种联想，从而决定其取舍。品牌所代表的产品或企业本身所具有的文化特征，也会在品牌中体现出来，被人们理解和认同，这是品牌的隐含文化。

5. 个性

好的品牌应具有鲜明的个性特征，其不仅在表现形式上能使人们感到独一无二，新颖突出，而且会使人们联想到某种具有鲜明个性特征的人或物，这样才能使品牌产生有效的识别功能。

6. 角色感

品牌还体现了一定的角色感，因为它往往会是某些特定的顾客群体所喜欢和选择的，从而使某些品牌成为某些特定顾客群体的角色象征。

二、品牌的作用

品牌意味着市场定位，意味着产品质量、性能、技术、装备和服务等价值，它最终体现了企业的经营理念。品牌是有灵魂、有个性、有环境特征的，是活生生的，是无国籍的。

（一）对于消费者的作用

1. 识别功能

对消费者而言，品牌名称形同产品质量。品牌可以帮助消费者辨认出品牌的制造商、产地等基本要素，从而区别于同类产品。

2. 导购功能

品牌可以帮助消费者迅速找到所需要的产品，从而减少消费者在搜寻过程中花费的时间和精力。

3. 降低购买风险功能

消费者都希望买到自己称心如意的产品，同时还希望能得到周围人的认同。选择信誉好的品牌则可以帮助降低精神风险和金钱风险，并且经常购买相同品牌产品的消费者相信每一次购买都能取得相同的质量。

4. 契约功能

品牌是为消费者提供稳定优质产品和服务的保障，消费者则用长期忠诚的购买回报制造商，双方最终通过品牌形成一种相互信任的契约关系。所以品牌还可充分提高消费者的采购效率。

5. 个性展现功能

品牌经过多年的发展，能积累独特的个性和丰富的内涵，而消费者可以通过购买与自己个性气质相吻合的品牌来展现自我。

（二）对于企业的作用

1. 存储功能

品牌可以帮助企业存储商誉、形象。“品牌就是一个创造、存储、再创造、再存储的经营过程。”

2. 维权功能

通过注册专利和商标，企业的品牌和注册商标对产品的自创特性有法律保护作用，以免被竞争者抄袭。

3. 增值功能

品牌是企业的一种无形资产，它所包含的价值、个性、品质等特征都能给产品带来重要的价值。即使是同样的产品，贴上不同的品牌标识，也会产生悬殊的价格。

4. 形象塑造功能

品牌是企业塑造形象、知名度和美誉度的基石，在产品同质化的今天，为企业和产品赋予个性、文化等许多特殊的意义。

5. 降低成本功能

平均而言，赢得一个新客户所花的成本是保持一个既有客户成本的 6 倍，而品牌则可以通过与顾客建立品牌偏好，有效降低宣传和新产品开发的成本。

三、品牌决策

品牌决策是指公司是否一定要给产品加注品牌名称的决策。时至今日，已经很少有产品不使用品牌了。

（一）品牌归属决策

品牌归属决策是指决定用本公司（制造商）的品牌，还是用经销商的品牌，或者决定一部分产品用本公司的品牌，另一部分用经销商的品牌，又称“品牌负责人决策”。品牌归属决策又可分为三类。

1. 制造商品牌决策

该策略又称生产者品牌、全国性品牌，大多数厂商都创立自己的品牌，并使用自己的品牌组织产品销售。那些享有盛誉的制造商还可以将其著名品牌租借给别人使用，收取一定比例的特许使用费。

2. 中间商品牌决策

制造商将其产品大批量卖给中间商，中间商利用自己的品牌将产品转卖出去，又称“私人品牌”。中间商使用自己的品牌可以更好地控制产品价格，乃至供应商；可以降低进货成本，降低价格，提高竞争力，提高利润。但使用私人品牌，中间商也必须付出代价，比如花费更多的资金来作广告，宣传其品牌；中间商必须大批量订货，因而必须大量资金占用在商品库存上，承担巨大的存货风险。

3. 混合品牌决策

混合品牌决策是指制造商品牌与经销商品牌混合使用，这时可供选择的方式有三种：第一，制造商在部分产品上使用自己的品牌，另一部分则以批量卖给中间商，使用中间商品牌，以求既扩大销路又能保持本企业品牌的特色；第二，为了进入新的市场，可以先采用销售者品牌，取得一定的市场地位后改用制造商品牌；第三，两种品牌同时使用，兼收两种品牌单独使用的优点。

（二）品牌名称决策

品牌名称决策是指企业为新产品选择特定名称的决策。品牌名称通常是一个企业最大的资产，它能给同类产品丰厚的利润，好的名称的命名原则是与产品利益、产品定位、产品市场、产品消费有机地吻合在一起的，特别是国际品牌，应注意中英文两种语言的妙用与巧合。

1. 个别品牌名称

即企业决定其各种不同的产品分别使用不同的品牌名称。企业采取个别品牌名称决策的主要好处是：企业的整个声誉不至于受其中某个产品的声誉的影响。例如，如果某企业的某种产品失败了，也不会给这家企业的脸上抹黑；某企业原来一向生产某种高档产品，后来推出较低档的产品，如果这种新产品使用自己的品牌名称，这样也不会影响这家企业的名牌产品的声誉。

2. 统一品牌名称

即企业决定其所有的产品统一使用一个品牌名称，如美国通用电气公司的所有的产品都统一使用“GE”这个品牌名称。企业采取统一品牌名称决策的主要好处是：企业宣传介绍新产品的费用开支较低，如果企业的名声好，其产品必然畅销。

3. 各大类产品单独使用不同的品牌名称

各大类产品单独使用不同的品牌名称是因为第一，企业生产或销售许多不同类的产品，如果都统一使用一个品牌名称，这些不同类型的产品就容易相混淆。第二，有些企业虽然生产或销售同一类型的产品，但是，为了区别不同质量水平的产品，往往也分别使用不同的品牌名称。

4. 企业名称与个别品牌名称并用

即企业决定其各种不同产品分别使用不同的品牌名称，而且，各种产品的品牌名称前面还冠以企业名称。美国凯洛格公司就采取这种策略，推出“凯洛格米饼”“凯洛格葡萄干”。企业采取这种决策的主要好处是在各种不同新产品的品牌名称前冠以企业名称，可以使新产品合法化，能够享受企业的信誉，而各种不同的新产品分别使用不同的品牌名称，又可以使各种不同的新产品有不同的特色。

（三）品牌延伸策略

1. 品牌延伸的含义

是指企业将某一知名品牌或某一具有市场影响力的成功品牌扩展到与成名产品或原产品不尽相同的产品上，以凭借现有成功品牌推出新产品的过程。

2. 品牌延伸的优缺点

1）品牌延伸的优点

第一，品牌延伸可以加快新产品的定位，保证企业新产品投资决策迅速、准确。尤其是开发与本品牌原产品关联性和互补性极强的新产品时，它的消费与原产品完全一致，对它的需求量则与原产品等比例增减，因此它不需要长期的市场论证和调研，原产品逐年销售增长幅度就是最实际、最准确和最科学的佐证。

第二，品牌延伸有助于减少新产品的市场风险。新产品推向市场首先必须获得消费者的认识、认同、接受和信任。而开发和创立一个新品牌需要巨额费用，不仅新产品的设计、测试、鉴别、注册、包装设计等需要较大投资，而且新产品和包装的保护更需要较大投资。此外，还必须有持续的广告宣传和系列的促销活动。这种产品品牌化的活动持久且耗资巨大，它往往超过直接生产成本的数倍、数十倍。而品牌延伸正是新产品一问世就已经品牌化，甚至获得了知名品牌赋予的勃勃生机，这可以大大缩短被消费者认知、认同、接受、信任的过程，极为有效地防范了新产品的市场风险，并且可以节省数以千计的巨额开支，有效地降低了新产品的成本费用。

第三，品牌延伸有益于降低新产品的市场导入费用。在市场经济高度发达的今天，消费者对商标的选择，体现在“认牌购物”上。这是因为很多商品带有容器和包装，商品质量不是肉眼可以看透的，品牌延伸使得消费者对品牌原产品的高度信任感，有意或无意地传递到延伸的新产品上，促进消费者与延伸的新产品之间建立起信任关系，大大缩短了市场接受时间，降低了广告宣传费用。

第四，品牌延伸有助于强化品牌效应，增加品牌这一无形资产的经济价值。品牌原产品起初都是单一产品，品牌延伸效应可以使品牌从单一产品向多个领域辐射，就会使部分消费者认知、接受、信任本品牌的效应，强化品牌自身的美誉度、知名度，这样品牌这一无形资产也就不断增值。

2）品牌延伸的缺点

第一，损害原有品牌形象。当某一类产品在市场上取得领导地位后，这一品牌就成为强势品牌，它在消费者心目中就有了特殊的形象定位，甚至成为该类产品的代名词。将这一强势品牌进行延伸后，由于近因效应，有可能对强势品牌的形象起到巩固或减弱的作用。如果运用不当的品牌延伸，原有强势品牌所代表的形象信息就被弱化。例如施乐美国公司收购了一家电脑公司，把它改名为“施乐资料系统”。然而“施乐”在顾客心中意味着复印机，他们不接受不能复印的“施乐”电脑，由此，施乐美国公司损失了 8 400 万美元。

第二，“跷跷板”现象。当一个名称代表两种甚至更多的有差异的产品时，必然会导致消费者对产品的认知模糊化。当延伸品牌的产品在市场竞争中处于绝对优势时，消费者就会把原强势品牌的心理定位转移到延伸品牌上。这样，就无形中削弱了原强势品牌的优势。这种原强势品牌和延伸品牌竞争态势此消彼长的变化，即为“跷跷板”现象。

第三，株连效应。将强势品牌名冠于别的产品上，如果不同产品在质量、档次上相差悬殊，这就使原强势品牌产品和延伸品牌产品产生冲击，不仅损害了延伸产品，还会株连原强势品牌。当把高档产品品牌用在低档产品上就有可能产生灾难性后果。美国“派克”钢笔以其质优价昂闻名于世，被誉为“钢笔之王”，然而该企业 1992 年上任的总经理为扩大销售额，决定进军低档笔市场，将“派克”品牌用在仅售 3 美元的低档笔上，结果形象声誉大受影响，非但没有在低档笔市场上站住脚，高档市场也被竞争对手夺去很大一块份额。

第四，淡化品牌特性。当一个品牌在市场上取得成功后，在消费者心目中就有了特殊的形象定位，消费者的注意力也集中到该产品的功用、质量等特性上。如果企业用同一品牌推出功用、质量相差无几的同类产品，会使消费者晕头转向，该品牌特性就会被淡化。

3. 品牌延伸策略的种类

1）专业化延伸

专业化延伸指品牌延伸的新领域与其原有领域处于同一行业并有一定的关联性，专业技术、目标市场、销售渠道等方面具有共同性。企业可以充分利用原有品牌的品牌声誉吸引消费者选择新产品，从而节约新产品进入市场的成本。例如“娃哈哈”从儿童营养口服液起家，逐步延伸到果奶、八宝粥、纯净水等。

2）一体化延伸

一体化延伸是指品牌延伸向原有领域的上游或者下游延伸，品牌成长空间更为广阔。品牌沿产业链向上延伸可进入高端产品市场（区分产业链的上游和下游）；反之品牌沿产业链向下延伸可填补低端市场空白，扩大市场占有率。例如，丰田在丰田轿车享誉全球后又推出雷克萨斯作为更加高端的轿车品牌。

第五节 包　　装

一、包装的含义

根据国标《包装术语　第1部分：基础》的定义，包装是指为在流通过程中保护产品，方便储运，促进销售，按一定技术方法而采用的容器、材料及辅助物等的总体名称。也指为了达到上述目的而采用容器、材料和辅助物的过程中施加一定方法等的操作活动。

产品包装一般包括以下三个层次。

（1）内包装（primary package）。是产品的直接容器，如牙膏的软管、啤酒的瓶子等。

（2）中层包装（secondary package）。其作用是保护产品和促进销售，如牙膏管外的纸盒。

（3）储运包装（shipping package）。也称外包装，其作用是便于储存、搬运和辨认产品，如装运牙膏的纸板盒。

除以上三个层次外，标签（labeling），即附在包装上的说明产品的文字盒图画，也属于包装的范围。

二、包装的作用

（一）保护商品

保护商品是包装的重要作用之一。商品在流通过程中，可能受到各种外界因素的影响，引起商品破损、污染、渗漏或变质，使商品降低或失去使用价值。科学合理的包装，能使商品抵抗各种外界因素的破坏，从而保护商品的性能，保证商品质量和数量的完好。

（二）便于流通

包装为商品流通提供了条件和方便。将商品按一定的数量、形状、规格、大小及不同的容器进行包装，而且在商品包装外面通常都印有各种标志，反映被包装物的品名、数量、规格、颜色及整体包装的体积、毛重、净重、厂名、厂址及储运中的注意事项等，这样既有利于商品的分配调拨、清点计数，也有利于合理运用各种运输工具和仓容，提高运输、装卸、堆码效率和储运效果，加速商品流转，提高商品流通的经济效益。

（三）促进销售

精美的商品包装，可起到美化商品、宣传商品和促进销售的作用。包装既能提高商品的市场竞争力，又能以其新颖独特的艺术魅力吸引顾客、指导消费，成为促进消费者购买的主导因素，是商品的无声推销员。优质包装在提高出口商品竞销力，扩大出口创汇，促进对外贸易的发展等方面均具有重要意义。

（四）方便消费

销售包装随商品的不同，形式各种各样，包装大小适宜，便于消费者携带、保存和使用。包装上的绘图、商标和文字说明等，既方便消费者辨认，又介绍了商品的成分、性质、用途、使用和保管方法，起着方便与指导消费的作用。

（五）节约费用

商品包装与生产成本密切相关。合理的包装可以使零散的商品以一定数量的形式集成一体，从而大大提高装载容量并方便装卸运输，可以节省运输费、仓储费等项费用支出。有的包装还可以多次回收利用，节约包装材料及包装容器的生产，有利于降低成本，提高经济效益。

三、包装策略

（一）类似包装策略

类似包装策略是指企业对其生产的产品采用相同的图案、近似的色彩、相同的包装材料和相同的造型进行包装，便于顾客识别出本企业产品。对于忠实于本企业的顾客，类似包装策略无疑具有促销的作用，企业还可因此而节省包装的设计、制作费用。但类似包装策略只能适用于质量相同的产品，对于品种差异大、质量水平悬殊的产品则不宜采用。

（二）配套包装策略

配套包装策略是指按各国消费者的消费习惯，将数种有关联的产品配套包装在一起成套供应，便于消费者购买、使用和携带，同时还可扩大产品的销售。在配套产品中如加上某种新产品，可使消费者不知不觉地习惯使用新产品，有利于新产品上市和普及。

（三）附赠包装策略

附赠包装策略是指在商品包装物中附赠奖券或实物，或包装本身可以换取礼品，吸引顾客的惠顾效应，导致重复购买。我国出口的“芭蕾珍珠膏”，每个包装盒附赠珍珠别针一枚，这使珍珠膏在国际市场十分畅销。

（四）改变包装策略

改变包装策略是指改变和放弃原有的产品包装，改用新的包装。由于包装技术、包装材料的不断更新，消费者的偏好不断变化，采用新的包装以弥补原包装的不足，企业在改变包装的同时必须配合好宣传工作，以消除消费者以为产品质量下降或其他的误解。

（五）更新包装策略

更新包装策略，一方面是通过改进包装使销售不佳的商品重新焕发生机，重新激起人们的购买欲；另一方面是通过改进，使商品顺应市场变化。有些产品要改进质量比较困难，但是如果几年一贯制，总是老面孔，消费者又会感到厌倦。经常变一变包装，给人带来一种新鲜感，销量就有可能上去。

（六）复用包装策略

复用是指包装再利用的价值，它根据目的和用途基本上可以分为两大类：一类是从回收再利用的角度来讲，如产品运储周转箱、啤酒瓶、饮料瓶等，复用可以大幅降低包装成本，便于商品周转，有利于减少环境污染；另一类是从消费者角度来讲，商品使用后，其包装还可以作为其他用途，以达到变废为宝的目的，而且包装上的企业标志还可以起到继续宣传的效果。这就要求在包装设计时，考虑到再利用的特点，以保证再利用的可能性和方便性。

（七）绿色包装策略

随着消费者环保意识的增强，绿色环保成为社会发展的主题，伴随着绿色产业、绿色消费而出现的绿色概念营销方式成为企业经营的主流。因此在包装设计时，选择可重复利用或可再生、易回收处理、对环境无污染的包装材料，容易赢得消费者的好感与认同，也有利于环境保护和与国际包装技术标准接轨，从而为企业的发展带来良好的前景，如用纸质包装替代塑料袋装，羊毛材质衣物中夹放轻柔垫纸来取代硬质衬板，既美化了包装，又顺应了发展潮流，一举两得。

技能训练

不同的商品命名

一、实训目标

学会在准确市场定位的基础上为商品命名，熟练掌握品牌传播的基本技巧。

二、实训步骤

1. 学生自由组合，每个小组5～8人；
2. 教师将不同商品名称写在纸条上，让学生抽签；
3. 各小组根据签上的商品，为商品命名；
4. 制订品牌传播计划（至少使用两种技巧），并作出相关的发言；
5. 撰写实训报告（定位，出发点，使用技巧，希望达到的效果及品牌设计）。

三、考核标准

定位准确，名称贴切，且两个以上。

闯关考验

一、单项选择题

1. 企业所拥有的不同产品线的数目是产品组合的（　　）。
   A. 深度　　B. 长度　　C. 宽度　　D. 相关性
2. 用料与设计精美的酒瓶，在酒消费之后可用作花瓶或凉水瓶，这种包装策略是(　　)。
   A. 配套包装　　B. 附赠品包装　　C. 分档包装　　D. 再使用包装
3. 在产品生命周期中，丰厚的利润一般在（　　）开始出现。
   A. 引入期　　B. 成长期　　C. 成熟期　　D. 衰退期
4. 企业提高竞争力的源泉是（　　）。
   A. 质量　　B. 价格　　C. 促销　　D. 新产品开发
5. 产品的有形部分所组成的是产品的（　　）。
   A. 实质层　　B. 实体层　　C. 延伸层　　D. 服务
6. 通常所说的一个企业经营着多少产品品类，指的就是产品组合的（　　）。
   A. 宽度　　B. 深度　　C. 长度　　D. 相关性
7. 除了提供质量合格的产品，还必须提供相应的附加服务，如保养、售后服务等，这对制造商来说，（　　）。
   A. 售后服务是由经销商来承担的，与制造商无关
   B. 如果是优质产品则无必要
   C. 这是产品整体概念的一部分，很有必要

D. 只要售出产品即可，服务完全没有必要

8. 某种产品在市场上销售迅速增长，利润显著上升，该产品这时正处在其市场生命周期的（　　）阶段。

A. 介绍期　B. 成长期　C. 成熟期　D. 衰退期

9. 新产品开发的第一个阶段是（　　）。

A. 提出目标，搜集构想　B. 形成产品概念

C. 营业分析　D. 评核与筛选

10. 日历自动手表、药物牙膏属于（　　）。

A. 全新产品　B. 换代产品　C. 改进产品　D. 新牌子产品

二、多项选择题

1. 包装的作用表现在（　　）。

A. 便于识别商品　B. 保护产品

C. 方便使用　D. 传递产品信息

E. 增加产品的实用性

2. 下列的（　　）可采用无商标策略。

A. 电力　B. 煤气　C. 服装

D. 自来水　E. 沙石

3. 产品的延伸层是指（　　）。

A. 免费产品　B. 核心利益或服务

C. 包装　D. 保养

E. 售后服务

4. 新产品营销者应着重研究（　　）在人口统计、心理状态和传播媒介等方面的特征，把他们作为新产品的促销对象。

A. 最早采用者　B. 早期采用者

C. 中期采用者　D. 晚期采用者

E. 最晚采用者

5. 新产品构想的来源主要有（　　）等方面。

A. 企业内部的技术人员和业务人员

B. 购买者

C. 竞争者、报纸杂志、高校和科研机构

D. 分销商和供应者

三、简答题

1. 简述产品成长期的特点和营销策略。

2. 简述品牌延伸的优点和缺点。

3. 简述包装的作用。

四、案例分析

案例一 “娃哈哈”的防御性品牌注册

1987年，“娃哈哈”前身——杭州市上城区校办企业经销部成立，娃哈哈创始人宗庆后带领两名退休教师，靠着14万元借款，靠代销人家的汽水、棒冰及文具纸张赚一分一厘钱起家，开始了创业历程。经过20多年的发展，娃哈哈成了中国最大的食品饮料生产企业，全球第四大饮料生产企业，仅次于可口可乐、百事可乐、吉百利这三家跨国公司。

“娃哈哈”源自一首新疆民歌，因为容易发音和易记，加之广告词的帮助使得“娃哈哈”成了家喻户晓的品牌。在品牌注册方面，娃哈哈集团公司不仅注册了“娃哈哈”，而且还注册了“娃娃哈”“哈娃娃”“哈哈娃”等三个防御商标。

“娃哈哈”还在多个国家进行了商标注册，为其产品再进入国际市场打下坚实的基础。

案例思考

1. “娃哈哈”品牌防御性注册有何启示？
2. 你认为“娃哈哈”应如何加强品牌的自我保护和品牌扩展？

案例二 DHL——最佳速递服务 DHL——最佳速递服务

DHL的诞生，是一个年轻人创造的现代童话。

1969年3月的一天，一位青年在美国加利福尼亚的一家海运公司等待朋友时，偶然听到一位管理人员讲，现有一艘法国商船正停泊在夏威夷港，可是提单正在旧金山的办公室编制，而且需要一星期才能送到夏威夷，这位青年便主动提出愿意乘飞机将文件送到夏威夷。管理人员经过比较发现此举可以节省昂贵的港口费用、滞期费用等，便将文件交给他亲自传送。这位名叫Dalsy的青年完成任务回到旧金山后，立即联络另外两位朋友Hillblom和Lynn，于1969年10月成立了DHL快件公司。从此，一个崭新的服务行业——快运业诞生了。

DHL公司成立之初在美国本土和夏威夷之间运送提单、银行单证和金融单据等文件资料，很快便以迅速、可靠的服务闻名全美。发展到今天，DHL已成为覆盖全球219个国家、拥有1 600家办事处、34 000名员工、每年为百万客户运送超过9 000万份快件和包裹的环球公司。20世纪80年代初DHL就通过代理形式，向开放的中国提供国际快运服务。1986年，中国外运总公司与DHL合作成立了中国第一家航空快运合资公司——中外运—敦豪国际快件有限公司，目前已成为拥有10个分公司的中国最有实力的快递公司。

在近30年的历史中，DHL公司凭借一流的效率、无与伦比的服务，成为世界航空速递业的卓越典范。DHL在信息技术、人员培训、交通工具中的投资在全世界同行业中都是最先进的，不仅是全天候门对门的服务——先进的波音飞机、庞大的运输队，更重要的是它所拥有的覆盖全球的高速数据联网和一大批高素质的专业技术人员。所有客户的货运信息在发送时均被输入DHL环球网络，并随时全面跟踪，客户无论何时何地，均可查询快件的一切信息，而EDI（电子数据交换）在网络上的应用，实现了货到之前的自动报关和关税结算，确保了国际快件的最快运转和最早交货。此外，公司对顾客的细心照顾达到并超过国际ISO 9002标准，超过任何其他同业企业，并还在一直致力于寻求对顾客服务的新途径，使企业员工的理解力永远走在顾客需求的前面。

DHL 的宗旨是：每天，每时，我们都投资于新的信息设备、新的人员培训、新的交通工具。我们建立新的市场，开辟新的途径和目的地。但是有一条从未改变：DHL 保证向每位顾客提供最可靠的航空快速服务、最准确的信息和最好的货币比价。

案例思考

1. DHL 快运公司的戏剧性的创立对我们有什么启迪？
2. DHL 快运公司的服务产品有什么特点？为什么能获得成功？

参考答案：

一、单项选择题

1. C　2. D　3. C　4. D　5. B　6. C　7. C　8. B　9. A　10. C

二、多项选择题

1. ABCD　2. ABDE　3. DE　4. AB　5. ABCD

任务二 价格策略

目标规划

（一）学习目标

基本了解：（1）影响产品定价的因素；

（2）提价的原因；

（3）降价的原因。

重点掌握：（1）定价的方法；

（2）定价策略。

（二）技能目标

（1）通过市场调查，分析定价策略；

（2）对价格进行速记。

本任务穿针引线

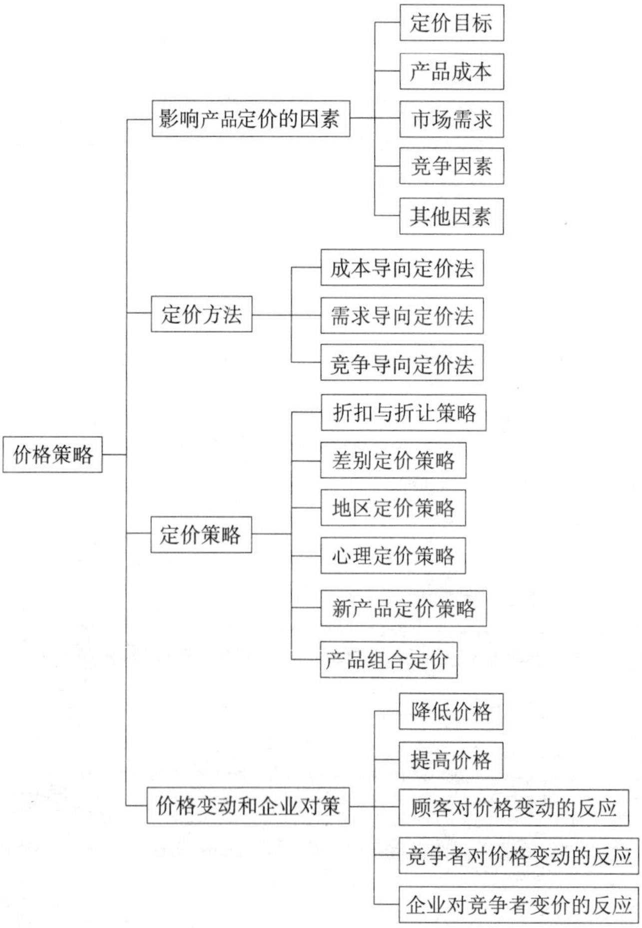

案例引入

一个珠宝店由于经营状况不好，老板最终下决心离开这个行业，并决定半价出售珠宝。他离开珠宝店的时候，留了一张纸条给经理，告诉她调整所有珠宝价格，全部价格乘以二分之一销售。

当他再次回到店里的时候，惊喜地发现珠宝已经卖得差不多了。经理跟他说，她虽然不理解为什么要对滞销的珠宝提价，但是她却惊诧于提价后商品出售的速度惊人。老板不解地问："什么提价？我的字条是让你价格减半。"事实情况是经理错误理解了老板的意思，将所有商品价格都增加了一倍。

第一节 影响产品定价的因素

影响产品定价的因素很多，有企业内部因素，也有企业外部因素；有主观的因素，也有客观的因素。概括起来，大体上有定价目标、产品成本、市场需求、竞争因素和其他因素五个方面。

一、定价目标

定价目标是企业在对其生产或经营的产品制定价格时，有意识的要求达到的目的和标准。它是指导企业进行价格决策的主要因素。定价目标取决于企业的总体目标。不同行业的企业，同一行业的不同企业，以及同一企业在不同的时期以及不同的市场条件下，都可能有不同的定价目标。

（一）利润导向的定价目标

1. 利润最大化目标

以利润最大化为定价目标，指的是企业期望获取最大限度的销售利润。

2. 预期利润目标

以预期的利润作为定价目标，就是企业把某项产品或投资的预期利润水平，规定为销售额或投资额的一定百分比，即销售利润率或投资利润率。预期的销售利润率或投资利润率一般要高于银行存贷款利率。以预期利润作为定价目标的企业，应具备以下两个条件：第一，该企业具有较强的实力，竞争力比较强，在行业中处于领导者地位；第二，采用这种定价目标的多为新产品、独家产品及低价高质量的标准化产品。

3. 适当利润目标

在激烈的市场竞争中，企业为了保全自己，减少市场风险，或者限于实力不足，把取得适当利润作为定价目标。适当的利润目标一方面可以使企业避免不必要的竞争，另一方面，由于价格适中，顾客愿意接受，可以使企业获得长期的利润。

（二）销量导向的定价目标

增加销售量或扩大市场占有率是企业常用的定价目标。

1. 保持或扩大市场占有率

作为定价目标，市场占有率与利润有很强的相关性，从长期来看，较高的市场占有率必然带来较高的利润。一个企业在一定时期的盈利水平高，可能是由于过去拥有较高的市场占有率的结果，如果市场占有率下降，盈利水平也会随之下降。

2. 增加销售量（销售额）

大量的销售既可形成强大的声势，提高企业在市场的知名度，又可有效地降低成本。对于需求价格弹性较大的产品，降低价格而导致的损失，可以由销售量的增加而得到补偿。

（三）竞争导向的定价目标

生产同类产品的企业，关注竞争对手的定价政策和价格策略是十分自然的。企业往往着眼于在竞争激烈的市场上应付和避免价格竞争，大多数企业对其竞争对手的价格很敏感，在定价以前，一般要广泛搜集资料，把本企业产品的质量、特点和成本与竞争对手的产品进行权衡比较，然后再制定产品价格。以对产品价格有决定影响的竞争对手或市场领导者的价格为基础，采取高于、等于或低于竞争对手的价格出售本企业的产品。

（四）生存导向的定价目标

如果企业产品销路不畅，大量积压，甚至濒临倒闭时，则需要把维持生存作为企业的基本定价目标，生存比利润更为重要。

（五）维护企业形象的定价目标

企业形象是企业的无形财产，为维持企业形象，定价目标首先要考虑价格水平是否与目标顾客的需求相等；是否有利于企业整体策略的实施。

（六）保持良好的销售渠道的定价目标

为了使营销渠道畅通无阻，企业必须研究价格对中间商的影响，充分考虑中间商的利益，促使中间商有较大的积极性去推销产品。

二、产品成本

马克思主义理论告诉人们，商品的价值是构成价格的基础。商品的价值由 $C+V+M$ 构成。$C+V$ 是在生产过程中物化劳动转移的价值和劳动者为自己创造的价值。M 是劳动者为社会创造的价值。显然，对企业的定价来说，成本是一个关键因素。企业产品定价以成本为最低界限，产品价格只有高于成本，企业才能补偿生产上的耗费，从而获得一定盈利。但这并不排斥在一段时期在个别产品上，价格低于成本。

在实际工作中，产品的价格是按成本、利润和税金三部分来制定的。成本又可分解为固定成本和变动成本。产品的价格有时是由总成本决定的，有时又由变动成本决定。成本有时又分为社会平均成本和企业个别成本。就社会同类产品市场价格而言，主要是受社会平均成本影响。在竞争很充分的情况下，企业个别成本高于或低于社会平均成本，对产品价格的影响不大。

企业定价时，不应将成本孤立地对待，而应同产量、销量、资金周转等因素综合起来考虑。成本因素还要与影响价格的其他因素结合起来考虑。

成本要素如下。

（1）总固定成本。是一定时期内产品固定投入成本的总和。

（2）总可变成本。是一定时期内产品可变投入成本的总和。

（3）总成本。是总固定成本和总可变成本之和。

课堂思考：

某种产品的最低价取决于该种产品的（　　）

A. 市场需求　　B. 成本费用　　C. 市场占有率　　D. 竞争产品价格

三、市场需求

产品价格除受产品成本影响外，还受市场需求的影响，即受商品供给与需求的相互关系的影响。当商品的市场需求大于供给时，价格应高一些；当商品的市场需求小于供给时，价格应低一些。反过来，价格变动影响市场需求总量，从而影响销售量，进而影响企业目标的实现。因此，企业制定价格就必须了解价格变动对市场需求的影响程度。反映这种影响程度的一个指标就是商品的价格需求弹性系数。

所谓价格需求弹性系数，是指由于价格的相对变动，而引起的需求量相对变动的程度。通常可用下式表示：

$$\text{价格需求弹性系数}=\frac{\text{需求量变动百分比}}{\text{价格变动百分比}}$$

四、竞争因素

市场竞争也是影响价格制定的重要因素。根据竞争的程度不同，企业定价策略会有所不同。按照市场竞争程度，可以分为完全竞争、不完全竞争与完全垄断三种情况。

1. 完全竞争

完全竞争又称自由竞争，它是一种理想化了的极端情况。在完全竞争条件下，买者和卖者都大量存在，产品都是同质的，不存在质量与功能上的差异，企业自由地选择产品生产，买卖双方能充分地获得市场情报。在这种情况下，无论是买方还是卖方都不能对产品价格进行影响，只能在市场既定价格下从事生产和交易。

2. 不完全竞争

不完全竞争介于完全竞争与完全垄断之间，它是现实中存在的典型的市场竞争状况。不完全竞争条件下，最少有两个以上买者或卖者，少数买者或卖者对价格和交易数量起着较大的影响作用，买卖各方获得的市场信息是不充分的，它们的活动受到一定的限制，而且它们提供的同类商品有差异，因此，它们之间存在着一定程度的竞争。在不完全竞争情况下，企业的定价策略有比较大的回旋余地，它既要考虑竞争对象的价格策略，也要考虑本企业定价策略对竞争态势的影响。

3. 完全垄断

完全垄断是完全竞争的反面，是指一种商品的供应完全由独家控制，形成独占市场。在完全垄断竞争情况下，交易的数量与价格由垄断者单方面决定。完全垄断在现实中也很少见。

课堂思考：

在什么条件下，产品差异是制造商控制其产品价格的一种主要战略（　　）

A. 完全竞争　　B. 不完全竞争　　C. 纯粹垄断　　D. 政府垄断

五、其他因素

企业的定价策略除受产品成本、市场需求及竞争因素的影响外，还受到其他多种因素的影响。这些因素包括政府或行业组织干预、消费者心理和习惯、企业或产品的形象等。

1. 政府或行业组织干预

政府为了维护经济秩序，或为了其他目的，可能通过立法或者其他途径对企业的价格策略进行干预。政府的干预包括规定毛利率，规定最高、最低限价，限制价格的浮动幅度或者规定价格变动的审批手续，实行价格补贴等。例如，美国某些州政府通过租金控制法将房租控制在较低的水平上，将牛奶价格控制在较高的水平上；法国政府将宝石的价格控制在低水平，将面包价格控制在高水平；我国某些地方为反暴利对商业毛利率的限制等。

2. 消费者心理和习惯

价格的制定和变动在消费者心理上的反应也是价格策略必须考虑的因素。在现实生活中，很多消费者存在“一分钱，一分货”的观念。面对不太熟悉的商品，消费者常常从价格上判断商品的好坏，从经验上把价格同商品的使用价值挂钩。消费者心理和习惯上的反应是很复杂的，某些情况下会出现完全相反的反应。例如，在一般情况下，涨价会减少购买，但有时涨价会引起抢购，反而会增加购买。因此，在研究消费者心理对定价的影响时，要持谨慎态度，要仔细了解消费者心理及其变化规律。

3. 企业或产品的形象

有时企业根据企业理念和形象设计的要求，需要对产品价格作出限制。例如，企业为了树立热心公益事业的形象，会将某些有关公益事业的产品价格定得较低；为了形成高贵的企业形象，将某些产品价格定得较高，等等。

第二节　定价方法

影响定价最基本的三个因素是产品成本、市场需求和竞争。定价方法是企业为实现其定价目标所采取的具体方法，可以归纳为三类：成本导向定价法、需求导向定价法和竞争导向定价法。

一、成本导向定价法

成本导向定价法就是以产品的成本为中心来制定价格，是按卖方意图定价的方法。其主要理论依据是：在定价时，要考虑收回企业在营销中投入的全部成本，再考虑获得一定的利润。

常用的成本导向定价法包括以下几种。

（一）成本加成定价法

成本加成定价法是在单位产品成本的基础上，加上一定比例的预期利润作为产品的销售价格。销售价格与成本之间的差额即为利润。由于利润的多少是按一定比例确定的，习惯上称为“几成”，因此这种定价方法被称为成本加成定价法。其计算公式为

单位产品价格=单位产品成本×（1+加成率）

加成率=（预期利润/产品成本）×100%

一般来说，高档消费品和生产批量较小的产品，加成比例应适当地高一些，而生活必需品和生产批量较大的产品，其加成比例应适当地低一些。

优点在于：简单易行。不足在于：它是以卖方的利益为出发点，不利于企业降低成本；没有考虑市场需求及竞争因素；加成率是一个估计值，缺乏科学性。

例 3.1　某皮具厂生产 1 000 个皮箱，固定成本 3 000 元，每个皮箱的变动成本 45 元，企业确定的成本利润率为 30%，请用成本加成定价法进行定价。

解　P =(总成本/产量)×(1+R)

=(单位固定成本+单位变动成本)×(1+R)

=(3 000/1 000+45)×(1+30%)

=62.4(元)

课堂思考：

某企业产品的单位可变成本为 10 元，总固定成本为 30 000 元，预测总销量为 5 000 件，成本加成率为 20%，计算产品价格为多少元？

（二）盈亏平衡定价法

在销量既定的条件下，企业产品的价格必须达到一定的水平才能做到盈亏平衡、收支相抵。既定的销量就称为盈亏平衡点，这种制定价格的方法就称为盈亏平衡定价法。企业产品的销售量达到既定销售量，可实现收支平衡，超过既定销售量获得盈利，不足既定销售量出现亏损。其计算公式为

单位产品价格=单位固定成本+单位变动成本

以盈亏平衡点确定的价格只能使企业的生产耗费得以补偿，而不能得到收益。因而这种定价方法，是在企业的产品销售遇到了困难，或市场竞争激烈，为避免更大的损失，将保本经营作为定价的目标时，才使用的方法。

例 3.2　某产品生产的固定成本是 150 000 元，单位变动成本为 15 元，若销量为 3 000 件，则价格应定为多少企业才不会亏损？若销售价格为 40 元，则企业必须销售多少，才能保本？

解　P =固定成本/销量+单位变动成本

=150 000/3 000+15

=65（元）

Q=固定成本/(价格-单位变动成本)

=150 000/(40-15)

=6 000(件)

（三）目标收益定价法

目标收益定价法或称为投资收益率定价法。它是在企业投资总额的基础上，按照目标收益率的高低计算价格的方法。其基本步骤如下。

（1）确定目标收益率。其计算公式为

$$目标收益率=\frac{1}{投资回收期}\times 100\%$$

（2）确定单位产品的目标利润额。其计算公式为

$$单位产品的目标利润额=\frac{投资总额\times目标收益率}{预期销售量}$$

（3）计算单位产品的价格。其计算公式为

单位产品的价格=单位产品成本+单位产品的目标利润额

目标收益定价法有一个较大的缺点，即以估计的销售量，来计算应制定的价格，颠倒了价格与销售量的因果关系，把销售量看成是价格的决定因素，忽略了市场需求及市场竞争。

例 3.3 某企业预计其产品的销量为 10 万件，总成本为 740 万元，决定完成任务利润为 160 万元，求单位产品的价格是多少？

解 P =(总成本+目标利润)/销量

=(740+160)/10

=90(元)

（四）边际贡献定价法

边际贡献定价法是指以变动成本为基础，不考虑固定成本，按变动成本加预期的边际贡献来确定产品价格的方法。其计算公式为

单位产品的价格=单位变动成本+边际贡献

这种方法一般是在市场竞争激烈，企业必须迅速开拓市场的特殊时期，在短期采用，或者在企业销售不景气，有闲置生产能力时采用。

二、需求导向定价法

需求导向定价法是以需求为中心的定价方法。它依据顾客对产品价值的理解和需求强度来定价，而不是依据产品的成本来定价。

（一）理解价值定价法

理解价值定价法又称认知价值法，是根据顾客对产品价值的理解度，即产品在顾客心目中的价值观念为定价依据，运用各种营销策略和手段，影响顾客对产品价值的认知的定价方法。

理解价值定价法的关键和难点，是获得顾客对有关产品价值理解的准确资料。市场调研，制定产品的初始价格，分析目标成本和销售收入，制定最终价格。

（二）逆向定价法

逆向定价法主要不是单纯考虑产品成本，而是首先考虑需求状况。依据市场调研资料，依据顾客能够接受的最终销售价格，确定销售产品的零售价，逆向推算出中间商的批发价和生产企业的出厂价。

逆向定价法的特点是：价格能反映市场需求情况，有利于加强与中间商的友好关系，保证中间商的正常利润，使产品迅速向市场渗透，并可根据市场供、求情况及时调整，定价比较灵活。其计算公式为

批发价格=市场可销价格×(1-批零差率)

出厂价格=批发价格×(1-销进差率)

=市场可销价格×(1-销进差率)×(1-批零差率)

三、竞争导向定价法

在竞争十分激烈的市场上，企业通过研究竞争对手的生产条件、服务状况、价格水平等因素，依据自身的竞争实力，参考成本和供求状况来制定有利于在市场竞争中获胜的产品价格。这种定价方法就是通常所说的竞争导向定价法。竞争导向定价法主要包括以下两种方法。

（一）随行就市定价法

随行就市定价法，是指企业按照行业的平均现行价格水平来定价。在完全竞争的市场上，销售同类产品的各个企业，在定价时实际上无多少选择的余地，只能按照行业的现行价格来定价。某企业如果把价格定得高于时价，产品就卖不出去；如果把价格定得低于时价，就会遭到降低价格竞销。

在垄断性较强的市场上，企业间也倾向于制定相近的价格。

在异质产品市场上，企业有较大的自由度决定其价格。

（二）密封投标定价法

在国内外，许多大宗产品、成套设备和建筑工程项目的买卖和承包以及征招生产经营协作单位、出租出售小型企业等，往往采用发包人招标、承包人投标的方式来选择承包者，确定最终承包价格。

第三节　定价策略

定价策略是市场营销组合中一个十分关键的组成部分。价格通常是影响交易成败的重要因素，同时又是市场营销组合中最难以确定的因素。企业定价的目标是促进销售，获取利润。这要求企业既要考虑成本的补偿，又要考虑消费者对价格的接受能力，从而使定价策略具有买卖双方双向决策的特征。此外，价格还是市场营销组合中最灵活的因素，它可以对市场作出灵敏的反映。

一、折扣与折让策略

折扣价格策略是指销售者为回报或鼓励购买者的某些行为，如批量购买、提前付款、淡季购买等，将其产品基本价格调低，给购买者一定比例的价格优惠。具体办法有：数量折扣、现金折扣、功能折扣和季节性折扣等。

（一）数量折扣

数量折扣就是根据代理商、中间商或顾客购买货物的数量多少，分别给予不同折扣的一种定价方法。数量越大，折扣越多。其目的是鼓励大量购买，或集中向本企业购买。数量折扣包括累计数量折扣和一次性数量折扣两种形式。累计数量折扣规定顾客在一定时间内，购买商品若达到一定数量或金额，则按其总量给予一定折扣，其目的是鼓励顾客经常向本企业购买，成为可信赖的长期客户。一次性数量折扣规定一次购买某种产品达到一定数量或购买多种产品达到一定金额，则给予折扣优惠，其目的是鼓励顾客大批量购买，促进产品多销、快销。

（二）现金折扣

现金折扣又称付款期限折扣，是在“信用购货”的特定条件下发展起来的一种优惠策略，即对按约定日期付款的顾客给予不同的折扣优待。现金折扣实质上是一种变相降价赊销，鼓励提早付款的办法。现金折扣中的付款期限可分为一次性、分期分批、先预付一半等多种形式。

（三）功能折扣

功能折扣又称贸易折扣，是根据中间商在产品分销过程中所处的环节不同，其所承担的功能、责任和风险也不同，制造商据此给予不同的折扣。对生产性用户的价格折扣也属于一种功能折扣。

（四）季节折扣

季节折扣又称季节差价，是企业给购买过季商品或服务的顾客减价的一种销售策略。有些商品的生产是连续的，而其消费却具有明显的季节性。为了调节供需矛盾，这些商品的生产企业便采用季节折扣的方式，对在淡季购买商品的顾客给予一定的优惠，使企业的生产和销售在一年四季都能保持相对稳定。例如，服装生产经营企业，对不合时令的服装，给予季节折扣，以鼓励中间商和用户提前购买、多购买；旅游公司在旅游淡季，给旅客以价格折扣，是为了招徕更多的生意。

（五）回扣和津贴

回扣是间接折扣的一种形式，它是指购买者在按价格目录将货款全部付给销售者以后，销售者再按一定比例将货款的一部分返还给购买者。回扣百分比则非常灵活，销售人员可以根据具体情况在一定的范围内灵活掌握。

津贴是企业为特殊目的，对特殊顾客以特定形式所给予的价格补贴或其他补贴。例如，当中间商为企业产品提供了包括刊登地方性广告、设置样品陈列窗等在内的各种促销活动时，生产企业给予中间商一定数额的资助或补贴。又如，对于进入成熟期的消费者，开展以旧换新业务，将旧货折算成一定的价格，在新产品的价格中扣除，顾客只支付余额，以刺激消费需求，促进产品的更新换代，扩大新一代产品的销售。这也是一种津贴的形式。

二、差别定价策略

差别定价，也叫价格歧视，就是企业按照两种或两种以上不反映成本费用的比例差异的价格销售某种产品或劳务。其种类主要有：以顾客为基础的差别定价策略、以产品为基础的差别定价策略、以产品部位为基础的差别定价策略和以销售时间为基础的差别定价策略。

（一）顾客差别定价

顾客差别定价又称顾客细分定价，即企业按照不同的价格把同一种产品或劳务卖给不同的顾客。该定价策略是根据顾客的付款能力来定价。一般来说，收入水平、年龄、职业、性别等不同的消费者对价格的接受程度有较大的差异。对于低收入者、弱势群体定价水平要低，对于高收入者定价水平要高。

（二）产品形式差别定价

即企业对不同型号或形式的产品分别制定不同的价格，但是，不同型号或形式产品的价格之间的差额和成本费用之间的差额并不成比例。

（三）产品部位差别定价

即企业对于处在不同位置的产品或服务分别制定不同的价格，即使这些产品或服务的成本费用没有任何差异。

例如：在剧院里，虽然不同座位的成本都一样，但是不同座位的票价有所不同。在某些大剧院，前排的座位票价往往是后排的几十倍。这是因为人们对剧院的不同座位的偏好有所不同。火车卧铺铺位的成本也是一样的，但是上、下铺的票价迥然不同。这是因为消费者对上、中、下铺的便利性需求不同。

（四）销售时间差别定价

即企业对于不同季节、不同时期甚至不同钟点的产品或服务也分别制定不同的价格。例如，旅游服务企业在淡季和旺季的收费不同，长途电话在不同的时间收费不同，电影院晚场和白天定价不同。

企业采取差别定价必须具备以下条件：① 市场必须是可以细分的，而且各个子市场必须表现出不同的需求程度；② 以较低价格购买某种产品的顾客没有可能以较高价格把这种产品倒卖给别人；③ 竞争者没有可能在企业以较高价格销售产品的市场上以低价竞销；④ 细分市场和控制市场的成本费用不得超过因实行价格歧视所得额外收入，这就是说，不能得不偿失；⑤ 价格歧视不会引起顾客反感、放弃购买，影响销售；⑥ 采取的价格歧视形式不能违法。

三、地区定价策略

就是企业要决定对于卖给不同地区（包括当地和外地不同地区）顾客的某种产品，是分别确定不同的价格，还是制定相同的价格。即企业要决定是否制定地区差价。地区定价的形式：FOB 原产地定价、统一交货定价、分区定价、基点定价、运费免收定价。

（一）FOB 原产地定价

FOB 原产地定价就是顾客（买方）按照厂价购买某种产品，企业（卖方）只负责将这种产品运到产地某种运输工具（如卡车、火车、船舶、飞机等）上。交货后，从产地到目的地的一切风险和费用概由顾客承担。

（二）统一交货定价

这种形式和前者正好相反。所谓统一交货定价，就是企业对于卖给不同地区顾客的某种产品，都按照相同的厂价加相同的运费（按平均运费计算）定价。对全国不同地区的顾客，不论远近，都实行一个价，又叫邮资定价。

（三）分区定价

这种形式介于前两者之间。所谓分区定价，就是企业把全国（或某些地区）分为若干价格区，对于卖给不同价格区顾客的某种产品，分别制定不同的地区价格。

（四）基点定价

即企业选定某些城市作为基点，然后按一定的厂价加从基点城市到顾客所在地的运费来定价。例如钢铁和木材，由于产地比较集中，厂商会先把它们集中到某个固定的地点，再从那里向全国各地运送。这样的固定发货地点称为“基点”，而货物在基点的发货价叫“基点价”。接着，当货物从基点运送到各地后，要加上相应的运费，才成为当地的售价。一般地，离基点较近的地区，售价就较低；离基点较远的地区，售价就较高。

（五）运费免收定价

有些企业因为急于和某些地区做生意，负担全部或部分实际运费。这些卖主认为，如果生意扩大，其平均成本就会降低，因此足以抵偿这些费用开支。采用运费免收定价，可以使企业加深市场渗透能力，并且在竞争日益激烈的市场上站住脚。例如消费者购买易迅网商品，全国（上海、新疆、西藏除外）满 49 元免运费。

四、心理定价策略

每一件产品都能满足消费者某一方面的需求，其价值与消费者的心理感受有着很大的关系。这就为心理定价策略的运用提供了基础，使得企业在定价时可以利用消费者心理因素，有意识地将产品价格定得高些或低些，以满足消费者生理的和心理的、物质的和精神的多方面需求，通过消费者对企业产品的偏爱或忠诚，扩大市场销售，获得最大效益。

心理定价的形式如下。

（一）尾数定价

尾数定价又称零头定价或缺额定价，是指给产品定一个零头数结尾的非整数价格。大多数消费者在购买产品，尤其是购买一般的日用消费品时，乐于接受尾数价格，如 0.99 元、9.98 元等。消费者会认为这种价格经过精确计算，购买不会吃亏，从而产生信任感。同时，价格虽离整数仅相差几分或几角钱，但给人一种低一位数的感觉，符合消费者求廉的心理愿望。这种策略通常适用于基本生活用品。

（二）整数定价

整数定价与尾数定价正好相反，企业有意将产品价格定为整数，以显示产品具有一定质量。整数定价多用于价格较贵的耐用品或礼品，以及消费者不太了解的产品，对于价格较贵的高档产品，顾客对质量较为重视，往往把价格高低作为衡量产品质量的标准之一，容易产生“一分钱，一分货”的感觉，从而有利于销售。

（三）声望定价

声望定价是指针对消费者“便宜无好货、价高质必优”的心理，对在消费者心目中享有一定声望，具有较高信誉的产品制定高价。不少高级名牌产品和稀缺产品，如豪华轿车、高档手表、名牌时装、名人字画、珠宝古董等，在消费者心目中享有极高的声望价值。购买这些产品的人，往往不在乎产品价格，而最关心的是产品能否显示其身份和地位，价格越高，心理满足的程度也就越大。

（四）习惯定价

有些产品在长期的市场交换过程中已经形成了为消费者所适应的价格，称为习惯价格。企业对这类产品定价时要充分考虑消费者的习惯倾向，采用“习惯成自然”的定价策略。对消费者已经习惯了的价格，不宜轻易变动。降低价格会使消费者怀疑产品质量是否有问题。提高价格会使消费者产生不满情绪，导致购买的转移。在不得不需要提价时，应采取改换包装或品牌等措施，减少抵触心理，并引导消费者逐步形成新的习惯价格。

（五）招徕定价

招徕定价是适应消费者“求廉”的心理，将产品价格定得低于一般市价，个别的甚至低于成本，以吸引顾客、扩大销售的一种定价策略。采用这种策略，虽然几种低价产品不赚钱，甚至亏本，但从总的经济效益看，由于低价产品带动了其他产品的销售，企业还是有利可图的。

小案例

北京地铁有家每日商场，每逢节假日都要举办一元拍卖活动，所有拍卖商品均以 1 元起价，报价每次增加 5 元，直至最后定夺。但这种由每日商场举办的拍卖活动由于基价定得过低，最后的成交价就比市场价低得多，因此会给人们产生一种卖得越多，赔得越多的感觉。实际上，该商场用的定价术，是以低廉的拍卖品活跃商场气氛，增大客流量，带动整个商场的销售额上升。

问：该商场采用的是何种定价策略？

五、新产品定价策略

（一）撇脂定价

撇脂定价是指在产品生命周期的最初阶段，把产品的价格定得很高，以攫取最大利润，犹如从鲜奶中撇取奶油。企业之所以能这样做，是因为有些购买者主观认为某些商品具有很高的价值。从市场营销实践看，在以下条件下企业可以采取撇脂定价：市场有足够的购买者，他们的需求缺乏弹性，即使把价格定得很高，市场需求也不会大量减少。高价使需求减少一些，因而产量减少一些，单位成本增加一些，但这不致抵消高价所带来的利益。在高价情况下，仍然独家经营，别无竞争者。有专利保护的产品就是如此。某种产品的价格定得很高，使人们产生这种产品是高档产品的印象。

（二）渗透定价

渗透定价是指企业把它的创新产品的价格定得相对较低，以吸引大量顾客，提高市场占有率。从市场营销实践看，企业采取渗透定价需具备以下条件：市场需求显得对价格极为敏感，因此，低价会刺激市场需求迅速增长；企业的生产成本和经营费用会随着生产经营经验的增加而下降；低价不会引起实际和潜在的竞争。

（三）满意价格策略

满意价格策略，又称平价销售策略，是介于撇脂定价和渗透定价之间的一种定价策略。由于撇脂定价法定价过高，对消费者不利，既容易引起竞争，又可能遇到消费者拒绝，具有一定风险；渗透定价法定价过低，对消费者有利，对企业最初收入不利，资金的回收期也较长，若企业实力不强，将很难承受。而满意价格策略是一种介于高价策略和低价策略之间的、简便易行的定价策略，基本上能够做到供求双方都比较满意。

六、产品组合定价策略

产品组合定价策略，是指处理本企业各种产品之间价格关系的策略。常用的产品组合定价形式有以下几种。

（一）产品线定价

产品线定价是根据购买者对同样产品线不同档次产品的需求，精选设计几种不同档次的产品和价格点。对产品线内的不同产品，要根据产品的质量和档次、顾客的不同需求及竞争者产品的情况确定不同的价格。例如服装商店对男士西服定价 220 元、650 元、1 100 元 3 个水平，顾客自然会以 3 个质量等级来对应选购 3 种价格的产品。营销者的任务就是使顾客确信本企业是按质论价：“一分钱，一分货。”

但是，企业在进行产品线定价时应该注意，产品线中不同产品的价差要适应顾客的心理需求，价差过大，会诱导顾客趋向于某一种产品，价差过小，会使顾客无法确定选购目标。

（二）任选产品定价

即在提供主要产品的同时，还附带提供任选品或附件与之搭配。例如，顾客去饭店吃饭，除了要饭菜之外，可能还会要点酒、饮料、烟等。在这里饭菜是主要商品，烟酒、饮料等就是任选产品。

（三）附属产品定价法

附属产品定价法是指以较低价销售主产品来吸引顾客，以较高价销售备选和附属产品来增加利润，如美国柯达公司推出一种与柯达胶卷配套使用的专用照相机，价廉物美，销路甚佳，结果带动柯达胶卷销量大大增加，尽管其胶卷价格较其他牌号的胶卷昂贵。

（四）副产品定价法

在许多行业中，在生产主产品的过程中，常常有副产品。如果这些副产品对某些客户群具有价值，必须根据其价值定价。副产品的收入多，将使公司更易于为其主要产品制定较低价格，以便在市场上增加竞争力。因此制造商需寻找一个需要这些副产品的市场，并接受任何足以抵补储存和运输副产品成本的价格。

（五）捆绑定价

将数种产品组合在一起以低于分别销售时支付总额的价格销售。例如，家庭影院采用大屏幕电视、DVD 影碟机、音响的捆绑定价。

第四节　价格变动和企业对策

企业处在一个不断变化的环境中，为了生存和发展，有时候需主动降低价格或提价，有时候又需对竞争者的变价作出适当的反应。

一、降低价格

在现代市场经济条件下，企业降低价格的主要原因有以下几个方面。

（1）销售的压力。企业的生产能力过剩因而需要扩大销售，但是企业又不能通过产品改进和加强销售工作等来扩大销售。在这种情况下，企业就须考虑降低价格。

（2）在强大竞争者的压力之下，企业的市场占有率下降。例如，美国的汽车、消费者用的电子产品、照相机、钟表等行业，由于日本竞争者的产品质量较高，价格较低，已经丧失了一些市场阵地。在这种情况下，美国一些公司不得不降低价格竞销。

（3）企业的成本费用比竞争者低，企图通过降低价格来掌握市场或提高市场占有率，从而扩大生产和销售量，降低成本费用。在这种情况下，企业也往往降低价格。

二、提高价格

虽然提价会引起消费者、经销商和企业推销人员的不满，但是一个成功的提价可以使企业的利润大大增加。引起企业提价的主要原因有以下几个方面。

（1）由于通货膨胀，物价上涨，企业的成本费用提高。在现代市场经济条件下，当通货膨胀发生后，许多企业往往采取种种方法来调整价格，对付通货膨胀，诸如以下几个方面。

① 采取推迟报价定价的战略，即企业决定暂时不规定最后价格，等到产品制成时或交货时方规定最后价格。在工业建筑和重型设备制造等行业中一般采取这种定价战略。

② 在合同上规定调整条款，即企业在合同上规定在一定时期内（一般到交货时为止）可按某种价格指数来调整价格。

③ 采取不包括某些商品和劳务定价战略，即在通货膨胀、物价上涨的条件下，企业决定产品价格不动，但原来提供的某些劳务要计价，这样一来，原来提供的产品的价格实际上提高了。

④ 减少价格折扣，即企业决定削减正常的现金和数量折扣，并限制销售人员以低于价目表的价格来销售产品。

⑤ 取消低利产品。

⑥ 降低产品质量，减少产品特色和服务。企业采取这种战略可保持一定的利润，但会影响其声誉和形象，失去忠诚的顾客。

（2）企业的产品供不应求，不能满足其所有顾客的需要。在这种情况下，企业就必须提价。提价方式包括：取消价格折扣，在产品大类中增加价格较高的项目，或者开始提价。为了减少顾客不满，企业提价时应当向顾客说明提价的原因，并帮助顾客寻找节约途径。

（3）为了整合市场，也决定提价。

三、顾客对价格变动的反应

企业无论是提价还是降价，这种行动必然影响购买者、竞争者、经销商和供应商。

（1）顾客对企业的某种产品降价可能会这样理解：这种产品的式样老了，将被新型产品代替；这种产品有某些缺点，销售不畅；企业财务困难，难以继续经营下去；价格还要进一步下跌；这种产品的质量下降了。

（2）企业提价通常会影响销售，但是购买者对企业的某种产品提价也可能会这样理解：这种产品很畅销，不赶快买就买不到了；这种产品很有价值；卖主想尽量取得更多利润。

一般地说，购买者对于价值高低不同的产品的价格反应有所不同。购买者对于那些价值高、经常购买的产品的价格变动较敏感，而对于那些价值低、不经常购买的小商品，即使单位价格较高，购买者也不大注意。购买者虽然关心产品价格变动，但是通常更为关心取得、使用和维修产品的总费用。因此，如果卖主能使顾客相信某种产品取得、使用和维修的总费用较低，那么，他就可以把这种产品的价格定得比竞争者高，取得较多的利润。

四、竞争者对价格变动的反应

企业在考虑改变价格时，不仅要考虑购买者的反应，而且还必须考虑竞争对手对企业的产品价格的反应。当某一行业中企业数目很少，提供同质的产品，购买者颇具辨别力与知识时，竞争者的反应就愈显重要。

企业如何去估计竞争者的可能反应呢？假设企业只面临一家大的竞争者，竞争者的可能反应可从两个不同的出发点加以理解：假设竞争者有一组适应价格变化的政策；假设竞争者把每一次价格变动都当做单一挑战。每一假设在研究上均有不同的含义。

假设竞争者有一组适应价格变化的政策，至少有两种方法了解它们：通过内部情报和借助统计分析。内部情报的取得方法有好几种，有些是可以接受的，有些则近乎试探。有一种方法是从竞争者那里挖来经理人员，以获得竞争者考虑程序及反应形式等重要情报。此外，还可以雇用竞争者以前的职员专门建立一个单位，其工作任务就是模仿竞争者的立场、观点、方法思考问题。关于竞争者想法的情报，也可以由其他渠道如顾客、金融机构、供应商、代理商等获得。

企业可以从以下两个方面来估计、预测竞争者对本企业的产品价格变动的可能反应。第一，假设竞争对手采取老一套的办法来对付本企业的价格变动。在这种情况下，竞争对手的反应是能够预测的。第二，假设竞争对手把每一次价格变动都看做是新的挑战，并根据当时自己的利益作出相应的反应。在这种情况下，企业就必须断定当时竞争对手的利益是什么。企业必须调查研究竞争对手目前的财务状况，以及近年的销售和生产能力情况、顾客忠诚情况及企业目标等。如果竞争者的企业目标是提高市场占有率，他就可能随着本企业的产品价格变动而调整价格。如果竞争者的企业目标是取得最大利润，他就会采取其他对策，如增加广告预算，加强广告促销或者提高产品质量等。总之，企业在发动价格变动时，必须善于利用企业内部和外部的信息来源，观测出竞争对手的心思，以便采取适当的对策。

实际问题是复杂的，因为竞争者对本企业降低价格可能有种种不同理解。例如，竞争者可能认为企业想偷偷地侵占市场阵地；或者认为企业经营不善，力图扩大销售；或者认为企业想使整个行业的价格下降，以刺激整个市场需要。

如果企业面对着好几个竞争者，在变价时就必须估计每一个竞争者的可能反应。如果所有的竞争者反应大体相同，就可以集中力量分析典型的竞争者，因为典型的竞争者反应可以代表其他竞争者的反应。如果由于各个竞争者在规模、市场占有率及政策等重要问题上有所不同，因此他们的反应也有所不同，在这种情况下，就必须分别对各个竞争者进行分析；如果某些竞争者随着本企业的价格变动而变价，那么就有理由预料其他的竞争者也会这样干。

五、企业对竞争者变价的反应

（一）同质产品市场上企业的反应

在同质产品市场上，如果竞争者削价，其他企业也必须随之削价，否则顾客会购买竞争者的产品。如果某一个企业提价，其他企业不一定随之提价，最先发动提价的企业也不得不取消提价。

（二）异质产品市场上企业的反应

在异质产品市场上，企业对竞争者变价的反应有更多的选择余地。因此在这种市场上，顾客选择卖主时不仅考虑产品价格因素，而且考虑产品的质量、服务、性能、外观、可靠性等多方面的因素。因而在这种产品市场上，顾客对于较小的价格差异并不在意。

企业在对竞争者变价作出适当反应之前，必须调查研究以下问题。

（1）竞争者为什么要变价？

（2）竞争者的变价是暂时的还是长期的？

（3）如果对竞争者的变价不予理睬，企业的市场占有率和利润等会受到何种影响？

（4）对企业的每一个可能的反应，竞争者和其他企业又会有何种举动？

小案例

休布雷公司在美国伏特加酒的市场上，属于营销出色的公司，其生产的史密诺夫酒在伏特加酒的市场占有率达 23%。20 世纪 60 年代，另一家公司推出一种新型伏特加酒，其质量不比史密诺夫酒低，每瓶价格却比它低 1 美元。请问休布雷公司面对竞争对手的定价策略，应该怎么办?

技能训练

价格速记比赛

一、实训目标

通过训练，锻炼学生的速记能力；锻炼学生对价格的感知能力。

二、实训步骤

1. 学生自由组合，每个小组 5～8 人；
2. 老师根据班级分组个数准备产品价目表（每个组的产品不少于 20 个）；
3. 每个小组选出 1 个选手，参加比赛；
4. 产品及其价格准确个数最多的小组获胜。

三、实训组织

时间控制：每个参赛选手熟悉产品价目表的时间为 1 分钟。

四、实训流程

教师确定参赛顺序—参赛学生抽取产品价格表—参赛学生默看 1 分钟—取下相关产品价目表—1 分钟内参赛学生叙述价格—返回座位。

价格调查

一、实训目标

熟悉影响企业定价的因素，掌握基本的定价方法，学习应用定价技巧、变价的策略。

二、实训步骤

1. 学生自由组合，每个小组 5～8 人；
2. 通过调查，撰写变价策划方案；
3. 小组汇报。

三、实训组织

对学生，教师给出市场上某行业某类产品的价格竞争现状的基本资料。学生以小组为单位在市场上收集该类产品中相近产品的不同企业的定价情报及了解存在的情况。

闯关考验

一、单项选择题

1. 随行就市定价法是（　　）市场的惯用定价方法。

　A. 完全垄断　　B. 异质产品　　C. 同质产品　　D. 垄断竞争

2. (　　) 是企业把全国分为若干价格区，对于卖给不同价格区顾客的某种产品，分别制定不同的地区价格。
   A. FOB 原产地定价　　B. 分区定价
   C. 统一交货定价　　D. 基点定价
3. 某服装店售货员把相同的服装以 800 元卖给顾客 A，以 600 元卖给顾客 B，该服装店的定价属于 (　　)。
   A. 顾客差别定价　　B. 产品形式差别定价
   C. 产品部位差别定价　　D. 销售时间差别定价
4. 为鼓励顾客购买更多物品，企业给那些大量购买产品的顾客的一种减价称为(　　)。
   A. 功能折扣　　B. 数量折扣　　C. 季节折扣　　D. 现金折扣
5. 如果企业按 FOB 价出售产品，那么产品从产地到目的地发生的一切短损都将由(　　)承担。
   A. 企业　　B. 顾客　　C. 承运人　　D. 保险公司
6. 统一交货定价就是人们通常说的 (　　)。
   A. 分区定价　　B. 运费免收定价　　C. 基点定价　　D. 邮资定价
7. 企业利用消费者具有仰慕名牌商品或名店声望所产生的某种心理，对质量不易鉴别的商品的定价最适宜用 (　　)。
   A. 尾数定价法　　B. 招徕定价法　　C. 声望定价法　　D. 反向定价法
8. 当产品市场需求富有弹性且生产成本和经营费用随着生产经营经验的增加而下降时，企业便具备了 (　　) 的可能性。
   A. 渗透定价　　B. 撇脂定价　　C. 尾数定价　　D. 招徕定价
9. 准确地计算产品所提供的全部市场认知价值是 (　　) 的关键。
   A. 反向定价法　　B. 认知价值定价法
   C. 需求差异定价法　　D. 成本导向定价法
10. 按照单位成本加上一定百分比的加成来制定产品销售价格的定价方法称为(　　)定价法。
   A. 成本加成　　B. 目标　　C. 认知价值　　D. 诊断

二、多项选择题

1. 差别定价的主要形式有 (　　)。
   A. 顾客差别定价　　B. 产品包装差别定价
   C. 产品部位差别定价　　D. 销售时间差别定价
   E. 产品形式差别定价
2. 影响企业定价的主要因素有 (　　) 等。
   A. 定价目标　　B. 产品成本　　C. 市场需求
   D. 经营者意志　　E. 竞争者的产品和价格
3. 地区定价的形式有 (　　) 等。
   A. FOB 原产地定价　　B. 分区定价
   C. 补充产品定价　　D. 基点定价
   E. 运费免收定价

4. 企业定价目标主要有（　　）等。
   A. 维持生存　　B. 当期利润最大化
   C. 市场占有率最大化　　D. 产品质量最优化
   E. 成本最小化
5. 价格折扣主要有（　　）等类型。
   A. 现金折扣　　B. 数量折扣　　C. 功能折扣
   D. 季节折扣　　E. 价格折让

三、简答题

1. 简述定价的影响因素。
2. 差别定价的类型有哪些?
3. 分析企业降价的原因。

四、案例分析

案例一　别克凯越 Excelle 轿车的价格策略

上海通用汽车先后推出了经济型轿车赛欧（8.98万～12.98万元）和中高档轿车别克君威（22.38万～36.9万元）。赛欧针对的是事业上刚刚起步、生活上刚刚独立的年轻白领；而别克君威则针对的是已经取得成功的领导者。中级轿车市场是中国轿车市场的主流，这一汽车板块为中国汽车业带来了巨大的利益，同时也是竞争最激烈的市场。中级轿车市场多以公务商务使用为主，兼顾私用，目前中级轿车月销售量在2.4万台左右，而且仍在迅速增长。上海通用汽车因此推出“别克凯越”，从而正式进军极具潜力的中级车市场。别克凯越的市场主要竞争对手包括：爱丽舍、日产阳光、宝来、威驰、福美来、捷达、桑塔纳2000等。

在2003年8月上市的别克凯越LE-MT豪华版（1.6升手动挡）售价为14.98万元，别克凯越LS-AT顶级版（1.8升自动挡）售价为17.98万元。

目前，中国国内中档车的市场竞争相当激烈，多种因素影响了别克凯越的上市价格。别克凯越要面对的是一个逐渐成熟的市场，爱丽舍、日产阳光、宝来、威驰、福美来、捷达、桑塔纳2000等车型已经占据相当大的市场份额，同时，这些车型又具有很高的性价比。中档车市场面对的是中国社会中最具有经济实力的一个阶层，一般来讲，这个阶层的家庭都具有以下特征：男性，已婚，30～45岁，家庭月收入超过一万元，大专以上文化教育程度，在国企或私企担任中级经理或是中小型私营企业主，他们购买凯越的用途是以公务商务为主，兼顾私用。因此，别克凯越是专为中层经理人、小型私企业主打造的中档公务商务兼私用座驾，它以现代动感外观、高效人性化空间、卓越先进科技配备、满足了潜在车主实用、可靠、时尚、符合身份档次的用车需求，成为其事业和生活的可靠伴侣。

另外，在市场已经被占领的情况下，别克凯越只有具有更好的性价比才可以在市场中占有一席之地。在性能上，别克凯越配置了许多高档车的设备，而在价格上，别克凯越在同档次的车型中价格居中上。

在分析以上影响因素之后，可以看到，别克凯越的市场定价不高，采用了满意定价的方法，制定不高不低的价格，可以同时兼顾厂商、中间商及消费者利益，使各方面满意。相对于同一类的车而言，如宝来1.6升手动基本型的售价是15.5万元，而别克凯越1.6的售价是14.98万元，在性能相近的情况下，别克凯越的售价比同档次的宝来低了5 000多元。因此，对中级车主力的宝来构成了巨大的冲击。

上海通用是世界最大的汽车制造厂商，别克是世界名牌。但是，别克凯越采用了一种跟随的定价方式，在同类车中，价格低于宝来和配置更好的威驰，并没有定高价。可见，上海通用汽车进入中级车市场的决心。

同时，可以看到它采用了尾数定价的技巧。这无疑又为别克凯越占领市场建立了一个好的口碑。别克凯越1.6的定价虽然离15万只是差了200元，但是消费者在心理上没有突破15万的心理防线，给顾客价廉的感觉。而同一档次、性能相近的宝来的售价是15.5万元，给消费者价格昂贵的感觉。同时别克凯越采取了以数字8为结尾，很符合中国人的习惯，这与大多数轿车生产厂商的定价方法是相同的。

目前，还没有看到别克凯越降价的迹象，同时看到的都是在加价购车，虽然加价，但比起同性能的车型，价格还是相对便宜，因此，可以看到在近期内面对同类中级车的不断降价声，别克凯越很难降价。但是，加价买车的现象会随着产量的增加而消失。面对众多竞争者相继降价，或者提高性能变相降价，别克凯越无疑将面对更大的压力。直接降价无疑会对品牌的声誉产生很大的影响，一个顾客很难接受一个汽车品牌不断的降价，不仅损害了顾客的利益，而且还损害了厂商自身的利益。因此，面对宝来、威驰等主力中级车型的降价，以上海通用一贯的价格策略，别克凯越将会采用提高性能或者实行优惠的政策来变相降价。

别克凯越进入市场3个月内，销量突破2万辆大关，创造了中国轿车业的奇迹，这和上海通用稳定的价格策略是分不开的。上海通用一般采取一种具有刚性的价格，很少采用降价销售的竞争手段，虽然赛欧一度降价，但总保持了一定的稳定性，避免品牌知名度的下降。对于别克凯越，上海通用同时又采用一种满意定价，其价格低于同类车中性能相近的车型，因此，消费者可以获得十足的满意。

案例思考

1. 影响别克凯越定价的主要因素有哪些？
2. 作为一个消费者，当你面对14.8万元和15.0万元的价格时，你首先会有什么样的印象？
3. 为什么别克凯越会采取变相降价的策略？

案例二 珠宝定价的故事

位于深圳的异彩珠宝店，专门经营由少数民族手工制成的珠宝首饰。位于游客众多，风景秀丽的华侨城（周围有著名的旅游景点：世界之窗、民族文化村、欢乐谷等），生意一直比较稳定。客户主要来自两部分：游客和华侨城社区居民（华侨城社区在深圳属于高档社区，生活水平较高）。

几个月前，珠宝店店主易麦克特（维吾尔族）进了一批由珍珠质宝石和银制成的手镯、耳环和项链的精选品。与典型的绿松石造型中的青绿色调不同的是，珍珠质宝石是粉红色略带大理石花纹的颜色。就大小和样式而言，这一系列珠宝中包括了很多种类。有的珠宝小而圆，式样很简单，而别的珠宝则要大一些，式样别致。不仅如此，该系列还包括了各种传统样式的由珠宝点缀的丝制领带。

与以前的进货相比，易麦克特认为这批珍珠质宝石制成的首饰的进价还是比较合理的。

他对这批货十分满意，因为它比较独特，可能会比较好销。在进价的基础上，加上其他相关的费用和平均水平的利润，他定了一个价格，并觉得这个价格应该十分合理，肯定能让顾客觉得物超所值。

这些珠宝在店中摆了一个月之后，销售统计报表显示其销售状况很不好，易麦克特十分失望，不过他认为原因并不是在首饰本身，而是在营销的某个环节没有做好。于是，他决定试试在中国营销传播网上学到的几种销售策略。例如，令店中某种商品的位置有形化往往可使顾客产生更浓厚的兴趣。因此，他把这些珍珠质宝石装入玻璃展示箱，并将其摆放在该店入口的右手侧。可是，当他发现位置改变之后，这些珠宝的销售情况仍然没有什么起色。

他认为应该在一周一次的见面会上与员工好好谈谈了。他建议销售小姐花更多的精力来推销这一独特的产品系列，并安排了一个销售小姐专门促销这批首饰。他不仅给员工们详尽描述了珍珠质宝石，还给他们发了一篇简短的介绍性文章以便他们能记住并讲给顾客。不幸的是，这个方法也失败了。

就在此时，易麦克特正准备外出选购产品。因对珍珠质宝石首饰销售下降感到十分失望，他急于减少库存以便给更新的首饰腾出地方来存放。他决心采取一项重大行动，选择将这一系列珠宝半价出售。临走时，他给副经理匆忙地留下了一张字条。告诉她："调整一下那些珍珠质宝石首饰的价格，所有都乘 1/2。"

当他回来的时候，易麦克特惊喜地发现该系列所有的珠宝已销售一空。"我真不明白，这是为什么"，他对副经理说，"看来这批首饰并不合顾客的胃口。下次我在新添宝石品种的时候一定要慎之又慎。"而副经理对易麦克特说，她虽然不懂为什么要对滞销商品进行提价，但她惊诧于提价后商品出售速度惊人。易麦克特不解地问："什么提价？我留的字条上是说价格减半啊。""减半？"副经理吃惊地问，"我认为你的字条上写的是这一系列的所有商品的价格一律按双倍计。"结果，副经理将价格增加了一倍而不是减半。

案例思考

1. 请解释这种情况下发生了什么事情，为什么珠宝以原价 2 倍的价格出售会卖得这么快？
2. 易麦克特对珍珠质宝石首饰的需求曲线作出了怎样的假设？实际上这种产品的需求曲线应该是什么样的？

参考答案：

一、单项选择题

1. C　2. B　3. A　4. B　5. B　6. D　7. C　8. A　9. B　10. A

二、多项选择题

1. ACDE　2. ABCE　3. ABDE　4. ABCD　5. ABCDE

任务三　渠道策略

目标规划

（一）学习目标

基本了解：（1）分销渠道的概念及作用；

（2）分销渠道的特征。

重点掌握：（1）分销渠道的长度、宽度；

（2）分销渠道的发展；

（3）窜货出现的原因及对策。

（二）技能目标

（1）增加学生进入市场营销领域的能力；

（2）能够对企业的渠道构成进行分析，并有效进行渠道控制。

本任务穿针引线

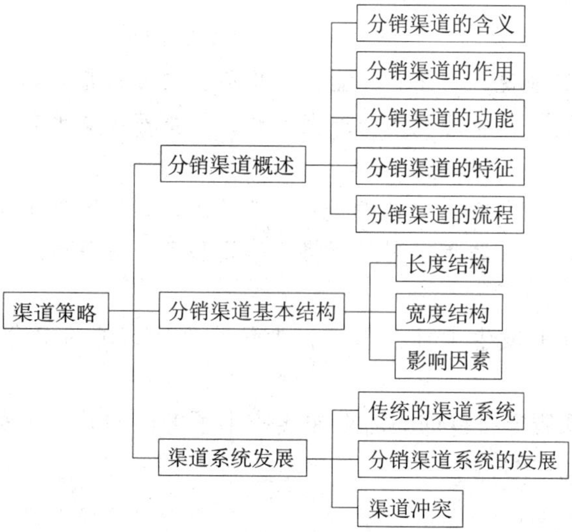

案例引入

NIKE 的选择分销

NIKE 在 6 种不同类型的商店中销售其生产的运动鞋和运动衣：体育用品专卖店，如高尔夫职业选手用品商店；大众体育用品商店，供应许多不同样式的耐克；百货商店，集中销售最新样式的耐克产品；大型综合商场，仅销售折扣款式；耐克产品零售商店，设在大城市中的耐克城，供应耐克的全部产品，重点是销售最新款式；工厂的门市零售店，销售的大部分是二手货和存货。

第一节 分销渠道概述

分销渠道策略（distribution strategy），指企业为了使其产品进入目标市场所进行的路径选择活动，它关系到企业在什么地点、什么时间、由什么组织向消费者提供商品和劳务。企业应选择经济、合理的分销渠道，把商品送到目标市场。分销渠道因素包括渠道的长短、宽窄决策，中间商选择及分销渠道的分析评价和变革等内容。

一、分销渠道的含义

分销渠道，也称配销通路或营销渠道，一般是指产品或服务从生产者流向消费者所经过的整个通道，包括制造商、批发商、零售商及其他辅助机构。

菲利普·科特勒认为：一条分销渠道是指某种货物或劳务从生产者向消费者移动时取得这种货物或劳务的所有权或帮助转移其所有权的所有企业和个人。因此，一条分销渠道主要包括商人中间商（因为他们取得所有权）和代理中间商（因为他们帮助转移所有权）。此外，它还包括作为分销渠道的起点和终点的生产者和消费者，但是，它不包括供应商、辅助商等。

科特勒认为，市场营销渠道（marketing channel）和分销渠道（distribution channel）是两个不同的概念。他说："一条市场营销渠道是指那些配合起来生产、分销和消费某一生产者的某些货物或劳务的一整套所有企业和个人。"这就是说，一条市场营销渠道包括某种产品的供产销过程中所有的企业和个人，如资源供应商（suppliers）、生产者（producer）、商人中间商（merchant middleman）、代理中间商（agent middleman）、辅助商（facilitators）（又译作"便利交换和实体分销者"，如运输企业、公共货栈、广告代理商、市场研究机构等）及最后消费者或用户（ultimate consumer or users）等。

二、分销渠道的作用

1. 可以及时、有效地实现产品销售

企业营销目的是为了满足消费者的需求，实现利润目标。要实现这一目标不仅取决于企业能否生产出适销对路的产品，更重要的取决于这些产品能否及时地销售出去。只有选择合理、适当的分销渠道，才能及时、有效地把产品传送到消费者手中。

2. 可以节省产品销售所需的投资和费用

许多生产企业实际上缺乏直接将产品卖给最终消费者的人力、物力和财力，特别是一些小规模的企业。即使是大企业，通常也会因为其顾客分布太广，购买太分散而不得不选择中间商作渠道成员，帮助分销，如无锡小天鹅集团，市场遍布全国，零售网点几万家，小天鹅公司不可能完全靠自己投资建这么多零售点，使用中间商分销就可以利用他们现有的网络，节省市场网络建设费用。

3. 可以使生产商获得产品销售的优势

许多渠道成员执行着销售专业技能，拥有生产商所不具备的优势。例如，中间商渠道成员，无论是批发商还是零售商，他们都有广泛的顾客和客户关系，都有丰富的市场知识和接

近客户的地理位置，还拥有交易场地和仓储空间，生产企业与中间商结成亲密的渠道伙伴关系，可以综合利用中间商的优势为己服务，使企业产品更贴近市场。

4. 可以获取大规模分销的经济利益

作为生产商总希望其产品更快、更多地通过销售渠道到达最终消费者（客户）手中，而能够帮助生产商实现这个目标的只有中间商。通过中间商的营销网络，可以使生产商的产品在广泛的市场面上铺开，得到大规模分销的经济利益。所以，企业市场的开拓，其实质就是渠道成员之间的网络构筑。为此，许多厂商都把渠道成员之间的网络视为企业的重要无形资产。

5. 可以提高产品的市场竞争力

分销渠道的选择直接影响到商品的销售成本，从而影响到产品的价格、产品的竞争力。只有选择合理的分销渠道，配置好中间商，保证产品及时销售出去，才能加快资金的周转，提高资金的使用效益。同时也能节约销售费用，降低产品成本，从而降低产品的销售价格，达到提高产品的市场竞争能力的目的。

6. 可以促进产品销售活动

在商品流通中，促销是一项重要的营销活动，是影响和吸引消费者购买的策略手段。就一般促销活动而言，它需要场地、氛围的渲染、人力的投入。相比之下，零售商在产品促销方面更有场地条件，具有丰富经验。为此，选择熟悉市场需求、熟悉产品性能，具有丰富促销经验的中间商，有利于企业的促销活动的开展，有利于产品的销售。

课堂思考1

下面哪些是分销渠道的成员？

供应商；制造商；批发商；零售商；银行；经纪人；顾客

三、分销渠道的功能

具体来说，分销渠道的功能主要包括以下几个方面。

1. 所有权转移

分销渠道承担的最本质功能就是完成产品从生产者到消费者的所有权转移。在这个过程中，生产者出售了他的产品，获得了销售收入，消费者付出了货币，取得了所需要的产品。

2. 沟通信息

收集并发布关于市场营销环境中现有的和潜在的消费者、竞争者及其他影响者和影响力量的信息。

3. 促进销售

通过人员推销、广告、公关活动及其他促销方式吸引和说服顾客和潜在顾客。

4. 洽谈生意

渠道成员之间达成有关产品的价格、采购条件、进货条件及售后服务的协议，并提出订单。

5. 资金融通

中间商购进产品并保持存货需要投入资金，这部分投入在产品实际抵达消费者之前就已经垫支，保证了厂商的再生产活动。所以，中间商购进产品行为实际是融资。

6. 实体分配

分销渠道除了完成产品交易过程外，同时，还要完成产品实体从生产者到消费者的空间移动，消费才能成为现实的消费。

7. 风险承担

产品从生产领域到消费领域转移过程中会面临许多不确定因素和物质实体的损耗，如市场需求变动、不可抗拒的天灾人祸、运输和存储及装卸过程中的商品破损等。这些风险均要由分销渠道成员承担。

四、分销渠道的特征

分销渠道反映某一特定产品或服务价值实现的全过程，是由一系列互相依存的组织按一定目标结合起来的网络系统，核心业务是购销，是一个多功能系统（调研、购销、融资、储运等多种职能）。

1. 分销渠道是产品从起点到终点的通道

产品分销渠道不管是否经过中间环节，也不管经过几道中间环节，其起点是生产者，而终点是能最终实现产品价值的消费者或用户。完整的分销渠道，是指产品这种自始至终的流通过程，而非产品流通过程中的某一阶段。

2. 分销渠道是一个由不同企业或人员构成的整体

分销渠道的组织是由产品流通过程中的渠道成员组成的，这些渠道成员是产品流转所经过通道中的各类中介机构，其中包括生产者自身的销售机构，以及中间代理商、批发商、零售商和承担实体分配的储运商，正是通过这些中介机构网络，产品才能上市行销。处于分销渠道两端的生产者和消费者及各种职能的中介组织被统称为渠道成员，渠道成员可以是企业，也可以是个人，他们共同的职责是帮助制造商转移产品的所有权。

3. 分销渠道的途径是由产品流转环节衔接的

分销渠道是产品从生产者转移到消费者的途径，而这一途径是由各流转环节所衔接的，如某一生产商的产品，厂商销售机构卖给批发商，批发商又卖给零售商，消费者又从零售商购得产品，这就是某一产品的分销途径。由此看来，当渠道成员间发生购销活动时，产品流转的环节就彼此连接成一体，推动产品由生产者到消费者的流动，从而形成了产品分销的通道。

4. 分销渠道的分布呈现网络形态

分销渠道是由承担不同职能的渠道成员所构成的，这些成员分布于各个区域范围内，形成星罗棋布的网络状态，所以，到 20 世纪 90 年代中期，人们就把这种网状的分销渠道称作为分销网络。著名的未来学家斯托夫认为，未来的市场，只不过是一个张开的网，谁掌握了网络，谁就掌握了市场。现代企业都十分重视分销网络建设，已经不是简单地从产品转移的通道去思考分销问题，而是从企业整个营销体系运作系统来构思渠道建设，从物流、现金流、信息流、所有权流来构思厂商与消费者（客户）之间的通道，从而提高企业整体运作能力，达到提高企业竞争力的目的。

五、分销渠道的流程

（1）实体流也称物流。是指产品实体在渠道中的空间移动，即从制造商的手中到达最终用户手中的运输和储存活动。

（2）所有权流也称商流。是指商品的所有权从渠道的一个成员转移到另一个成员手中的过程，表明了流通时所有权关系的变更。

（3）促销流。是指渠道成员促进销售的行为。

（4）谈判流。是指渠道成员之间就双方交易的商品价格、付款的方式、交货的地点和时间等问题进行洽谈，一经双方确认就成交。

（5）融资流。是指渠道成员之间的资金互相融通的活动（互惠购买）。例如，甲企业向乙企业提出，如果乙企业购买丙企业的产品，则甲企业就购买乙企业的产品，因为丙企业以甲企业推销其产品作为购买甲企业的产品的条件，这就是三角互惠。虽然这类现象极为常见，但大多数经营者和代理商却反对互惠原则，并视其为不良习俗。

（6）风险流。是指渠道成员在流通活动中，有可能遇到像产品积压、过时、报废、丢失、耗损、产品返修率高、合同违约、市场变化、自然灾害等不可预测的损失问题，这些风险都会在成员之间互相转移，每个成员都有可能要承担流通的风险。

（7）订货流。是指渠道成员向供应商订购商品的活动。

（8）付款流。是指渠道成员向其供应商购买商品所支付货款，或者支付为实现购销活动发生的服务费引起的资金流动。企业通过赊销、分期付款等方式推销商品，虽然可以扩大销量，增加利润，但相应的应收账款的数额也越来越大。

第二节　分销渠道基本结构

分销渠道的基本结构是指渠道的“长度结构”和“宽度结构”的统一体。

一、长度结构

1. 概念

长度结构是指产品分销所经中间环节的多少及渠道层级的多少。如果产品从制造商直接到达客户，就称其为较短的渠道，最短的渠道是不经过中间环节的渠道。如果产品要经过代理商、批发商、零售商等多种环节才能到达客户，就称其为较长的渠道。企业有时通过兼并处于另一渠道层次的公司来缩短其渠道的长度。

2. 渠道长度的类型

（1）零阶渠道。一般也被称为直接渠道，是指产品从制造商直接销售给最终消费者，产品不经过任何中间商环节的分销渠道形式，也称为直销形式。

（2）一阶渠道。是指产品从制造商到达最终消费者的流通中只经过一个层级中间商的环节。

（3）二阶渠道。是指产品从制造商到达最终消费者的流通中要经过两个层级中间商的环节。

（4）三阶渠道。是指产品从制造商到达最终消费者的流通中要经过三个层级中间商的环节。

二、宽度结构

分销渠道的宽度结构是指在同一个分销的层级选择中间商数目的多少，数目越多就越“宽”，反之，就越“窄”。

1. 密集型分销渠道

密集型分销渠道也称为广泛型分销渠道，或普通型分销渠道，就是指制造商在同一渠道层级上选用尽可能多的渠道中间商来分销自己的产品的一种渠道类型。这种渠道可以使产品在目标市场上形成铺天盖地之势，以达到使自己产品品牌充分显露，实现路人皆知且随处可买，最广泛地占领目标市场的目的。密集型分销渠道，多见于消费品领域中的便利品，如牙膏、牙刷、饮料等。

优点：市场覆盖面大，扩展市场迅速，顾客接触率高，可较快地提升销售业绩，分销的支持度强，充分地利用中间商等优点。

缺点：一是厂商较难控制渠道，而且花费的费用也高，分销商的竞争强，分销和促销不专一。凡是符合生产商的最低信用标准的渠道成员都可以参与其产品或服务的分销。密集型分销意味着渠道成员之间的激烈竞争和很高的产品市场覆盖率。二是容易导致市场混乱，渠道管理成本较高。在密集型分销中生产商能够提供服务的经销商数目总是有限的。由于密集型分销加剧了经销商之间的竞争，经销商之间的竞争会造成销售努力的浪费，同时降低了他们对生产商的忠诚度。

2. 选择型分销渠道

选择型分销渠道是指企业有选择性地精选几家中间商来分销本企业的产品。这种分销方式使用较普遍，它适应于大多数商品，尤其是消费品中的选购品、特殊品及一些标准化程度较高的工业品。这种分销方式比独家式分销面宽，又比广泛型分销面窄，企业能通过对中间商的精选，去掉那些效率不高的中间商，易于节省成本和费用，又较容易控制和经常保持联系，能更好地督促中间商完成企业所赋予的营销职能，效果好。生产商往往先采取广泛型分销，以促使新产品迅速上市，而后改用选择型分销，淘汰一部分经营管理差或不守信用的中间商。

3. 独家式分销渠道

独家式分销渠道是指制造商在某一地区仅选择一家中间商经营销售其产品，通常双方协商签订独家经销合同，规定经销商不得经营竞争者的产品，以便控制经销商的业务经营，调动其经营积极性，从而占领市场。这是一种最为极端的常见专营型分销渠道，它始于 20 世纪 90 年代，是一种传统的营销模式。

这类分销方式适应于贵重、高价和需提供特殊服务及一些名牌商品。采取独家式分销，对企业来说，可以提高对渠道的控制能力，刺激中间商为本企业服务。但这种分销方式对生产商风险较大，如果中间商选择不当，则有可能“吊死在一棵树上”，从而失去某一地区的市场。所以这就要求生产商考察市场及对中间商定期地检查，了解他们目前的经营状态及实力。

三、影响因素

（1）产品因素。分销渠道长度和/或宽度的选择受到产品的单价、体积和重量、易损性、技术性、所处的生命周期阶段等因素的影响。

(2) 顾客因素。分销渠道长度和/或宽度的选择受到顾客的数量、分布范围、单次购买量、购买频率等因素的影响。

(3) 中间商因素。分销渠道长度和/或宽度的选择受到中间商的数量、连锁功能、配套功能等因素的影响。

(4) 企业因素。分销渠道长度和/或宽度的选择受到生产者的实力和声誉、产品组合状况、市场营销能力、控制分销渠道的愿望等因素的影响。

(5) 竞争者(市场)因素。分销渠道长度和/或宽度的选择受到竞争者所选择的分销渠道长度和/或宽度的影响。

(6) 环境因素。

第三节 渠道系统发展

一、传统的渠道系统

1. 概念

传统渠道系统是指有各自独立的生产商、批发商、零售商和消费者组成的分销渠道。传统渠道成员之间的系统结构是松散的。由于这种渠道的每一位成员均是独立的，因此它们往往各自为政，几乎没有一位成员能完全控制其他成员。松散型分销模式是一种传统的市场营销模式，它在市场经济不很发达，大量生产体制尚未形成规模时极为盛行。在当今较为发达的市场经济国家，这样的模式仍然存在。

农产品由于其生产的分散性和季节性，需要通过各种销售组织使其进入市场；众多中小企业由于其财力和销售力量有限，也必须依靠市场和各种销售组织来推销其产品；某些特定行业由于其行业产品特点和传统，仍沿袭松散型分销模式。

2. 松散型分销模式的特征

(1) 成员是由在产权和管理上独立企业构成。松散型分销模式里，其成员由一个个独立的生产者、批发商和零售商组成，每一位成员都作为一个独立的企业实体来追求自己利益的最大化。

(2) 网络之间缺乏信任感，且有不稳定性。在这种模式中，每个成员都是以自我为中心进行决策，决策中也只考虑自身的成本、规模、投资效率等。整个渠道缺乏统一目标，决策权分散在每一位成员或每一级渠道上，各成员之间并没有形成确切的分工结构。

(3) 成员间靠谈判和讨价还价建立联系。在这种模式中，每一位成员关心的都是商品能否进入下一个分销环节，很少考虑渠道的整体利益。为此，各成员之间的联系是通过谈判和讨价还价建立的。由于成员之间缺乏信任感，渠道进出极其随意，除了交易关系外不存在其他相互联系和约束，所以网络成员之间的关系是松散的。

3. 优缺点

优点是，企业必须时刻保持对市场的关注，不断改进产品改善管理及降低价格，保持产品的竞争力和对中间商、消费者的吸引力，这种压力会督促生产者持续努力。另外，由于中间商的独立地位，他们往往更能代表顾客的利益和要求，他们对产品的挑剔和选择会在市场规律的作用下淘汰许多不合格企业，从而扩大了行业优秀企业的市场份额。

缺点是，由于中间商注重短期效应，生产者无法贯彻和执行长期市场战略，因而可能损失长远利益。由于网络成员缺乏合作，生产者无法从中间商处得到各种反馈意见。而网络的不稳定性，造成销售的不稳定，生产者在建立和保障大规模专业化生产体系的正常运作时要冒很大的市场风险。

二、分销渠道系统的发展

20 世纪 80 年代以来，分销渠道系统突破了由生产者、批发商、零售商和消费者组成的传统模式和类型，有了新的发展，如垂直渠道系统、水平渠道系统、多渠道营销系统等。

1. 垂直渠道系统

垂直渠道系统是由生产企业、批发商和零售商组成的统一系统。垂直分销渠道的特点是专业化管理、集中计划，销售系统中的各成员为共同的利益目标，都采用不同程度的一体化经营或联合经营。它主要有以下三种形式。

（1）公司式垂直系统。指一家公司拥有和统一管理若干工厂、批发机构和零售机构，控制分销渠道的若干层次，甚至整个分销渠道，综合经营生产、批发、零售业务。这种渠道系统又分为两类：工商一体化经营和商工一体化经营。

小案例

近年来，时装零售商 ZARA 吸引几乎疯狂的购物者蜂拥购买它的“廉价时尚”，其设计媲美一线大牌但价格十分亲民。然而，ZARA 的成功不仅来自它的时装，而且来自其尖端分销系统。ZARA 打造的是快时尚，通过垂直整合，ZARA 采用新颖的时尚理念在短短两星期内完成设计、生产和上架，而竞争对手如 Gap、贝纳通、H&M 往往需要半年甚至更久。随之而来的低成本让消费者能以低端市场的价格买到中端市场的时尚。

快速设计和分销使 ZARA 能够源源不断地推出新时尚，而其竞争者往往要花上三倍的时间。其次，ZARA 每周以两三次的频率给其店铺补充少量新品。相比之下，其竞争对手按季度大量供货，每年一般只有 4～6 次。频繁小批量供货与大量新时尚的结合给 ZARA 门店提供不断更新的商品组合，顾客光临更加频繁。快速流通使其很少有过季的打折商品。

（2）管理式垂直系统。指制造商和零售商共同协商销售管理业务，其业务涉及销售促进、库存管理、定价、商品陈列、购销活动等。

（3）契约式垂直系统。指不同层次的独立制造商和经销商为了获得单独经营达不到的经济利益而以契约为基础实行的联合体。它主要分为三种形式：特许经营组织、批发商倡办的连锁店、零售商合作社。

2. 水平渠道系统

水平渠道系统是指由两家以上的公司横向联合起来的渠道系统。它们可实行暂时或永久的合作。这种系统可发挥群体作用，共担风险，获取最佳效益。

3. 多渠道营销系统

多渠道营销系统是指对同一或不同的分市场采用多条渠道的营销系统。这种系统一般分为两种形式：一种是生产企业通过多种渠道销售同一商标的产品，这种形式易引起不同渠道间激烈的竞争；另一种是生产企业通过多渠道销售不同商标的产品。

小案例　TCL 集团：构建深广兼容的分销渠道

TCL 集团于 1981 年靠一个小仓库和 5 000 元贷款起家，1999 年发展成为拥有 100 多亿元总资产，销售收入、出口创汇分别达到 150 亿元、2.4 亿美元，在中国电子行业雄居三强的企业集团。该集团前 10 年集中生产经营通信产品，占据了电话机市场龙头地位；后 10 年进军家电、电工市场，在十分激烈的竞争中，年均销售增长率持续超过 50%。进入 20 世纪，集团正在策划新的目标：再用 10 年时间，使公司从传统的电子企业向以“3C”整合为核心、信息产业为主导的互联网接入设备主流供应商转移，销售规模达到 1 500 亿元，进入世界 500 强企业行列。

TCL 在连续不断的市场大战中主动认识和培育市场，逐渐形成了“有计划的市场推广”“服务营销”和“区域市场发展策略”等市场拓展新理念，建立了覆盖全国的营销网络，发展自己的核心竞争力。到 1998 年底，TCL 已在全国建立了 28 家分公司，130 个经营部（不包括县级经营机构），还有几十个通信产品、电工产品的专卖店，销售人员 3 000 多人，这个网络既销售王牌彩电，也销售集团内的多种产品，1998 年的销售额达到 50 多亿元。为了进一步开拓国际市场，近年来集团又成立了“国际事业本部”，积极策划在东欧、东南亚设立自己的销售网点。

建立营销网络加快了 TCL 集团的发展步伐。TCL 坚持经营变革与管理创新，不断推进企业产权制度改革。集团通过授权经营，落实了企业经营风险责任机制和利益激励机制。尤其是进入 20 世纪 90 年代以来，TCL 抓住机遇，通过灵活机动的资本运营机制，先后兼并了香港陆氏彩电、河南美乐电视机、内蒙古彩虹电视机、金科集团和翰林汇软件公司，并与美国 Lotus Pacific 合作，进入了信息网络终端产品和信息服务领域。TCL 投资创办了爱思科微电子集成电路公司，介入了通信系统设备制造、移动电话和锂离子电池等高科技领域。TCL 已开始的产业结构调整，目标是使公司由传统家电产品制造商向互联网设备的主流厂商转变。集团领导层对这个转变充满信心，其中一个理由是营销网络为这个转变的实现提供了有力的保证。经过多年苦心经营，TCL 的营销网络已建立了能及时发现市场、开拓市场、保障服务质量、有效进行品牌推广，并灵活适应市场变化的机制。20 世纪 90 年代初 TCL 王牌彩电成功介入竟无隙渠道融合市场，名列“三甲”，营销网络功不可没。

三、渠道冲突

渠道冲突是指某渠道成员从事的活动阻碍或者不利于本组织实现自身的目标，进而发生的种种矛盾和纠纷。分销渠道的设计是渠道成员在不同角度、不同利益和不同方法等多因素的影响下完成的，因此，渠道冲突是不可避免的。

（一）渠道冲突的类型

1. 水平渠道冲突

水平渠道冲突指的是同一渠道模式中，同一层次中间商之间的冲突。产生水平渠道冲突的原因大多是生产企业没有对目标市场的中间商数量分管区域作出合理的规划，使中间商为各自的利益互相倾轧。这是因为在生产企业开拓了一定的目标市场后，中间商为了获取更多的利益必然要争取更多的市场份额，在目标市场上展开“圈地运动”。例如，某一地区经营A家企业产品的中间商，可能认为同一地区经营A家企业产品的另一家中间商在定价、促销和售后服务等方面过于进取，抢了他们的生意。如果发生了这类矛盾，生产企业应及时采取有效措施，缓和并协调这些矛盾，否则，就会影响渠道成员的合作及产品的销售。另外，生产企业应未雨绸缪，采取相应措施防止这些情况的出现。

2. 垂直渠道冲突

垂直渠道冲突是指在同一渠道中不同层次企业之间的冲突，这种冲突较之水平渠道冲突要更常见。例如，某些批发商可能会抱怨生产企业在价格方面控制太紧，留给自己的利润空间太小，而提供的服务（如广告，推销等）太少；零售商对批发商或生产企业，可能也存在类似的不满。

垂直渠道冲突也称作渠道上下游冲突。一方面，越来越多的分销商从自身利益出发，采取直销与分销相结合的方式销售商品，这就不可避免要同下游经销商争夺客户，大大挫伤了下游渠道的积极性；另一方面，当下游经销商的实力增强以后，不满足目前所处的地位，希望在渠道系统中有更大的权利，向上游渠道发起了挑战。在某些情况下，生产企业为了推广自己的产品，越过一级经销商直接向二级经销商供货，使上下游渠道间产生矛盾。因此，生产企业必须从全局着手，妥善解决垂直渠道冲突，促进渠道成员间更好地合作。

3. 不同渠道间的冲突

随着顾客细分市场和可利用的渠道不断增加，越来越多的企业采用多渠道营销系统即运用渠道组合、整合。不同渠道间的冲突指的是生产企业建立多渠道营销系统后，不同渠道服务于同一目标市场时所产生的冲突。例如，美国的李维牌牛仔裤原来通过特约经销店销售，当它决定将西尔斯百货公司和彭尼公司也纳为自己的经销伙伴时，特约经销店表示了强烈的不满。因此，生产企业要重视引导渠道成员之间进行有效的竞争，防止过度竞争，并加以协调。不同渠道间的冲突在某一渠道降低价格（一般发生在大量购买的情况下），或降低毛利时，表现得尤为强烈。

（二）产生渠道冲突的原因

总结产生渠道冲突的原因，一般可以归结为以下几点。

（1）目标不一致。由于渠道双方属于独立的实体，其在经济利益、目标上必然会产生偏差，这是产生渠道冲突的重要原因。

（2）不明确的权力与责任。当企业采用多种渠道时，由于在各个渠道的经营范围等方面没有进行明确的规定，可能会导致水平渠道冲突。

（3）渠道一方对另一方的过度依赖。

（4）知觉差异。即对于某一问题渠道合作方在认识上的差异。

针对产生渠道冲突的原因，我们可以从以下几个方面思考解决渠道冲突。

（1）采用超级目标，即通过某种方式签订一个渠道各方共同追求的目标的协议，内容可包括生存、市场份额、顾客满意等。

（2）人员互换。

（3）合作，即相互参加对方的咨询会或董事会，以有利于倾听对方的观点。

（4）有时候垂直渠道冲突可以通过各自的行业协会进行协调的方式来解决。

（5）当冲突是长期的、尖锐的时候，冲突方必须通过协商、调解或仲裁解决。

（三）窜货的问题

窜货是经商网络中的公司分支机构或中间商受利益驱动，把所经销的产品跨区域销售，造成市场倾轧、价格混乱，严重影响厂商声誉的恶性营销现象。

1. 窜货的类型

按照性质分类，分为3类：恶性窜货——经销商为了牟取非正常利润，蓄意向非辖区倾销货物；自然性窜货——一般发生在辖区临界处或物流过程，非供销商恶意所为；良性窜货——经销商流通性很强，货物经常流向非目标市场。

按照市场分类，分为3类：同一市场内部的窜货——甲乙互相倒货；不同市场之间的窜货——两个同一级别的总经销之间相互倒货；交叉市场之间的窜货——经销区域重叠。

2. 窜货的表现

（1）分公司为完成销售指标，取得业绩，往往把货销售给需求量大的兄弟分公司，造成分公司之间的窜货。

（2）中间商之间的窜货。甲乙两地供求关系不平衡，货物可能在两地低价抛售走量流转。

（3）为减少损失，经销商低价倾销过期或即将过期的产品。

（4）更为恶劣的窜货现象是经销商将假冒伪劣商品与正品混同销售，掠夺市场份额。

3. 窜货的危害

（1）一旦价格混乱，将使中间商利润受损，导致中间商对厂家不信任，对经销其产品失去信心，直至拒售。

（2）供应商对假货和窜货现象监控不力，地区差价悬殊，使消费者怕假货、怕吃亏上当而不敢问津。

（3）损害品牌形象，使先期投入无法得到合理的回报。

（4）竞争对手品牌会乘虚而入，取而代之。

4. 对策

窜货的发生需要三个条件：窜货主体、环境、诱因。所以，要想从根源上解决窜货问题，就必须从以下三点入手。

1）选择好经销商（窜货主体）

在制定、调整和执行招商策略时要明确的原则就是避免窜货主体出现或增加。要求企业合理制定并详细考察经销商的资信和职业操守，除了从经销的规模、销售体系、发展历史考察外，还要考察经销商的品德和财务状况，防止有窜货记录的经销商混入销售渠道。对于新经销商，企业不是太了解他们的情况，一定要做到款到发货。宁可牺牲部分市场，也不能赊销产品，防止某些职业道德差的经销商挟持货款进行窜货。此外，企业一定不能让经销商给市场拓展人员发工资，企业必须学会独立承担渠道拓展人员的基本工资与补贴。

2）创造良好的销售环境（环境）

（1）制订科学的销售计划。企业应建立一套市场调查预测系统，通过准确的市场调研，收集尽可能多的市场信息，建立起市场信息数据库，然后通过合理的推算，估算出各个区域市场的未来进货量区间，制定出合理的任务量。一旦个别区域市场进货情况发生暴涨或暴跌，超出了企业的估算范围，就可初步判定该市场存在问题，企业就可马上对此做出反应。

（2）合理划分销售区域。合理划分销售区域，保持每一个经销区域经销商密度合理，防止整体竞争激烈，产品供过于求，引起窜货；保持经销区域布局合理，避免经销区域重合，部分区域竞争激烈而向其他区域窜货；保持经销区域均衡，按不同实力规模划分经销区域、下派销售任务。对于新经销商，要不断考察和调整，防止对其片面判断。

3）制定完善的销售政策（诱因）

（1）完善价格政策。许多厂家在制定价格政策时由于考虑不周，隐藏了许多可导致窜货的隐患。企业的价格政策不仅要考虑出厂价，而且要考虑一批出手价、二批出手价、终端出手价。每一级别的利润设置不可过高，也不可过低。过高容易引发降价竞争，造成倒货；过低调动不了经销商的积极性。价格政策还要考虑今后的价格调整，如果一次就将价格定死了，没有调整的空间，对于今后的市场运作极其不利。在制定了价格以后，企业还要监控价格体系的执行情况，并制定对违反价格政策现象的处理办法。企业有一个完善的价格政策体系，经销商就无空可钻。

（2）完善促销政策。企业面对销不动的局面，常常是促销一次，价格下降一次。这就表明企业制定的促销政策存在着不完善的地方。完善的促销政策应当考虑合理的促销目标、适度的奖励措施、严格的兑奖措施和市场监控。

（3）完善专营权政策。在区域专营权政策的制定上，关键是法律手续的完备与否。企业在制定专营权政策时，要对跨区域销售问题作出明确的规定：什么样的行为应受什么样的政策约束，使其产生法律约束力。此外，还应完善返利政策。完善的营销政策可以从根本上杜绝窜货现象。

5. 有效预防窜货策略

1）制定合理的奖惩措施

在招商声明和合同中明确对窜货行为的惩罚规定，为了配合合同有效执行，必须采取一些措施，包括以下两个方面。

（1）交纳保证金。保证金是合同有效执行的条件，也是企业提高对窜货经销商威慑力的保障。如果经销商窜货，按照协议，企业可以扣留其保证金作为惩罚。这样经销商的窜货成本就高了，如果窜货成本高于窜货收益，经销商就不轻易窜货了。

（2）对窜货行为的惩罚进行量化。企业可选择下列模式：警告、扣除保证金、取消相应业务优惠政策、罚款、货源减量、停止供货、取消当年返利和取消经销权。同时奖励举报窜货的经销商，调动大家防窜货积极性。

2）建立监督管理体系

（1）把监督窜货作为企业制度固定下来，并成立专门机构，由专门人员明察暗访经销商是否窜货。在各个区域市场进行产品监察，对各经销商的进货来源、进货价格、库存量、销售量、销售价格等了解清楚，随时向企业报告。这样一旦发生窜货现象，市场稽查部就马上可以发现异常，企业能在最短时间对窜货做出反应。

（2）企业各部门配合防窜货的发生。例如，企业可以把防窜货纳入企业财务部门日常工作中。财务部门与渠道拓展人员联系特别紧密，多是现款现货，每笔业务必须经过财务人员的手才能得以成交。因此财务人员对于每个区域销售何种产品是非常清楚的。所以只要企业制定一个有效的防窜货流程，将预防窜货工作纳入财务工作的日常基本工作中，必将会减少窜货现象的发生。例如，利用售后服务记录进行防窜货。售后记录记载产品编号和经销商，反馈到企业后，企业可以把产品编号和经销商进行对照，如果不对应就判断为窜货。

（3）利用社会资源进行防窜货。方式一，利用政府“地方保护行为”。与当地工商部门联系，合作印制防伪不干胶贴。方式二，组成经销商俱乐部，不定期举办沙龙，借此增进经销商之间的感情。方式三，采取抽奖、举报奖励等措施。方式四，也是最好的方式，即把防伪防窜货结合起来，利用消费者和专业防窜货公司协助企业防窜货。

3）减少渠道拓展人员参与窜货

（1）建立良好的培训制度和企业文化氛围。企业应尊重人才、理解人才、关心人才，讲究人性化的方式方法，制定人才成长的各项政策，制定合理的绩效评估和酬赏制度，真正做到奖勤罚懒，奖优罚劣。公正的绩效评估能提高渠道拓展人员的公平感，让员工保持良好的工作心态，防止渠道拓展人员和经销商结成损害企业的利益共同体。

（2）内部监督渠道拓展人员。同时不断培训和加强对市场监督人员管理。

4）培养和提高经销商忠诚度

随着行业内技术的发展与成熟，产品的差异化越来越小，服务之争成为营销竞争一个新的亮点。完善周到的售后服务可以增进企业、经销商与顾客之间的感情，培养经销商对企业的责任感与忠诚度。企业与渠道成员之间的这种良好关系的建立，在一定程度上可以控制窜货的发生，经销商为维系这种已建立好的关系，是不会轻易通过窜货来破坏这份感情的。有条件的或无条件的允许经销商退货，尽量防止经销商产品出现积压而窜货。

5）利用技术手段配合管理

利用技术手段配合管理的效果和目的如同在交通路口安装摄像头：利用技术手段弥补营销策略缺陷，建立中选销售服务防窜货平台，适时监视经销商，帮助收集窜货证据。基于这种目的，采用带有中选防伪防窜货编码的标签对企业产品最小单位进行编码管理，把防伪防窜货结合起来，便于对窜货做出准确判断和迅速反应。可借助消费者力量建中选科技窜货预警平台，在矛盾激化前平息问题，保证整个销售体系的和谐、平顺。目前，许多先进的生产企业已经率先采用了中选科技防窜货技术。这种技术手段的特点，主要是借助通信技术和计算机技术，在产品出库、流通到经销渠道各个环节中，追踪产品上的编码，监控产品的流动，对窜货现象进行实时的监控。

6. 做好窜货的善后工作

（1）防止窜货的扩大。一是允许窜货经销商将所窜货在被窜货市场销售，直到被窜的货物被完全消化，但销售价不能低于企业规定的价格；二是责令窜货经销商停止窜货。

（2）制裁窜货经销商。根据不同情况可采取以下方式进行惩罚：没收保证金、取消年终返点奖励、取消年终奖金、取消广告支持、取消经销资格。

（3）安抚被窜货经销商。当窜货发生时，企业或者被窜货经销商收购窜货产品，防止窜货冲击当地价格体系，同时给被窜货经销商适当的补偿，以减少其不满情绪。B2C 网站的巨头出现以后，经销商、辖区、窜货这些概念的定义都得推倒重来，甚至不复存在。现代物流和信息技术的大发展将促进经济体内统一市场的真正建立。有时甚至是全球化的。

技能训练

一、训练目的

了解企业分销渠道中的有关理论是如何在企业产品销售中应用的。

二、训练要求

1. 按自愿的原则组成若干个 5～8 人的小组，各组推荐 1 名组长。

2. 通过对一个企业的走访，了解该企业所应用的分销渠道模式及该模式是如何沟通生产企业和最终消费者的。

3. 访问企业的中间商，考察企业分销渠道模式的实际效果，并了解企业对渠道如何管理及中间商对企业渠道管理的态度。

4. 写出访问报告或小结（内容包括实践项目、实践目的、实践内容、本人完成其中工作和实践总结），与其他同学进行交流。

闯关考验

一、单项选择题

1. 制造商在某一地区通过最合适的几家中间商分销其产品。这种分销策略是（　　）。
   A. 密集型分销　B. 选择型分销　C. 独家式分销　D. 区域型分销
2. 分销渠道不包括（　　）。
   A. 辅助商　B. 生产者　C. 代理中间商　D. 商人中间商
3. 制造商在某一地区通过选择一家中间商为其经销产品的策略，称为（　　）。
   A. 密集型分销　B. 选择型分销　C. 独家式分销　D. 区域型分销
4. 如果顾客经常小批量购买，则须采用（　　）渠道为其供货。
   A. 长　B. 短　C. 宽　D. 窄
5. 常用在服饰、家具和电器等产品线上的经纪人和代理商是（　　）。
   A. 产品经纪人　B. 制造商代表　C. 销售代理商　D. 采购代理商
6. 生产者在某一地区仅通过少数几个精心挑选的中间商来分销产品，这是（　　）分销策略。
   A. 广泛型　B. 密集型　C. 强力　D. 选择性
7. 营销渠道的宽度是指（　　）。
   A. 中间商总数　B. 批发商总数　C. 零售商总数　D. 同一层次中间商数
8. 一个快餐公司的某些特许专卖店可能指控其他专卖店用料不实、分量不足、服务低劣，损害公众对该快餐公司的总体印象。这种情形属于（　　）。
   A. 水平渠道竞争　B. 垂直渠道竞争
   C. 水平渠道冲突　D. 垂直渠道冲突
9. 邮购销售，上门推销，前店后厂等形式，都是企业采取（　　）进行销售的具体表现。
   A. 间接渠道　B. 双重渠道　C. 直接渠道　D. 宽渠道

二、多项选择题

1. 通常企业对人们的日常生活必需品采用（　　）更为合适。
   A. 独家式分销策略　B. 广泛型分销策略
   C. 选择型分销策略　D. 直接销售渠道策略
   E. 间接销售渠道策略

2. 企业的分销战略通常分为三种，包括（　　）。
A. 密集型分销　B. 独家式分销　C. 侧翼分销　D. 选择型分销
3. 批发商的类型有（　　）。
A. 商人批发商　B. 经纪人和代理商
C. 工业分销　D. 制造商销售办事处
4. 零售业一般分为有门市的销售形式和无门市的销售形式，属于有门市的销售形式有（　　）。
A. 百货商店　B. 邮寄　C. 连锁店
D. 访问销售　E. 超级市场
5. 下列（　　）属于直复式营销的范畴。
A. 邮购　B. 电话订购　C. 代购
D. 上门销售　E. 店铺销售

三、简答题

1. 通常从哪几个方面对中间商进行评价？
2. 销售渠道可如何分类？各类的优缺点分别是什么？
3. 中间商与零售商有什么不同？零售商和批发商有什么不同？
4. 影响销售渠道的因素主要有哪些？如何对所要选择的销售渠道进行评价？
5. 销售渠道冲突的类型有哪些？产生渠道冲突的原因是什么？

四、案例分析

案例　戴尔：网上直销先锋

戴尔刚接触电脑时，发现一部 IBM 的个人电脑，在店里的售价是 3 000 美元，但它的零部件只有六七百美元。另外，这些店只提供顾客极少的支持性服务，有些甚至没有售后服务。

戴尔意识到经营电脑“商机无限”。于是，他开始投身于电脑事业。他改进了购买电脑的过程，把电脑直接销售到使用者手上，去掉零售商的利润剥削，把省下来的钱回馈给消费者。“消除中间人，以更有效率的方式来提供电脑”，就是戴尔电脑公司诞生的核心概念。

1988 年，戴尔公司股票公开上市发行，“直接模式”正式宣告开始。

与传统的间接模式相比，直接模式真正发挥了生产力的优势。因为间接模式必须有两个销售过程：一是从制造商向经销商，另一则是从经销商向顾客。而在直接模式中，只有一级销售人员，并得以把重心完全摆在顾客身上。在这一点上，戴尔公司进一步把顾客群进行了细分，一部分人专门针对大企业进行销售，而另一部分人则分别负责联邦政府、州政府、教育机构、小公司和一般消费者。这样的架构对于销售大有好处，因为销售人员不必一一搞懂多家不同制造商所生产的不同产品的全部细节，也不必记住每一种形态的顾客在产品上的所有偏好，而在处理自己客户的问题时则成了行家里手，这使得戴尔公司与客户之间合作的整体经验更为完善。

案例思考

1. 在过去 10 多年里，许多电脑制造厂商都想绕过零售商而进行直接销售，但大多都以失利告终，而戴尔的直销却获得了成功，你认为戴尔成功的原因有哪些？

2. 你如何理解戴尔的“直销只不过是最后阶段的一种手段。我们真正努力的方向是追求零库存运行模式”这句话？

参考答案：

一、单项选择题

1. B　2. A　3. C　4. A　5. B　6. D　7. D　8. D　9. C

二、多项选择题

1. BE　2. ABD　3. AB　4. ACE　5. ABD

任务四　促销策略

目标规划

（一）学习目标

基本了解：（1）促销的含义；

（2）促销组合；

（3）促销的四大手段。

重点掌握：（1）影响促销组合的因素；

（2）人员推销的含义及推销人员的素质要求；

（3）广告媒体的选择；

（4）营业推广的手段。

（二）技能目标

（1）提高学生对促销的认识；

（2）增加学生进行实际促销活动安排的能力。

本任务穿针引线

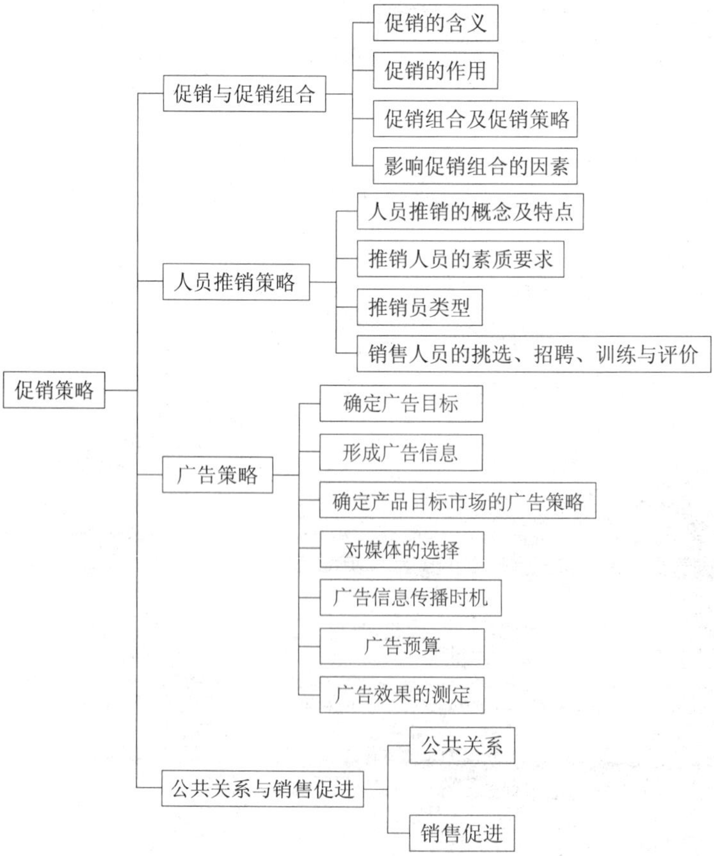

案例引入

打一折的促销

商家打折、大拍卖是常有的事，但日本东京有个银座绅士西装店，首创“打 1 折”销售，着实让人们大惊小怪了一番。它的操作是这样的：第一天打 9 折，第二天打 8 折，第三天第四天打 7 折，第五天第六天打 6 折，第七天第八天打 5 折，第九天第十天打 4 折，第十一天第十二天打 3 折，第十三天第十四天打 2 折，最后两天打 1 折。实际情况是：第一天前来的顾客并不多，如果前来也只是看看，一会儿就走了。从第三天就开始一群一群地光临，第五天打 6 折时顾客就像洪水般涌来开始抢购，以后连日爆满。没等到打 1 折，商品就全部卖完了。

第一节　促销与促销组合

一、促销的含义

促销（promotion）是企业通过人员和非人员的方式，沟通企业与消费者之间的信息，引发、刺激消费者的消费欲望和兴趣，使其产生购买行为的活动。

（1）促销的核心是沟通信息。

（2）促销的目的是引发、刺激消费者产生购买行为。

（3）促销的方式有人员促销和非人员促销两大类。

二、促销的作用

1. 缩短产品入市的进程

使用促销手段，旨在对消费者或经销商提供短程激励。在一段时间内调动人们的购买热情，培养顾客的兴趣和使用爱好，使顾客尽快地了解产品。

2. 激励消费者初次购买，达到使用目的

消费者一般对新产品具有抗拒心理。由于使用新产品的初次消费成本是使用老产品的两倍（对新产品一旦不满意，还要花同样的价钱去购买老产品，这等于花了两份的价钱才得到了一个满意的产品，所以许多消费者在心理上认为买新产品代价高），消费者就不愿冒风险对新产品进行尝试。但是，促销可以让消费者降低这种风险意识，降低初次消费成本，而去接受新产品。

3. 激励使用者再次购买，建立消费习惯

当消费者试用了产品以后，如果是基本满意的，可能会产生重复使用的意愿。但这种消费意愿在初期一定是不强烈的、不可靠的。促销却可以帮助他实现这种意愿。如果有一个持续的促销计划，可以使消费群基本固定下来。

4. 提高销售业绩

毫无疑问，促销是一种竞争，它可以改变一些消费者的使用习惯及品牌忠诚度。因受利益驱动，经销商和消费者都可能大量进货与购买。因此，在促销阶段，常常会增加消费，提高销售量。

5. 侵略与反侵略竞争

无论是企业发动市场侵略，还是市场的先入者发动反侵略，促销都是有效的应用手段。市场的侵略者可以运用促销强化市场渗透，加速市场占有。市场的反侵略者也可以运用促销针锋相对，来达到阻击竞争者的目的。

6. 带动相关产品市场

促销的第一目标是完成促销产品的销售。但是，在甲产品的促销过程中，却可以带动相关乙产品的销售。例如，茶叶的促销，可以推动茶具的销售。当卖出更多的咖啡壶的时候，咖啡的销售就会增加。在20世纪30年代的上海，美国石油公司向消费者免费赠送煤油灯，结果其煤油的销量大增。

7. 节庆酬谢

促销可以使产品在节庆期间或企业庆日期间锦上添花。每当例行节日到来的时候，或是企业有重大喜庆的时候（及开业上市的时候），开展促销可以表达市场主体对广大消费者的一种酬谢和联庆。

三、促销组合及促销策略

所谓促销组合，是一种组织促销活动的策略思路，主张企业运用广告、人员推销、公关宣传、营业推广4种基本促销方式组合成一个策略系统，使企业的全部促销活动互相配合、协调一致，最大限度地发挥整体效果，从而顺利实现企业目标。促销组合体现了现代市场营销理论的核心思想——整体营销。促销组合是一种系统化的整体策略，4种基本促销方式则构成了这一整体策略的4个子系统。每个子系统都包括了一些可变因素，即具体的促销手段或工具，某一因素的改变意味着组合关系的变化，也就意味着一个新的促销策略。

小案例　屈臣氏的成功促销

能让都市时尚白领一族以逛屈臣氏商店为乐趣，并在购物后仍然津津乐道，有种“淘宝”后莫名喜悦的感觉，这可谓达到了商家经营的最高境界。经常可以听到“最近比较忙，好久没有去逛屈臣氏了，不知最近又出了什么新玩意……”，逛屈臣氏淘宝，竟然在不知不觉中成了时尚消费者一族的必修课。作为城市高收入代表的白领丽人，她们并不吝惜花钱，物质需求向精神享受的过渡，使她们往往陶醉于某种获得小利后成功的喜悦，祈望精神上获得满足。屈臣氏正是捕捉了这个微妙的心理细节，成功地策划了一次又一次的促销活动。

以传统节日促销活动为主，屈臣氏非常重视情人节、万圣节、圣诞节、春节等节日，促销主题多式多样，例如“说吧说你爱我吧”的情人节促销，“圣诞全功略”“真情圣诞真低价”的圣诞节促销，“劲爆礼闹新春”的春节促销，还有以“春之缤纷”“秋之野性”“冬日减价”“10元促销”“SALE周年庆”“加1元多一件”“全线八折”“买一送一”“自有品牌商品免费加量33%不加价”“60秒疯狂抢购”“买就送”等为主题的促销活动；屈臣氏一年24期常规促销活动，形式非常独有，与其他零售店的方式完全不一样，“自有品牌商品免费加量33%不加价”“60秒疯狂抢购”“买就送”更是丰富多彩，促销商品品种繁多，如滋润精选、如丝秀发、沐浴新体验、皓齿梦工场、维有新健康、营养街、清亮新视界、知足便利店、关爱自己、完美纸世界、小工具课堂、优质生活、开心美味园、健康情报站、潮流点缀、旅游自助魔法、美丽港……非常多的趣味主题，介绍众多的个人护理用品，引导着消费。

企业可以充分利用促销策略中的“推动”和“拉引”策略。“推动”策略以零售商为主要促销对象，销售人员把产品推进分销渠道，发展中间商进入企业的商品销售渠道是一个双向的过程，企业要选择中间商，中间商也要选择企业。各零售商经销生产企业的产品不仅要考虑该产品可能带来的利润，还取决于生产企业与零售商之间的沟通，这种沟通就是由销售人员完成的。渠道建立以后，销售人员还必须保证渠道的畅通，业务的正常运作。“推动”策略主要通过销售人员完成，就会涉及销售管理，将在销售力量管理中说明。

1. 推动策略

推动策略是靠推销人员把商品推进目标市场，主要方法有以下几个方面。

（1）访问销售法。上门访问，征求意见，密切相互关系，在积极巩固老客户的同时，通过老客户介绍扩大新客户。

（2）网点销售法。在目标市场上建立销售网点，包括建立工商联销、联营网点。许多大连锁店都采用此法。

（3）巡回销售法。有目的、有计划地在交通沿线和其他公共场所巡回销售。

（4）应用销售法。在目标市场采用技术应用讲座、实物陈列与现场操作表演相结合等办法，使消费者对产品技术标准、性能、作用价值等有新认识，用以指导消费、刺激购买欲望。

（5）服务销售法。通过文明经商、优质服务，不断扩大销路。售前服务要搞好店堂卫生，美化商品陈列以吸引顾客参观选购；售中服务要主动热情接待顾客，耐心、周到为顾客服务；售后服务坚持送货上门、安装、调试、维修等。

2. 拉引策略

拉引策略又称“拉式策略”，是以最终消费者为主要促销对象，通过运用广告、营业推广、公共关系等促销手段，向消费者展开强大的促销攻势，使之产生强烈的兴趣和购买欲望，纷纷向经销商询购这种商品，而中间商看到这种商品需求量大，就会向制造商进货。拉引策略要求在广告和消费者促销方面使用较多的费用，建立消费者的需求欲望。拉引策略的促销顺序如图 3-2 所示。

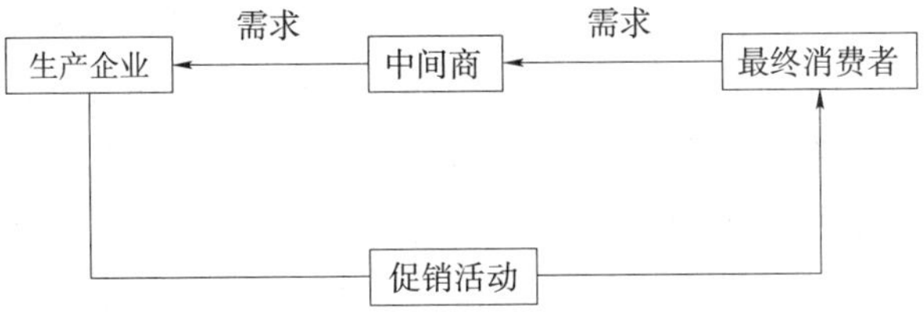

图 3-2　拉式策略

拉引策略多用于：目标市场范围较大，销售区域广泛的产品；销量正在迅速上升和初步打开销路的品牌产品；有较高知名度的品牌，感情色彩较浓的产品；容易掌握使用方法，选择性的产品；经常需要的产品。

小案例 蒙牛酸酸乳“超女”策略

蒙牛的“超女”策略是：（超级女声）参与者+关注者=（蒙牛促销产品）目标对象→（效果）定向

传播的费用最低效果最好。公司认为，活动的参与者+关注者=企业营销对象，企业就此时投放广告或赞助，成本最优。因此蒙牛科学地规划了投入和产出，通过整合营销，大大提高了产品和公司的知名度，与合作方实现了双赢。整合营销要求营销人员以新的思维方式来理解营销中的传播，它不单表现在广告传播环节，而且还渗透到促销与销售环节，扩展至产品包装、零售店产品的摆放等。而蒙牛恰恰找准了市场定位，合理利用了企业的潜在资源，并得到了渠道、媒体等各种资源的配合。正是采取典型的拉引策略，通过对终端市场中消费者的宣传，以提升知名度来促进购买。

四、影响促销组合的因素

企业面临着把总的促销预算分摊到广告、人员推销、营业推广和宣传报道上。

影响促销组合决策的因素主要有以下几个方面。

1. 促销目标

促销目标是影响促销组合决策的首要因素。每种促销工具——广告、人员推销、销售促进和人员推广都有各自独有的特性和成本。营销人员必须根据具体的促销目标选择合适的促销工具组合。

2. 市场特点

市场特点是影响促销组合决策的重要因素。市场特点受每一地区的文化、风俗习惯、经济政治环境等的影响，促销工具在不同类型的市场上所起作用是不同的，所以应该综合考虑市场和促销工具的特点，选择合适的促销工具，使它们相匹配，以达到最佳促销效果。

3. 产品性质

由于产品性质的不同，消费者及用户具有不同的购买行为和购买习惯，因而企业所采取的促销组合也会有所差异。

4. 产品生命周期

在产品生命周期的不同阶段，促销工作具有不同效益。在导入期，投入较大的资金用于广告和公共宣传，能产生较高的知名度，促销活动也是有效的。在成长期，广告和公共宣传可以继续加强，促销活动可以减少，因为这时所需的刺激较少。在成熟期，相对广告而言，促销活动又逐渐起着重要作用。购买者已知道这一品牌，仅需要起提醒作用水平的广告。在衰退期，广告仍保持在提醒作用的水平，公共宣传已经消退，销售人员对这一产品仅给予最低限度的关注，然而促销活动要继续加强。

5. “推动”策略和“拉引”策略

促销组合较大程度上受公司选择“推动”或“拉引”策略的影响。推动策略要求使用销售队伍和贸易促销，通过销售渠道推出产品。而拉引策略则要求在广告和消费者促销方面投入较多，以建立消费者的需求欲望。

6. 其他营销因素

影响促销组合的因素是复杂的，除上述 5 种因素外，本公司的营销风格，销售人员素质，整体发展战略，社会和竞争环境等也不同程度地影响着促销组合的决策。营销人员应审时度势，全面考虑才能制定出有效的促销组合决策。

第二节　人员推销策略

一、人员推销的概念及特点

1. 概念

人员推销，是指企业通过派出销售人员与一个或一个以上可能成为购买者的人交谈，作口头陈述，以推销商品，促进和扩大销售。人员销售是销售人员帮助和说服购买者购买某种商品或劳务的过程。

有人认为，人员推销就是多磨嘴皮、多跑腿，把手里的商品卖出去而已，无须什么学问和技术。有人认为人员推销就是欺骗，推销技术就是骗术。这都是不同人员推销的一种表现。其实，人员推销是一项专业性很强的工作，是一种互惠互利的推销活动，它必须同时满足买卖双方的不同需求，解决各自不同的问题，而不能只注意片面的产品推销。尽管买卖双方的交易目的大不相同，但总能达成一些双方都可以接受的协议。人员推销不仅是卖的过程，而且是买的过程，即帮助顾客购买的过程。推销员只有将推销工作理解为顾客的购买工作，才能使推销工作进行得卓有成效，达到双方满意的目的。为顾客服务，不仅是推销员的愿望和口号，而且也是人员推销本身的客观要求。换句话说，人员推销不是推销产品本身，而是推销产品的使用价值和实际利益。顾客不是购买产品实体本身，而是购买某种需要的满足；推销员不是推销单纯的产品，而是推销一种可以解决某些问题的答案。能否成功地将推销产品解释为顾客需要的满足，能否成功地将推销产品解释为解决顾客问题的答案，是保证推销效果的关键因素。因此，推销员应该说的是“推销品将使顾客的生活变得如何好”，而不是“推销品本身如何好”。此外，应认识到的是，人员推销是一种专业性和技术性很强的工作，它要求推销员具备良好的政治素质、业务素质和心理素质，以及吃苦耐劳、坚韧不拔的工作精神和毅力。人员推销是一种金钱、时间、才智的合聚的综合性的商业活动。从不同的角度出发，可以给人员推销下不同形式的定义，但它们包含的关键内容和要素是相同的。一般而言，人员推销的基本要素为推销员、推销产品和推销对象。

人员推销是一种具有很强人性因素的、独特的促销手段。它具备许多区别于其他促销手段的特点，可完成许多其他促销手段所无法实现的目标，其效果是极其显著的。相对而言，人员推销较适于推销性能复杂的产品。当销售活动需要更多地解决问题和说服工作时，人员推销是最佳选择。说服和解释能力在人员推销活动中尤为重要，它会直接影响推销效果。

小案例　**14 岁的销售冠军**

玛克特·安德鲁从 7 岁开始推销女童子军小曲奇饼干以来，其销售额已经达到了 8 万多美元。这位当今世界上最优秀的销售员不在乎你叫她“小姑娘”。每天放学之后，她都挨家挨户地去推销小曲奇饼干。经过几年锻炼，这位性格羞怯的小女孩变成了推销高手，在 13 岁时，她找到了营销秘诀。

有一次，在电视实况转播中，制片人决定用最难的推销来为难她。玛克特被要求向现场的一位观众推销她的童子军小曲奇。

“您愿意投资一两打童子军小曲奇饼干吗?”她问。

“我一点都不想买。”他说，“我是联邦监狱看守人。每天晚上，我得安顿2 000个强奸犯、抢劫犯、行凶犯、虐待儿童犯，让他们安静地睡觉。”

玛克特平静地反击道：“先生，如果您吃上一点童子军小曲奇，您就不会这么生气，也不会这么烦恼了。而且，先生，我想如果您能给2 000个犯人都带一点童子军小曲奇回去的话，您的工作也会容易一些。”

最后，监狱看守人签了一张支票。

2. 人员推销的特点

（1）人员推销可满足推销员和潜在顾客的特定需要，针对不同类型的顾客，推销员可采取不同的、有针对性的推销手段和策略与顾客进行直接沟通。

（2）人员推销往往可在推销后立即成交，在推销现场使顾客进行购买决策，完成购买行动。

（3）推销员可直接从顾客处，得到信息反馈，诸如顾客对推销员的态度、对推销品和企业的看法和要求等。

（4）人员推销可提供售后服务和追踪，及时发现并解决产品在售后和使用及消费时出现的问题。

（5）人员推销成本高，所需人力、物力、财力和时间量大。

（6）某些特殊条件和环境下人员推销不宜使用。

二、推销人员的素质要求

推销员是实现企业与消费者双向沟通的桥梁和媒介之一，推销员在企业的营销活动、特别是促销活动中的地位和作用是不容忽视的，是企业里最重要、最宝贵的财富之一，它是公司生存和发展的支柱。在推销过程中，推销员就是企业的代表和象征，推销员有现场经理、市场专家、销售工程师等称号。

1. 业务素质

（1）推销员必须对所代表的企业有一个全面了解。熟悉企业发展史，对企业历年财务、人员状况、领导状况及技术设备都了如指掌，因为这些知识都有助于增强顾客对推销员的信任感。推销员还必须掌握企业经营目标和营销策略，并能够灵活运用和解释它们。同时，还应该学会巧妙运用统计资料来说明企业的地位，力争在顾客心目中树立起良好的企业形象。

（2）推销员应该是产品专家，应全面了解从产品设计到生产的全过程，熟悉产品性能、特点、使用、维修，熟知产品成本、费用、出厂价格。还应全面掌握产品种类、设备状况、服务项目、定价原则、交货方式、付款方式、库存、运输条件等。另外，还必须了解竞争产品情况。

（3）推销员一方面需要了解顾客购买的可能性及希望从中得到的利益，另一方面还需要了解顾客购买决策依据，顾客购买决策权在谁手中，谁是购买者，谁是使用者和消费者。了解顾客的购买条件、方式和时间，深入分析不同顾客的心理、习惯、爱好和要求。

（4）推销员还要掌握的相关知识主要包括营销策略、市场供求情况、潜在顾客数量、分布、购买动机、购买能力、有关法规等。

(5) 优秀的推销员还应具备良好的文化素质。对推销员来说，同行竞争的焦点往往是文化素质的差异。在文化素质方面，要求推销员具有一定的专业知识，如经济学、市场学、心理学、经济法、社会学等，除此之外，还应在文学、艺术、地理、历史、哲学、自然科学、国际时事、外语等方面充实自己。博学多才是推销员成功的重要因素。

(6) 推销员也应具备相应的法律素质，工作中要有强烈的法律意识和丰富的法律知识。推销工作是一种复杂的社会活动，受到一定的法律法规制约。推销过程中，推销员应注意衡量自己的言行是否合法，以及会给社会带来什么后果。

(7) 人员推销实际上是一种交际活动推销员礼仪。

2. 仪表

仪表虽不能绝对反映一个人的内心世界，但作为一个推销员，则必须注意仪表。

推销员留给顾客的第一印象往往取决于推销员的外表，顾客喜欢仪表优雅、风度翩翩的推销员，而不喜欢不修边幅、形象拖沓的推销员。美国著名时装设计师约翰·T·莫洛伊曾为工商企业界人士写过一本名为《成功的衣着》的书，其中一部分是讲有关推销员衣着的。他认为，推销员的衣着以稳重大方、整齐清爽、干净利落为基准。他提出了一些供推销员参考的衣着标准：正统西服或轻便西式上装；干净、烫平；衣服颜色要慎重选择，尽量保持大方、稳重；尽可能不佩戴代表个人身份或宗教信仰的标志，除非确知推销对象与自己的身份或信仰相同；发蜡勿搽过多，以免使人感觉油腻恶心；不要戴太阳镜，因为只有眼神才能给顾客以可信赖感；首饰不要佩戴过多，以免使人觉得俗不可耐；装饰物或配物不要佩戴过多，可适当佩戴企业标志或与推销品相符的饰物，以使顾客对企业及推销品加深印象和联想；公事皮包要大方；配以高档笔，领带要质地优良；尽量不脱去上装，以免削弱推销员的权威和尊严；出发前从头到脚自检。推销员的穿着要反映时代气息，朝气蓬勃，健康活泼，进取向上，庄重大方的衣着可增强推销员的自尊心和自信心，而只有这时，他才最勇气十足，信心百倍，推销效果最佳。

3. 言谈

推销员在言谈方面，应做到语言表达准确，避免措辞含糊不清；注意使用规范语言，除特殊场合外，一般应讲普通话和官方语言；使用礼貌语言，杜绝粗野语言；不要口头语；还应注意讲话的语音语调，发音清晰，速度适中，避免病句和错别字；讲话不应声嘶力竭或有气无力。总之，讲话要准确规范，富于表现力。

4. 举止

推销员在举止方面，应注意遵守一些基本的准则，如敲门要轻，并离门稍远；打招呼、问候应主动、热情、适当；登门拜访顾客时应后于顾客落座，切忌乱动顾客的东西；谈话时态度关切、温和，坐姿端正并稍向前倾，倾听认真、用心，切忌东张西望、心不在焉，回答问题时不要直接顶撞，需要否定对方意见时可用委婉语气；谈话时应不慌不忙，动作适度，站立时切忌双手倒背，交换名片时应双手呈递和双手接受，以示对对方的尊重，切忌一边访谈一边摆弄顾客的名片；必须注意克服不停眨眼、挖鼻孔、皱眉、掰手、咬嘴唇、搔头、挖耳朵、吐舌头、耸肩膀、颤腿颤脚、踏地板、不停地看表、东张西望、慌慌张张、皮笑肉不笑等坏习惯。

5. 其他

其他相关礼节。例如，要注意顾客身份、年龄、选择适当的话题，不要千篇一律地用同一种形式打招呼。若除顾客外还有其他人如顾客的朋友在场，不能忽略他们，否则是不礼貌和不明智的。打电话时语气要温和、礼貌，接电话时最好先自报姓名和单位；若拨错号码，要向对方表示歉意。在通常情况下，推销员不要吸烟，因为吸烟本身是不文明的行为，它不仅对自己的健康有害，而且对他人危害更大，推销时吸烟，往往会分散顾客的注意力，甚至冒犯顾客，不利于推销工作。当然，在某些特殊地区和环境下，吸烟是不可回避、甚至是必不可少的。传统的推销与烟酒结下了不解之缘，因此，若推销员在推销过程中发现吸烟不可回避或有助于推销，那么，他也可灵活掌握。但不要随意抖烟灰，开始面谈后，最好灭掉香烟，全神贯注地倾听顾客讲话。推销员在接受顾客的饮料时，要起身双手接过来并道谢，饮用时忌牛饮、出声。若要宴请顾客，在宴请地点和菜方面考虑顾客的心理和喜好，注意陪客人数不宜超过顾客人数，不能饮酒过量、醉酒，不能留下顾客而自己先离席，不要当着顾客的面付账……

小案例 如何推销保险

吉米，一名非常出色的推销员。有一家成衣公司的老总非常讨厌保险推销员，然而却出人意料地把吉米他们公司的一位推销员给挖走了。于是，吉米决定去会会那位老总，并向他推销保险。事先，吉米做了周密的准备工作。首先，他调查清楚了这位老总的履历，资料显示：这位老总是大阪人，热心同乡会会务，兄弟中还有一个当大学教授。这位老总初在三越百货公司服务，后来到东京从事成衣批发的生意，因此发了财。如今，在北海道还有一个世界级规模牧场。吉米想："一分耕耘，一分收获。"收获的多，付出的自然也就多，一个人身体的承受能力是有限的，这样不停地劳累下去，一定会有垮的那一天，因此需要买保险。掌握了这些情况之后，吉米来到该公司的传达室，进一步打听消息。

传达室里有一位年轻漂亮的女性，吉米向她问道："请问总经理什么时候来上班?"这位小姐很客气地回答："大约10点左右。"随后吉米与这位小姐说起了家常，不经意间，从那位小姐的口中，吉米知道了那位老总的车子颜色、车型、车牌号码。第二天上午10点，吉米带着隐形照相机来到该公司的大门前，在那辆车开进公司停下后，吉米立即偷偷拍下那位老总的照片。照片冲洗出来之后，吉米拿着照片到秘书跟前，请秘书小姐确认一下。其所以要拿照片来确认，是怕万一认错了人，而自己又不知道，那后果就可想而知了。当确认无误后，吉米问秘书小姐："总经理目前是否在里间办公呢?"漂亮的秘书小姐回答道："不，他好像在外面的大办公室里。"其实，通过调查吉米早已经知道，这位总经理有个习惯：他很少、甚至不在自己的办公室办公。而是喜欢与许多员工一起，在大办公室里办公。看来，这位秘书并没有欺骗吉米。趁里面有很多员工的时候，吉米走进那间大的办公室。里面的人真是太多了，大家忙忙碌碌，各自干着自己的事情。假如吉米不是事先做了充分准备，一时之间根本不知道哪一位是总经理。根据照片，吉米看到那个只穿着衬衫，与职员们一样忙碌着的中年男人就是总经理。吉米轻松而且自然地从他的斜后方走过去，拍了一下他的肩膀，说道："总经理，好久不见啦！"看得出来，总经理可能是太投入到自己的工作中了，吉米这突如其来的一拍，使他稍感诧异，他转过头，问吉米："咦！我们好像在哪里见过面?"吉米显出一副久别重逢的样子，对他说："贵人多健忘哦，就在同乡会呀！我记得您是大阪人，对不对啊？”总经理高兴地说道：“不错，我的老家是大阪。”总经理有一种他乡遇故知的兴奋。见到他如此高兴，吉米才敢将自己的名片递给他。一看吉米是推销保险的，他沉起了脸，很礼貌地推辞掉了吉米的名片。做了如此精心的准备，吉米并不想中途放弃。于是，他放开喉咙说：“总经理，我相信贵公司的员工原先并非立志终身奉献成衣业而到贵公司服务的，他们都因仰慕您的为人，才到这儿来的。”这时，全办公室的人都能听到他们的谈话。这位经理是很注意他在员工心目中的印象的。这既是他的优点，也是他的缺点。自己只要稳稳地抓住了，应该能够赢得这场博弈。说到这里，吉米用目光扫视了一下在场的所有员工，然后继续说：“全体员工既然都怀抱着对您的仰慕之情，那么您打算如何回报他们呢？我认为重要的是您只有永葆健康，才能领导员工冲锋陷阵。如果您的身体已经到了无法投保的程度，您怎么对得起爱戴您的员工呢？您是喜欢还是讨厌保险，这都不重要，重要的是，您的健康是否毫无问题，您曾经去做过身体检查吗？”

说到这里，吉米突然打住了。此时，整个办公室鸦雀无声，都在静静地等待着总经理的回答。面对此种情景，总经理显得有点手足无措。有一个问题只等待着他一个人的回答，这个问题就像一个绣球，要是你接了，在与推销员的博弈中，你就处于被动的局面，等着别人的摆布；要是不接，面对所有的员工，你就显得懦弱无能，树立不起做领导的威信。从前，你苦心经营的一切都会隐隐地有了残缺……总经理思索良久之后，慢慢地吐出了几个字：“我没有去检查过。”吉米总算抓住了机会，于是热情地说：“那么您应该抓住机会去检查啊！机会必须自己去创造并好好把握，才是真正的机会。让我为您服务吧！我将带着仪器专程来贵公司给您做身体检查。”总经理只好顺水推舟地说道：“好吧！那就麻烦你了！”

就这样，一位不喜欢接待保险推销员的总经理被吉米给攻下了。

“知己知彼，百战不殆。”只有充分地了解对方，才能完成成功推销的第一步。吉米推销之前对这位总经理的资料进行了收集和研究，知道了他的优点和缺点，这样在他见到这位经理的时候，就能够游刃有余，稳稳地控制住了整个局面。见到总经理的时候，吉米先是赞美总经理在员工中的影响力，给足了经理面子之后，又关心总经理的身体健康状况，要他做身体的检查后才提到了买保险的事情。

迂回曲折，先抑后扬，绕了许多的弯子，终才可能达到目的。做推销员就是这样，一般的人对于推销员上门推销是没有多少好感的，直接提出来未免要惨遭失败。只有学会去直就弯，迂回曲折，就是像这样顽固，从来都没有接受过保险推销员的坚冰也会被攻破。

三、推销员类型

一类是订货开发人员。其工作是寻找新顾客，向他们推销产品，说服现有顾客增加购买量。订货开发人员要求具备发现潜在顾客的能力和帮助现有顾客认识产品新用途的能力。

二类是订货接收人员。主要对产品进行重复销售工作。其对象只是老顾客。这类推销员表面上看来只是一般办事员，其实他们的作用是不可低估的。若工作不得力，原有订户就有可能转移到其他企业去，导致本企业竞争失利。

三类是推销辅助人员。很多企业往往招聘推销辅助人员来帮助推销员完成某些特殊性任务，如情报人员，他们的主要任务是帮助推销员完成公司与中间商之间的沟通，如提供信息、传递信息、解答问题等，并非直接推销产品。这类人员通常是订货接收者，但也有帮助中间商推销商品的责任。又如技术人员主要从事技术复杂的产品推销工作。

四、销售人员的挑选、招聘、训练与评价

企业的销售工作要想获得成功，就必须认真挑选销售人员。这不仅因为普通销售人员和高效率销售人员在业务水平上有很大差异，而且错用人将给企业造成巨大的损失：一方面，如果销售人员所造成的毛利不足以抵偿其销售成本，则必然导致企业亏损；另一方面，人员流动造成的经济损失也将是企业总成本的一部分。因此，如何挑选高效率的销售人员成为管理决策的首要问题。

企业在确定了挑选标准之后，就可着手招聘。招聘的途径和范围应尽可能广泛，以吸引更多的招聘者。企业人事部门可通过现有销售人员引荐、利用职业介绍所、刊登广告等方式进行招聘。此后，企业要对招聘者进行评价和筛选。

由于工作性质、人的需要等原因，企业必须建立激励制度来促使销售人员努力工作。可采用销售定额或者是佣金制度。

企业经营的中心任务就是占领和开拓市场，而推销员正是围绕这一中心任务开展工作的。推销员的重要任务就是利用其“千里眼”和“顺风耳”在复杂的市场中寻找新的、尚未满足的消费需求。他们不仅要说服顾客购买产品，沟通与老顾客的关系，而且还要善于培养和挖掘新顾客，并根据顾客的不同需求，实施不同的推销策略，不断扩大市场领域，促进公司生产的发展。

顾客可通过推销员了解企业的经营状况、经营目标、产品性能、用途、特点、使用、维修、价格等诸方面信息，刺激消费者从需求到购买行动的完成，同时，推销员还肩负着搜集和反馈市场信息的任务，应及时了解顾客需求、需求特点和变化趋势，了解竞争对手的经营情况，了解顾客的购后感觉、意见和看法等，为公司制定有关政策、策略提供依据。

推销员在向顾客推销产品时，必须明确他推销的不是产品本身，而是隐藏在产品背后的对顾客的一种建议，即告诉顾客，通过购买产品，他能得到某些方面的满足。同时，要掌握顾客心理，善于应用推销技巧，对不同顾客使用不同的策略。

推销员在推销过程中，应积极向顾客提供多种服务，如业务咨询、技术咨询、信息咨询，等等。推销中的良好服务能够增强顾客对企业及其产品的好感和信赖。

第三节　广告策略

广告是为了某种特定的需要，通过一定形式的媒体，公开而广泛地向公众传递信息的宣传手段。广告有广义和狭义之分，广义广告包括非经济广告和经济广告。非经济广告指不以盈利为目的的广告，又称效应广告，如政府行政部门、社会事业单位乃至个人的各种公告、启事、声明等，主要目的是推广；狭义广告仅指经济广告，又称商业广告，是指以盈利为目的的广告，通常是商品生产者、经营者和消费者之间沟通信息的重要手段，或企业占领市场、推销产品、提供劳务的重要形式，主要目的是扩大经济效益。

广告是经营者同顾客进行沟通的常用方式。经营者要对广告宣传进行规划，其中要进行的决策如下：广告要达到的目的；传递的信息；媒体的选择；传送的时机；广告预算；衡量

效果。

一、确定广告目标

广告一般用以发展和增强企业的形象，也是为了销售商品，这一般是指大的目标，而广告活动可以达到的具体目标是比较多的。

1. 广告活动的具体目标

常见的具体广告目标有以下多种。

（1）加强新产品宣传。使新产品能迅速进入目标市场。

（2）扩大或维持产品目前的市场份额。

（3）提高零售店或产品的知名度，以配合人员推销活动。

（4）介绍新产品的用途或老产品的新用途。

（5）对销售人员一时难以接近的潜在顾客，起预备性接触作用。

（6）加强广告商品的品牌、商标印象。

（7）在销售现场起提示性作用，促进消费者的直接购买行动。

（8）帮助消费者确认其购买决策是正确的和有利的。

（9）加强消费者对零售店的好感，为零售店建立信誉。

（10）纠正错误印象和不确实的传闻，以排除销售上的障碍。

（11）通过广告宣传，延长产品的使用季节，或提高消费者对产品变化使用和一物多用的认知，以增加产品的销售。

（12）劝导潜在消费者到销售现场或展览陈列场所参观访问，以提高对产品的认识，增强购买信心。

毫无疑问，广告的最终目标是：通过宣传，在消费者中提高广告商品的知名度，促使消费者在购买同类商品时，能提名购买，达到扩大市场占有率的目的。

2. 广告目标的类型

通过宣传，在消费者中提高广告商品的知名能提名购买，达到扩大市场占有率的目的，广告的最终目标虽然相同，但不同企业在不同时期，广告目标各不相同。通常而言广告目标可以归纳为如下三种类型。

（1）创牌广告目标。此类广告的目的在于介绍新产品和开拓新市场。它通过对产品的性能、特点和用途的宣传介绍，提高消费者对产品的认识程度，其中着重要求提高消费者对新产品的知名度、理解度和厂牌商标的记忆度。

（2）保牌广告目标。此类广告的目的在于巩固已有市场阵地，并在此基础上深入开发潜在市场和刺激购买需求。它需要通过连续广告的形式，加深对已有商品的认识，使现有消费者养成消费习惯，使潜在消费者产生兴趣和购买欲望。广告诉求的重点是保持消费者对广告产品的好感、偏爱和信心。

（3）竞争广告目标。此类型广告的目的在于加强产品的宣传，提高市场竞争能力。广告诉求的重点是宣传本产品较同类其他产品的优异之处，使消费者认知本产品能给他们带来什么好处，以增强偏爱度并指名选购。广告目标应当规定具体的指标和要求，如收视率、知名率、理解率、记忆率、偏爱率等，作为检查广告效果的根据。

二、形成广告信息

广告信息是解决向顾客说什么的问题。大多数的广告信息传播周期短，强调一种即时的效果，这就要求信息内容要抓住顾客的注意力。对广告信息进行评价和选择，确定信息的表达方式和形式。广告信息必须真实可靠，具有独特性和艺术性，这是非常有必要的。

三、确定产品目标市场的广告策略

市场是商品交换的场所，也是广告活动的大地。了解市场，就必须明确什么是市场学，市场学是研究测定市场需求，以便对消费者的需求提供令人满意的商品和劳务。产品市场是十分宽广的，任何一种产品，完全适合整个市场的需要也是不可能的。因此，首先要研究产品的目标市场在哪里，然后再研究怎样运用广告宣传手段和宣传策略，有的放矢地进行策略宣传。比如，一些名贵手表、高级化妆品或款式新颖的服装等，是以中青年人为主要销售对象的。它的目标是中青年市场，而中青年人特别是年轻人购买动机多属于冲动型，对于这类产品的宣传，就要重视树立产品的名贵和时尚感，以满足中青年人的心理需求，使产品达到较好的销售业绩。

四、对媒体的选择

在形成了广告信息后，下一步就是决定如何选择恰当的媒体将这些信息传递给顾客了。广告所使用的媒体包括：报纸、杂志、广播、电视、户外广告、直接邮寄、海报等。各种媒体均有一定的优缺点。

制定广告媒体决策，这一步骤是为选择负载广告信息的广告媒体。包括预期的接触面、频率和影响效果，选择主要媒体类型、选择具体的传播媒介工具并决定传播时间。

广告媒体决策就是在这众多的媒体中作出选择，以最经济的广告支出实现最佳的广告传播效果。

广告媒体的范围及其种类随着人类社会的发展以及社会科学技术的进步而不断变化发展。从古代的一些简单的传播媒体，如叫卖声、招牌、酒幌、烽火等，发展到后来出现的大众媒体，尤其是现代社会，随着信息时代的到来，新材料、新技术不断出现，广告媒体的内容不断变化发展，可以作为广告媒体的物质技术也越来越多。广告只有紧跟媒体的变化，自身才能有所进步。

广告媒体的研究，其核心就是如何选择与运用适当的媒体，达到用最低的费用，取得最有效的信息传播效果。

每种媒体都有某些优点和局限性，经营者除了要了解各种主要媒体在广告受众人数、广告频率和广告效果方面的差异，还应根据商品的定位和特点来选择有效的媒体。

1. 目标顾客的媒体习惯

例如，无线电广播和电视是青少年接触最多的媒体。

2. 产品的性质

妇女服装的广告最好刊登在彩色杂志上，宝丽莱拍立得照相机最好在电视上示范，各种媒体类型在示范、形象化、说明、可信性和色彩等方面的潜力各有不同。

3. 成本

电视广告极为昂贵，而报纸广告则较便宜。采用印刷广告和电视广告节目相结合的方法，通常要比单独使用电视广告的效果要好。因此，经营者必须每隔一段时间对不同的媒体进行检查评估，以决定投放最好的广告媒体。

4. 媒体影响力

现代社会，经营者必须面对报纸、电视、杂志、互联网、车站、流动车辆等众多媒体，如何在众多的媒体种类中做出适当的选择呢？那就需要注意以下几点：

（1）发行量——媒体发行量、覆盖范围；

（2）受众数——接触媒体的人数；

（3）有效受众数。

选择媒体时应注意它的发行量、接触媒体的人数、每千人成本等，然后根据自己的需要进行广告的分析才能达到促销的效果。

五、广告信息传播时机

要选择最佳广告媒介，不仅需要了解各种广告媒介的优点和缺点，而且需要确定所考虑的各种媒介的可达范围、有效范围和广告宣传的频率。这就需要采用相应的时限策略和广告频率决策，广告时间决策是广告信息传播的重要决策。

广告时间决策的时限策略，主要有集中时间策略、均衡时间策略、季节时间策略、节假日时间策略。

1. 集中时间策略

主要是集中力量，在短时期内对目标市场进行突击性的广告攻势。其目的在于集中优势，在短时间内迅速造成广告声势，扩大广告的影响，迅速地提高产品或企业的声誉。这种策略主要运用于新产品投入市场前后、流行性商品上市前后、广告竞争激烈时以及商品销量急剧下降时。运用这种策略时，一般都采取媒体组合方式，掀起广告高潮。

2. 均衡时间策略

这是一种有计划地反复地对目标市场进行广告的策略，目的是为了持续加深消费者对产品或企业的印象，保持其在消费者头脑中的记忆度，发掘潜在市场，扩大商品知名度。运用该策略应注意广告表现要有变化，要不断给人以新鲜的感觉，广告的频率也要有适当的变化，不要长期重复同一广告内容。

3. 季节时间策略

主要用于季节性很强的商品广告，一般在销售季节到来之前就要展开广告活动，为销售旺季的到来做好信息准备和心理准备。销售旺季时，广告活动达到高峰；旺季过后，广告要收缩；销售季节未结束，广告便可以停止。运用这类广告策略，要掌握好季节性商品的变化规律，过早地开展广告活动，会增加广告费；过迟则会延误时机，直接影响商品销售。

六、广告预算

制定广告预算决策。其依据可以是广告的销售反应，以便估算不同的广告预算战略的获利结果。也可以根据历史数据资料及新的情报，求出销售反应函数的估计参数作为确定新的广告预算的依据。此外对竞争者的广告支出情况也应加以考虑。两个竞争者运用适当方法在不同领域分配其广告预算，可利用对方的失策来获得最大优势。

1. 量力而行法

一些小的企业由于资金有限，可以把剩余的一些资金作为广告费。这些企业确定了他们预期销售额、业务经营费用和希望得到的利润以后，再来考虑在广告上所能花的费用。

我们可以看到，虽然按有关广告的理论来衡量，量力而行的办法也是不理想的，但是，在资金限制的情况下，这样做，无疑也是正确的。

2. 销售额比例法

销售额比例法将促销预算设定为预期销售额中的一个确定的比例。这个比例可能是产品历史上曾达到的比例或者是为同类产品所使用的平均比例。

3. 目标任务法

目标任务法决定着为实现交流目标而采用的特定任务所需要的预算。使用这种方法时，企业首先要确定一系列交流目标，然后要决定必要的任务及其成本，执行这些任务所带来的所有成本的总和即促销预算。

七、广告效果的测定

测定检验广告效果有助于加强销售能力，数量检验结果，可以用来争取犹豫不决的零售商。

第一，沟通效果的测定。沟通效果的测定要有：广告的事前测试和广告的事后测试。事前测试的主要方法有直接评分法、组合测试法、实验室测试法。事后测试主要用来评价在媒体刊播出广告信息之后实际产生的沟通效果。常用的方法有回忆测试、识别测试。

第二，销售效果的测定。其测定方法有：历史分析法、实验设计分析法。

有关专家的研究结果表明：销售效果一半与电视广告播放次数的变化有关。营销管理人员尤其要注意这一点，选择一些主要的市场来进行试验，看看减少或者取消电视广告后市场情况如何。对那些使用电视广告一年以上的商标进行调查，结果显示如下。

（1）不大有名气的小商标比已经建立起良好信誉的大商标更容易通过增加广告播放次数的办法起到促销作用。

（2）新闻媒介连续定期重播好几个星期，然后停止播放的广告，相对说来不大可能促销，改变这种定期播放计划，大大增加播放次数可能较有效果。

（3）广告的集中比分散更有利，对新产品来说这更具紧迫性。增加在电视黄金时间插播广告的次数对新产品来说是非常重要的。

（4）在广告信息意在改变人们的态度和在广告文字说明最近发生了变化的情况下，广告的作用比较大。另外，重要的是要使买主脑海里的信息保持新颖。

（5）规模不断扩大的种类或者购买机会较多的种类的商标，通过增加电视广告播放次数起到促销作用的可能性更大。

第四节　公共关系与销售促进

一、公共关系

（一）公共关系的概念

公共关系是指企业在从事市场营销活动中正确处理企业与社会公众的关系，以便树立企业的良好形象，从而促进产品销售的一种活动。

公共关系的结构是由组织、公众、传播三要素构成的。公共关系的主体是社会组织，客体是社会公众，联结主体与客体的中介环节是信息传播。这三个要素构成了公共关系的基本范畴，公共关系的理论研究、实际操作都是围绕着这三者的关系层层展开的。

1. 公共关系主体——社会组织

公共关系的主体是社会组织，尽管有些个人，如在竞选中的候选人、国家公务员、社会名流等，为了某种特殊利益也举办公共关系活动，但他们在从事公共关系活动时，不是以自然人的身份，而是以法人的面目出现的。全面研究组织是社会学的课题，而公共关系学主要是从公共关系活动的角度，对组织相关的性质进行一些必要的分析。社会组织的特点有：群体性、导向性、系统性、协作性、变动性和稳定性。人们组合成为组织必定是为了完成某种共同目标，但目标的存在方式又各不相同，这就决定了社会组织必然具有多种类型：营利性组织、非营利性组织、互利性组织和公益性组织，等等。

2. 公共关系客体——公众

公共关系又称作公众关系，因为公共关系的工作对象就是公众。要做好公共关系工作，就必须了解和研究公众。在公共关系学里，公众与“大众”、“群众”是有区别的。它不是泛指社会生活中的所有人或大多数人，也不是泛指社会生活中的某一方面、某一领域的部分人，而应具体地称为“组织的公众”。公众与组织之间必须存在着相互影响和相互作用。公众的特点有：群体性、同质性、变化性和相关性。

常见的公众分类方法有以下几种。

（1）根据公众与组织的所属关系分类。可将公众分为内部公众与外部公众。员工是组织直接面对而最接近的公众，是组织赖以生存与发展的细胞，是组织内部公众的主体。一般来说，在组织的外部公众中，消费者公众、传播媒介公众、社区公众、政府公众等对其发展尤为重要。

（2）根据公众与组织发生关系的时序特征分类。可把公众分为非公众、潜在公众、知晓公众、行动公众。

（3）根据公众对组织的重要性程度分类。可以把公众划分为首要公众、边缘公众和次要公众。

（4）根据公众对组织的态度分类。可将公众分为顺意公众、逆意公众和独立公众。对于公共关系工作人员来说，顺意公众是组织的基本依靠对象，逆意公众是组织急需转化的对象，独立公众是组织值得争取的对象。

3. 公共关系中介——传播

当组织明确了公共关系目标，确定了目标公众，并有了公共关系活动的设想之后，便要考虑如何运用媒介把目标和设想变成行动。媒介即传播，是连接社会组织和公众的桥梁，是完成沟通的工程，也是实现公共关系目标的唯一手段。

（1）传播的含义。传播是指个人间、群体间或群体与个人之间交换、传递新闻、事实、意见、感情的信息过程。这种传播是双向性的信息交流与分享。公共关系的主体与客体之间正是通过这种双向信息交流而建立起相互信任、相互理解关系的。

（2）传播的要素。传播作为信息交流活动，有其特定的结构，它是由以下要素有机地组成的动态过程：信源、信宿、信息符号、信息通道。

（3）公共关系传播媒介及传播活动的作用。公共关系传播可以分为自发传播与自觉传播两种。为此，自觉传播必须对媒介进行有效的运用，以提高传播效果。公共关系的传播媒介既有大众媒介（广播、电视、报纸、杂志等），又有群体媒介（联谊会、新闻发布会、茶话会等）和人际媒介（具体的个人）；既有符号媒介（掌声、姿态、图画等），也有实体媒介（公共关系礼品、象征物、购物袋等）和人体媒介（社会名流、新闻人物、舆论领袖等）。由于是在有意识、有计划地开展各种信息传播活动，因此这种自觉的传播活动比自发传播要高效得多。

（二）公共关系的特征

公共关系是社会关系的一种表现形态，科学形态的公共关系与其他任何关系都不同，有其独特的性质，了解这些特征有助于加深对公共关系概念的理解。

1. 情感性

公共关系是一种创造美好形象的艺术，它强调的是成功的人和环境、和谐的人事气氛、最佳的社会舆论，以赢得社会各界的了解、信任、好感与合作。我国古人办事讲究“天时、地利、人和”，把“人和”作为事业成功的重要条件。公共关系就是要追求“人和”的境界，为组织的生存、发展或个人的活动创造最佳的软环境。

小案例　来自小燕子的道歉信

日本奈良市郊区有一家旅馆，外在环境优美，招待客人热情，很能吸引顾客。美中不足的是，每到春季，许多燕子争相光临，在屋檐下营巢安家，排泄的鸟粪弄脏了玻璃窗和走廊，服务小姐擦不胜擦，使得客人有些不快。旅馆主人爱鸟，不忍心把燕子赶走，但又难以把鸟粪及时、彻底清除，很是苦恼。

一天，旅馆经理忽然想到一条妙计，他提笔写道：

女士们、先生们：

我们是刚从南方赶到这里来过春天的小燕子，没有征得主人的同意，就在这里安了家，还要生儿育女。我们的小宝贝年幼无知，我们的习惯也不好，常常弄脏您的玻璃和走廊，致使您不愉快，我们很过意不去，请女士们、先生们多多原谅！

还有一事恳求女士们和先生们，请您千万不要埋怨服务员小姐，她们是经常打扫的，只是她们擦不胜擦。这完全是我们的过错。请您稍等一会儿，她们就来了。

您的朋友　小燕子

这显然是以小燕子的名义写的一封向旅客们解释道歉的信。旅馆经理把它张贴到显眼的地方。客人们看了这封公开信，都给逗乐了，不仅不再提意见，而且还对这家旅馆更感亲切，并留下了美好的印象。为了看望体贴温柔可人的小燕子，以后可能还会再来投宿。

2. 双向性

公共关系是以真实为基础的双向沟通，而不是单向的公众传达或对公众舆论进行调查、监控，它是主体与公众之间的双向信息系统。组织一方面要吸取人情民意以调整决策，改善自身；另一方面又要对外传播，使公众认识和了解自己，达成有效的双向意见沟通。

3. 广泛性

公共关系的广泛性包含两层意思：一层意思是公共关系存在于主体的任何行为和过程中，即公共关系无处不在，无时不在，贯穿于主体的整个生存和发展过程中；另一层意思指的是其公众的广泛性。因为公共关系的对象可以是任何个人、群体和组织，既可以是已经与主体发生关系的任何公众，也可以是将要或有可能发生关系的任何暂时无关的人们。

4. 整体性

公共关系的宗旨是使公众全面地了解自己，从而建立起自己的声誉和知名度。它侧重于一个组织机构或个人在社会中的竞争地位和整体形象，以使人们对自己产生整体性的认识。它并不是要单纯地传递信息，宣传自己的地位和社会威望，而是要使人们对自己各方面都要有所了解。

5. 长期性

公共关系的实践告诉人们，不能把公共关系人员当做“救火队”，而应把他们当做“常备军”。公共关系的管理职能应该是经常性与计划性的，这就是说公共关系不是水龙头，想开就开，想关就关，它是一种长期性的工作。

（三）公共关系的作用

公共关系的本质是“内求团结，外求发展”。

（1）搜集信息，监测环境。

（2）咨询建议，决策参考。

（3）舆论宣传，创造气氛。

（4）交往沟通，协调关系。

（5）教育引导，服务社会。

二、销售促进

（一）销售促进的概念及其特点

销售促进是营销活动的一个关键要素。长期以来，由于翻译原因，销售促进有很多叫法。在国内早期市场营销及相关著述中，它被翻译成“营业推广、促进销售、营业提升、促销推广、促销”，等等。而国内学术界和管理界最常用的就是“促销”。其实，即便在国外学术性论文中，也有类似的习惯用法。但是，在市场营销理论中，促销与销售促进是有区别的。促销概念有广义和狭义之分。狭义的促销仅指销售促进，而广义的促销则包括销售促进、广告（advertising）、人员推销（personal selling）和公共关系（public relations）四大促销组合（promotion mix）工具。迄今为止，销售促进还没有一个具有充分说服力且“一统江湖”的定义，这不能不说是一个遗憾。据对现有营销理论和促销组合的研究和分析，有关销售促进定义的分歧既反映了不同学者对销售促进功能、作用、内涵和形式的看法差异，同时也反映了现有市场营销理论对销售促进基本类型的研究不足。

促销实质上是一种沟通活动，即营销者（信息提供者或发送者）发出作为刺激物的各种信息，把信息传递到一个或更多的目标对象（即信息接受者，如听众、观众、读者、消费者或用户等），以影响其态度和行为。譬如，某媒体上发出了这样一条广告语："金兔绵羊绒毛衫——男士的毛衫!"显然，当消费者阅读到这一广告语，立即就可获得如下信息：该毛衫的品牌是金兔牌，是上海一著名品牌，产品质量可信赖；毛衫原材料采用的是绵羊绒，属高档产品；产品是适合秋冬时令的服饰。如果某一消费者确想购买一件毛衫，这一广告语将会对它的购买行为产生一定影响。营销者为了有效地与消费者沟通信息，可采用多种方式加强与消费者的信息沟通，以促进产品的销售。譬如，可通过广告传递有关企业及产品的信息；可通过各种营业推广方式加深顾客对产品的了解，进而促使购买其产品；可通过各种公共关系手段改善企业或产品在公众心目中的形象；还可派遣推销员面对面地说服顾客购买其产品。常用的促销手段有广告、人员推销、营业推广和公共关系。企业可根据实际情况及市场、产品等因素选择一种或多种促销手段的组合。

（二）促销方式

促销方式如执行工具，是企业改造市场增进业绩的得力手段。经研究，下面提出4种销售促进（SP）的方式。

1. 无偿 SP

"无偿SP"指的是针对目标顾客不收取任何费用的一种促销手段。它包括两种形式：无偿附赠，以"酬谢包装"为主；无偿试用，以"免费样品"为主。所谓"酬谢包装"，指的是以标准包装为衡量基础，但给消费者提供更多价值的一种包装形式。额外包装，即在包装内额外增加分量而无偿赠予。包装内赠，即将赠品放入包装内无偿提供给消费者。包装外赠，即将赠品捆绑或附着在包装上无偿提供给消费者。功能包装，即包装具有双重以上使用价值，不但可以做包装物，还可以另做他用。所谓"免费样品"，指的是将产品直接提供给目标对象试用而不予取偿。实施"免费样品"促销，最主要的问题在于如何将样品分送到目标顾客手中。

2. 惠赠 SP

"惠赠SP"指的是对目标顾客在购买产品时所给予的一种优惠待遇的促销手段。买赠，即购买获赠。只要顾客购买某一产品，就可获得一定数量的赠品。最常用的方式，如买一赠一、买五赠二、买一赠三等。换赠，即购买补偿获赠。只要顾客购买某一产品，并再略作一些补偿，就可再换取到其他产品。退赠，即购买达标退利获赠。只要顾客购买或购买到一定数量的时候，就可获得返利或赠品。它包括消费者累计消费返利和经销商累计销售返利，如当购买量达到1 000万元之时返利5%；当购买到10个商品时；免赠1个商品；当消费三次以上时退还一次的价款等。

3. 折价 SP

"折价SP"指的是在目标顾客购买产品时所给予的不同形式的价格折扣的促销手段。折价优惠券，即通称优惠券，是一种古老而风行的促销方式。优惠券上一般印有产品的原价、折价比例、购买数量及有效时间。顾客可以凭券购买并获得实惠。折价优惠卡，即一种长期有效的优惠凭证。它一般有会员卡和消费卡两种形式，使发卡企业与目标顾客保持一种比较长久的消费关系。现价折扣，即在现行价格基础上打折销售。这是一种最常见且行之有效的促销手段。它可以让顾客现场获得看得见的利益并心满意足，同时销售者也会获得满意的目标利润。因为，现价折扣过程，一般是讨价还价的过程。通过讨价还价，可以达到双方基本满意的目标。减价特卖，即在一定时间内对产品降低价格，以特别的价格来销售。减价特卖的一个特点就是阶段性。一旦促销目的完成，就恢复到原来的价格水平。减价特卖促销，一般只在市场终端实行。但是，制造商一旦介入进来，就可能是一种长久的促销策略。减价特卖的形式通常有“包装减价标贴”、“货架减价标签”和“特卖通告”三种。减价竞争，即削减现行价格，让利于市场，并获得竞争优势的销售。减价竞争与现价折扣不同。现价折扣属于战术性促销，而减价竞争则一般是战略性促销，它从范围上、数量上、规模上、期效上都比现价折扣大。减价竞争可以说是一种以新的价格参与市场竞赛的战略。它是发动市场侵略性竞争的“撒手锏”。低价经营，即产品以低于市场通行价格水平来销售。低价经营属于一种销售战略，其整体价格水平在长期内均需低于其他经营者。而且，一开始，低价经营者就应以优惠的价格面市。从长远来看，低价经营虽是局部微利，但这一促销策略可以强有力地吸引消费群，并达到整体丰利的目的。大拍卖及大甩卖，商品大拍卖是将商品以低拍的方式，以非正常的价格来销售；商品大甩卖也是以低于成本或非正常价格的方式来销售。大拍卖和大甩卖，都是一种价格利益驱动战术。对商家而言，大拍卖和大甩卖又是一种清仓策略。通过大拍卖或大甩卖，能够集中吸引消费群，刺激人们购买欲望，在短期内消化掉积压商品。

4. 竞赛 SP

竞赛 SP 指的是利用人们的好胜和好奇心理，通过举办趣味性和智力性竞赛，吸引目标顾客参与的一种促销手段。征集与答奖竞赛，即竞赛的发动者通过征集活动或有奖问答活动吸引消费者参与的一种促销方式。促销竞赛，是才华加参与并获得消费利益的活动。最终竞赛的成功获得者，必是比赛中的佼佼者。例如，广告语征集、商标设计征集、作文竞赛、译名竞赛等。竞猜比赛，即竞赛的发动者通过举办对某一结局的竞猜以吸引顾客参与的一种促销方式。例如，猜谜、体育获胜竞猜、自然现象竞猜、揭谜竞猜等。优胜选拔比赛，即竞赛的发动者通过举办某一形式的比赛，吸引爱好者参与，最后选拔出优胜者的促销方式。例如，选美比赛、健美大赛、选星大赛、形象代言人选拔赛及饮酒大赛等。印花积点竞赛，即竞赛的发动者指定在某一时间内，目标顾客通过收集产品印花，在达到一定数量时可兑换赠品的促销方式。印花积点是一种古老而具影响力的促销术。只要顾客握有一定量的凭证（即印花，如商标、标贴、瓶盖、印券、票证、包装物等），就可依印花量多少领取不同的赠品或奖赏。

（三）促销方法

企业促销措施可分为两种：人员促销和非人员促销。人员促销是采取直接、主动的方式，通过推销员或者是售货员，口头直接向顾客宣传介绍产品，实现商品向消费者的转移；非人员促销是采取间接的方式，通过广告的宣传与营业推广等媒体形式，使消费者认识产品，从而引起购买欲望和行动。这两大类的促销措施虽然作用有别，但是相辅相成。

1. 反时令促销法

一般而言，对于一些季节性商品，往往有销售淡旺季之分。因为，大众消费心理是“有钱不买半年闲”，即按时令需求，缺什么买什么。商家一般也是如此，基本按时令需求供货。因此，商品在消费旺季时往往十分畅销，在消费淡季时往往滞销。但现在有些商家反其道而行，在时值暑夏，市场上原本滞销的冬令货物，如毛皮大衣、取暖电器、毛皮靴、羽绒服等在某些城市销售看好。这就是人们常说的“反时令促销”。有心计的商家常常推出换季商品甩卖之举，而消费者中不乏买者，主要目的在于获得时令差价。

2. 独次促销法

商家对热门畅销的商品是大量进货，大做广告，不断扩大销售量，因为商家的经营原则是必须赚回能赚到的利润。但意大利著名的莱而商店却反其道行之，采取的是独次销售法。这个商店对所有的商品仅出售一次，就不再进货了，即使十分热销也忍痛割爱。表面上，这家商店损失了许多唾手可得的利润，但实际上商店因所有商品都十分抢手而加速了商品周转，实现了更大的利润。这是因为商店抓住了顾客“物以稀为贵”的心理，给顾客造成一种强烈的印象，顾客认为该商店销售的商品都是最新的。所以，任何商品在这个商店一上市，就会出现抢购的场面。这一方法与国内某些商店采取的“限量销售法”有异曲同工之妙。

3. 翻耕促销法

翻耕促销法是指以售后服务形式招徕老顾客的促销方法。一些销售如电器、钟表、眼镜等的商店专门登记顾客的姓名和地址，然后，通过专门访问或发调查表形式，了解老顾客过去在该店所购的商品有没有毛病，是否需要修理等，并附带介绍新商品。而这样做的目的在于增加顾客对本店的好感，并使之购买相关的新商品，往往能收到奇效。这种促销方式关键在于商店具有完善的顾客管理系统，能与顾客保持经常性的深入沟通。

4. 轮番降价促销法

轮番降价促销法要求商家分期分批地选择一些商品为特价商品，并制作大幅海报贴于商店内外，或印成小传单散发给顾客。这些特价商品每期以三四种为限，以求薄利多销，吸引顾客，且每期商品不同，迎合顾客的好奇心理。于是，顾客来店除选购特价商品外，还会顺便购买其他非特价商品。当然，特价商品利润低微，甚至没有利润，但通过促销其他商品，可得到补偿。

5. 每日低价促销法

每日低价促销法是指商家每天推出低价商品，以吸引顾客的光顾。它与主要依靠降价促销手段以扩大销售有很大不同，由于每天都是低价商品，所以是一种相对稳定的低价策略。通过这种稳定的低价使消费者对商店增加了信任，节省人力成本和广告费用，从而使商店在竞争中处于有利地位。值得注意的是，低价商品的价格至少要低于正常价格的 10% ～20% 。否则对顾客不构成吸引力，便达不到促销的目的。

6. 最高价促销法

一般而言，价格促销实际上就是降价促销，只有降低价格才能吸引消费者的注意力。但有些商店却打破这一经营常规，在“全市最低价”、“大减价”、“跳楼价”等广告铺天盖地时贴出一张与众不同的最高价广告，声称“酱鸭全市最高价：五元一斤”。这则广告说得实在、不虚假，使人感到可信，同时也含蓄地点明本店的酱鸭质量是全市首屈一指的。市民们在片刻诧异之后，很快出现了竞相购买“全市最高价”的酱鸭热潮。这种促销方式实际上也适合某些零售商店，尤其是以高收入层为目标顾客的商店，以商品高价满足这群人的心理需求，显示他们的身份和地位。

7. 对比吸引促销法

以换季甩卖、换款式甩卖、大折价等优待顾客，同时把最新最流行的商品摆在显眼的样品架上，标价则为同类而非流行商品的两三倍。在同样架下或架旁两种价格对比，最能吸引顾客的注意。当顾客发现新流行的商品，一般都好奇地把它与非流行的做比较。好时髦者往往会看中高价的商品，讲究实际者则往往选择廉价的非流行商品。这样，对两种商品都可以起到促销作用。

8. 拍卖式促销法

当今时代，各大商店林立，商业竞争激烈，简单、陈旧的促销方式不足以吸引更多的顾客，拍卖也就成为商店促销的一条新思路。拍卖活动要写清楚本次拍卖活动的商品名称，拍卖底价。通过拍卖卖出的商品有的高于零售价，有的低于零售价，令消费者感到很富有戏剧性。拍卖形式新鲜、有趣，但也不宜每天都搞，否则就无新鲜可言了。通常可以选择在周末、节假日等时间，那时，消费者有充足的时间参加拍卖活动，这样才能取得好的效果。如果在平时，人们需要工作，即使对拍卖有兴趣也没有足够的时间来参加。

技能训练

营销游戏：成功推销。

推销随处可见，我们很多人都碰到过，但很多时候充当的是被推销者的角色。假设你是一名推销员，你对某一特定商品如何进行推销？

游戏规则和程序：

将学生分成 2 人一组，其中一人是 A，扮演销售人员；一人是 B，扮演顾客。双方进行推销演练。然后交换角色，再做演练。最后将每个组的问题和解决方案公之于众，选出最好的组给予奖励。

闯关考验

一、单项选择题

1. 促销的主要任务是（　　）。

A. 宣传与说服　　B. 引起消费者的注意与兴趣

C. 传递与组织有关的信息　　D. 促进消费者购买

2. 以下关于推式策略和拉式策略的说法正确的是（　　）。

A. 拉式策略是指企业以促销组合中的人员销售的方式进行促销活动

B. 推式策略是指企业以促销组合中的非人员销售的方式进行促销活动

C. 二者信息流动的方向不同

D. 二者信息流动的方向大致相同

3. 以下关于促销与营销的关系说法正确的是（　　）。
   A. 促销就是营销　　B. 促销是营销策略中的一个部分
   C. 促销是营销的发展　　D. 营销的重点是促销
4. 人员推销最重要的任务是（　　）。
   A. 销售产品　　B. 传递信息　　C. 提供服务　　D. 寻找客户
5. 人员推销的组织结构中，（　　）适合于产品或目标市场类似的企业采用。
   A. 产品结构式　　B. 顾客结构式　　C. 综合式结构　　D. 区域结构式
6. 广告设计的核心是（　　）。
   A. 广告主题的设计　　B. 广告文案的设计
   C. 广告画面的设计　　D. 广告技术的设计
7. 关于广告预算理解正确的是（　　）。
   A. 量力而行法虽然将广告视为一种必要的投资，却往往未考虑将广告作为一种重要的促销手段对促进销售的直接影响
   B. 销售百分比法以特定的销售额或销售单价的百分比来安排广告开支，是考虑将销售收入既看成是广告促销的原因同时也是促销的结果
   C. 由于销售百分比法以特定的销售额或销售单价的百分比来安排广告开支，因此通常与营销战略方案的其他方面相符合
   D. 一般来讲，目标任务法会加大企业费用开支
8. 在产品生命周期的投入期，消费品的促销目标主要是宣传介绍产品，刺激购买欲望的产生，因而主要应采用（　　）促销方式。
   A. 广告　　B. 人员推销　　C. 价格折扣　　D. 营业推广
9. 人员推销活动的主体是（　　）。
   A. 推销市场　　B. 推销品　　C. 推销人员　　D. 推销条件
10. 公共关系（　　）。
   A. 是一种短期促销战略　　B. 直接推销产品
   C. 树立企业形象　　D. 需要大量的费用

二、多项选择题

1. （　　）比较适合现阶段我国彩电行业的广告目标。
   A. 培养品牌的偏好　　B. 描述可提供的服务
   C. 鼓励消费者改用本企业的品牌　　D. 强化或改变对产品的信念
   E. 树立企业的形象
2. 与其他促销工具相比，宣传具有（　　）特点。
   A. 高度可信　　B. 没有防御　　C. 戏剧化表现
   D. 成本比较高　　E. 能够快速建立知晓度
3. 以下关于营业推广的理解正确的是（　　）。
   A. 营业推广对在短时间内争取顾客扩大购买具有特殊的作用，因此营业推广占促销预算的比例越来越高
   B. 由于消费者对不同推广方式的反映不同，为引起消费者兴趣，在一次营业推广活动中，应尽量选择较多推广方式

C. 由于营业推广是企业在特定目标市场上，为迅速起到刺激需求作用而采取的促销措施，因此，营业推广在实施过程中不需要和其他营销沟通工具结合在一起，也往往能起到较好的作用

D. 有奖销售，利用人们的侥幸心理，对购买者刺激性较大，有利于在较大范围内迅速促成购买行为，因此奖励应尽可能大

E. 营业推广的影响常常是短期的，对建立长期的品牌偏好不是很大

4. 以下关于赞助的理解正确的是（　　）。

A. 赞助注重激发人们对企业和产品形成积极态度，即向消费者提供购买产品的理由，引起消费者对产品的关注

B. 赞助是指企业为了实现自己的目标而向某些活动或组织提供资金支持的一种行为，在本质上是一种说服顾客购买产品的人际沟通工具

C. 事件营销，是指通过向社会某些特别事件提供赞助，支持其顺利进行，并以这些事件作为载体向社会传播企业和产品，从而获得高水平的知晓，在本质上是广告、公共关系和营业推广结合的产物

D. 企业所赞助的事业一般要与企业使命（或任务）结合起来，因此要注意将赞助的事业或活动与企业产品销售直接发生关系

E. 公益事业营销是企业为社会行善，把企业和产品与相关事业联系在一起，将取得社会普遍的好感，改善公众态度，并可突破广告的功利性和商业氛围，建立良好的公众信誉。

5. 与其他促销工具相比，宣传具有下列特点（　　）。

A. 高度可信　　B. 没有防御　　C. 戏剧化表现

D. 成本比较高　　E. 能够快速建立知晓度

三、简答题

1. 简述广告媒体的类型和特点。

2. 简述营业推广的方法。

四、案例分析

案例　娃哈哈的整体促销策略

回顾娃哈哈 15 年的营销史，很少看到它靠一个点子或某个策划活动而出奇制胜。而是通过对营销体系各环节的利益均衡，来实现市场的整体营销。

（1）成都的“洋妞游行队”。20 世纪 90 年代中期以前，每年一度在成都举办的全国糖酒订货会是保健品商家掰手腕的地方，谁要能一鸣惊人，谁便是下一年度的大赢家。1989 年订货会期间，成都街头突然冒出一支由金发碧眼的欧洲美女模特组成的游行队伍，高举横幅，沿街散发娃哈哈宣传品，一时轰动蓉城。如是三日，街巷间无人不晓娃哈哈。

（2）杭州的“果奶免费大赠送”。1991 年年底，娃哈哈果奶上市。杭州登出广告，宣称凡剪下报上广告者便可免费领取果奶一瓶。广告登了三天，报纸被抢了三天，14 万瓶果奶在 22 个发放点被争抢一空，后来又发放 20 万瓶。由于场面实在过于拥挤，不得不求助警力维持秩序。

（3）歌星卖水。1996 年，娃哈哈在中国企业中最先选用著名歌星为产品代言。景岗山

以其一曲“我的眼里只有你”，将娃哈哈纯净水传遍全国。随后，娃哈哈又为景岗山在10多个城市举行歌迷见面会，凡购买娃哈哈纯净水的消费者均可获得景岗山签名歌带。娃哈哈纯净水卖得更火了。

（4）搭车春节晚会。2000年和2001年，娃哈哈连续两年独家协办央视春节联欢晚会，并推出“非常可乐杯”我喜欢的春节晚会节目评选活动及元宵颁奖晚会。成为亿万人瞩目的焦点。

（5）天安门广场做广告。2001年5月31日上午，娃哈哈与北京市有关部门在天安门广场举办“庆‘六一’申奥有我，娃哈哈万名儿童健身活动大会”，广场中央竖起了六个巨大的“娃哈哈”彩色充气卡通人物。这是中国企业第一次在天安门广场展示企业形象，一时引起人们热论。

案例思考

1. 娃哈哈在发展历程中的不同时间段突出不同的促销方式说明了什么？
2. 通过了解娃哈哈的发展历史，你如何认识促销组合策略？

参考答案：

一、单项选择题

1. C 2. C 3. B 4. D 5. D 6. A 7. D 8. A 9. C 10. C

二、多项选择题

1. ACD 2. ABCE 3. AE 4. AE 5. ABCE

参考文献

［1］科特勒．营销管理．上海：上海大学出版社，1999.
［2］科特勒．市场营销学原理．北京：清华大学出版社，2003.
［3］郭国庆．市场营销学．武汉：武汉大学出版社，2005.
［4］黄希庭．消费心理学．上海：华东师范大学出版社，2007.
［5］兰炜．市场营销理论与实务．北京：首都经济贸易大学出版社，2010.
［6］邓德胜．现代市场营销学．北京：北京大学出版社，2009.
［7］科特勒．国际营销学．北京：机械工业出版社，2005.
［8］甘碧群．国际市场营销．北京：高等教育出版社，2006.
［9］李先国．营销师教程．北京：中国环境科学出版社，2003.
［10］江林，张险峰，任锡源．现代市场营销管理．北京：电子工业出版社，2002.
［11］高振生．市场营销学．北京：中国劳动社会保障出版社，2000.
［12］李萍，戴凤林．市场营销．北京：冶金工业出版社，2008.
［13］徐萍．消费心理学教程．上海：上海财经大学出版社，2008.
［14］李长秋．消费心理学．北京：科学出版社，2009.
［15］李开复．微博改变一切．上海：上海财经大学出版社，2011.
［16］昝辉．网络营销实战密码：策略·技巧．北京：电子工业出版社，2009.
［17］柴庆春．市场调查与预测．北京：中国人民大学出版社，2006.
［18］赵轶．市场调查与分析．北京：北京交通大学出版社，2008.
［19］丁兴良，陈志平．决胜渠道．北京：中国经济出版社，2011.
［20］常永胜．营销渠道．北京：电子工业出版社，2009.
［21］吕一林．营销渠道决策与管理．北京：中国人民大学出版社，2008.
［22］郭国庆．市场营销学通论．北京：中国人民大学出版社，2005.
［23］常桦．大师行销．北京：中国纺织出版社，2002.
［24］汤定娜，万后芬．中国企业营销案例．北京：高等教育出版社，2001.
［25］陈月明．文化广告学．北京：国际文化出版公司，2002.
［26］奥吉恩，艾伦，塞梅尼克．广告学．程坪，张树庭，译．北京
社，2002.
［27］余明阳，陈先红．广告策划创意学．上海：复旦大学出版社，20
［28］李红梅．现代推销实务．北京：电子工业出版社，2010.